〔宋〕薛居正 等撰

點校本二十四史修訂本

舊五代史

第四册

卷七五至卷九八

中華書局

2016年8月北京第1版　　2017年7月北京第2次印刷

ISBN 978-7-101-11998-5

舊五代史卷七十五

晉書一

高祖紀第一

高祖聖文章武明德孝皇帝〔一〕，姓石氏，諱敬瑭，太原人也。本衛大夫碏、漢丞相奮之後，案：歐陽史作其姓石氏，不知其得姓之始。（舊五代史考異）漢衰，關輔亂，子孫流汎西裔，故有居甘州者焉。四代祖璟，以唐元和中與沙陀軍都督朱耶氏自靈武入附，靈武，原本作「靈戊」，據新唐書沙陀傳：朱耶氏自沙州入居靈武。今改正。（影庫本粘籤）憲宗嘉之，隸爲河東陰山府裨校，以邊功累官至朔州刺史。天福二年，追尊爲孝安皇帝，廟號靖祖，陵曰義陵；祖妣秦氏，追謚爲孝安元皇后。三代祖郴，早薨，贈左散騎常侍〔二〕，追尊爲孝簡皇帝，廟號肅祖，陵曰惠陵；祖妣安氏，追謚孝簡恭皇后。皇祖諱翌〔三〕，任振武防禦使，贈尚書右僕射，追尊孝平皇帝，廟號睿祖，陵曰康陵；祖妣米氏，追謚孝平獻皇后。皇考諱紹雍案：原本作「詔雍」，今從五代會要改正。番字臬捩鷄〔四〕，善騎射，有經遠大略，事後唐武皇及莊宗，累立戰功，與周德威相亞，歷平、洺二州刺史，薨於任，贈太傅，追尊爲孝元皇帝，廟號憲祖，陵曰昌陵；皇妣何氏，追謚孝元懿皇后。

帝即孝元之第二子也，以唐景福元年二月二十八日生於太原汾陽里〔五〕，時有白氣充庭，人甚異焉。及長，性沈澹，寡言笑，讀兵法，重李牧、周亞夫行事。唐明宗爲代州刺史，每深心器之，因妻以愛女。唐莊宗聞其善射，擢居左右，明宗請隸大軍，從之。後明宗從莊宗征行，命帝領親騎，號「三討軍」〔六〕，案：歐陽史作左射軍。倚以心腹。

天祐十二年，莊宗併有河北之地，開府於鄴，梁遣上將劉鄩以兵五萬營於莘。十三年二月，鄩引兵突至清平，薄於城下，莊宗至自甘陵，兵未陣，多爲鄩所掩。帝領十餘騎，横槊深入，東西馳突，無敢當者，卒全部伍而旋。莊宗壯之，拊其背曰：「將門出將，言不謬爾。」因頒以器帛，復親爲啗酥，當時以爲異恩，由是知名。明年，鄩兵陣於莘之西北，明宗從莊宗酣戰。久之，塵埃四合，帝與明宗俱陷陣内，帝挺身躍劍，反復轉鬬，行數十里，逐鄩於故元城之東。是日，鄩軍殺傷過半。

十五年，唐軍拔楊劉鎮，梁將賀瓌設伏於無石山，明宗爲瓌所迫，帝爲後殿，破梁軍五百餘騎，按轡而還。十二月，莊宗與梁軍大戰於胡柳陂，衆號十萬，總管周德威將左軍，雜以燕人，前鋒不利，德威死之。莊宗率步衆五千，固守高陵，以避敵之鋭。明宗獨完右廣，右廣，原本作「右黄」，據册府元龜作「右廣」，薛史莊宗紀亦作「廣」，今改正。（影庫本粘籤）伏於土山之下，顧謂帝曰：「梁人首獲其利，旌旆甚整，何計可以挫之？」帝曰：「臘後寒如此〔七〕，出手墮指，彼多步衆，易進難退，莫若啜糒飲水，徐而困之。且超乘徒行，其勢不等，一擊而破，期在必勝。」明宗曰：「是吾心也。」會日暮，梁軍列於平野，五六萬人爲一方陣，麾游騎以迫唐軍，帝曰：「敵將遁矣！」乃請明宗令士整胄寬而羅之，命左射軍三百人鳴矢馳轉，漸束其勢，以數千騎合之。迨夜，旌旗皆靡，而一角先潰，三面踵之，其牙竿相擊，若火爆之聲，横屍積甲，不可勝計。由是梁人勢削，莊宗進營德勝渡。

十八年十月，又從明宗戰梁人於德勝渡，敗其將戴思遠，殺二萬餘人。十九年，戰胡盧套，唐軍稍却，帝睹其敵鋭，拔劍闢道，肩護明宗而退，敵人望之，無敢襲者。

二十年十月，從明宗觀梁人之楊村寨，部曲皆不擐甲，俄而敵出不意，以兵掩明宗，刃將及背，帝挾戰戟而進，一擊而凶酋落馬者數輩，明宗遂解其難。是歲，莊宗即位於鄴，改元同光，遣明宗越河，懸軍深入以取鄆。鄆人始不之覺，帝以五十騎從明宗涉濟，突東門而入，鄆兵來拒，帝中刃，翼明宗，羅兵通衢，嶷然不動，會後騎繼至，遂拔中城以據之。既而平汴水，滅梁室，成莊宗一統〔八〕，集明宗大勳，帝與唐末帝功居最，莊宗朝官未顯者，以帝不好矜伐故也，唯明宗心知之。

同光四年二月，趙在禮據鄴爲亂，朝廷遣元行欽招之不下，招之，原本作「詔之」，今據册府元龜改正。（影庫本粘籤）羣議紛然，以爲非明宗不可，莊宗乃以明宗爲統帥。時帝從行，至魏，諸軍有變，叩馬請明宗帝河北。明宗受霍彦威勸，將自訴於天子，遂佯諾，諸軍亦恐事不果而散者甚衆，明宗所全者，唯常山一軍而已。西次魏縣，帝密言於明宗曰：「猶豫者兵家大忌，必若求訴，宜決其行。某願率三百騎先趨汴水，以探虎口，如遂其志，請大軍速進。夷門者，天下之要害也，據之可以自雪。安有上將與三軍言變，他日有平手乎！危在頃刻，不宜恬然。」明宗至相州，遂分驍騎三百付之，遣帝由黎陽濟河，自汴西門而入，因據其城。及明宗入汴，莊宗親統師亦至城之西北五里，登高歎曰：「吾不濟矣！」由此莊宗從兵大潰，來歸明宗。明宗尋遣帝令率兵爲前鋒，趨汜水關，汜水，原本作「汎水」，今從通鑑改正。（影庫本粘籤）俄而莊宗遇内難而崩。

是月，明宗入洛，嘉帝之功，自總管府都校署陝府兵馬留後。明宗即位，改元天成，五月，加帝光禄大夫、檢校司徒，充陝州保義軍節度使，歲未期而軍民之政大治焉。二年二月，加檢校太傅、兼六軍諸衛副使，進封開國伯，增食邑四百户。是月，帝赴闕，以倅六軍諸衛事故也。八月，加食邑八百户、實封一百户，旌爲政之效也。十月，明宗幸汴，以帝爲御營使。御營使，原作「御榮」，今從五代會要改正。（影庫本粘籤）車駕次京水，飛報汴州節度使朱守殷叛，明宗命帝董親軍倍道星行，信宿及浚城，一戰而拔之。尋以帝爲宣武軍節度使、侍衛親軍馬步軍都指揮使兼六軍諸衛副使〔九〕，進封開國公，加食邑五百户，賜耀忠匡定保節功臣。

三年四月〔一〇〕，車駕還洛，制加檢校太傅、同中書門下平章事、興唐尹、鄴都留守、天雄軍節度使。五月丁未，加駙馬都尉。長興元年二月，明宗南郊禮畢，加檢校太尉，增食邑五百户，尋詔歸任。時鄴都繁富爲天下之冠，而土俗獷悍，民多爭訟，帝令投函府門，一一覽之，及踰年，盈積几案，滯於獄者甚衆，時論以此少之〔一一〕。九月，東川董璋叛，朝廷命帝爲東川行營都招討使、兼知東川行府事。十月，至自魏博，董衆西征。二年春，以川路險艱，糧運不繼，詔班師。四月，復兼六軍諸衛副使。六月，改河陽節度使，仍兼兵柄。

是時，秦王從榮奏：「伏見北面頻奏報，契丹族帳近塞〔一二〕，吐渾、突厥已侵邊地，戍兵雖多，未有統帥，早宜命大將一人，以安雲朔。」明宗曰：「卿等商量。」從榮與諸大臣奏曰：「將校之中，唯石敬瑭、康義誠二人可行。」帝素不欲爲禁軍之副，即奏曰：「臣願北行。」明宗曰：「卿爲吾行，事無不濟。」及受詔，不落六軍副使，帝復遷延辭避。十一月乙酉〔一三〕，明宗復謂侍臣曰：「雲州奏，契丹自幽州移帳，言就放牧，終冬不退，其患深矣。」樞密使范延光奏曰：「已議石敬瑭與康義誠北行，然其定奪，即在宸旨。」帝奏曰：「臣雖不才，爭敢避事，但進退惟命。」明宗曰：「卿爲吾行，甚叶衆議。」由是遂定。丁亥，加兼侍中、太原尹、北京留守、河東節度使、兼大同振武彰國威塞等軍蕃漢馬步軍總管，改賜竭忠匡運寧國功臣。翌日，宴於中興殿，帝捧觴上壽，因奏曰：「臣雖微怯，惟邊事敢不盡其忠力，但臣遠違玉階，無以時申補報。」帝因再拜告辭，明宗泣下霑衿，左右怪其過傷，果與帝因此爲訣，不復相見矣。十二月〔一四〕，明宗晏駕，帝聞之，長慟若喪考妣。應順元年正月，閔帝即位，加中書令，及增食邑。

帝性簡儉，未嘗以聲色滋味輒自宴樂，每公退，必召幕客論民間利害及刑政得失，明而難犯，事多親決。有店婦與軍士訟，云曝粟於門，爲馬所食，而軍士懇訴，無以自明。帝謂鞫吏曰：「兩訟未分，何以爲斷，可殺馬刳腸而視其粟，有則軍士誅，無則婦人死。」遂殺馬，馬腸無粟，因戮其婦人。境内肅然，莫敢以欺事言者。三月，移鎮常山，移鎮，原本作「以鎮」，今據文改正。（影庫本粘籤）所歷方鎮，以孝治爲急，見民間父母在昆弟分索者，必繩而殺之。勤於吏事，廷無滯訟。常山屬邑曰九門，有人鬻地與異居兄，議價不定，乃移於他人。他人須兄立券，兄固抑之，因訴於令。令以弟兄俱不義，送府。帝監之曰：「人之不義，由牧長新至，教化所未能及，吾甚愧焉。若以至理言之，兄利良田，弟求善價，順之則是，沮之則非，其兄不義之甚也，宜重笞焉。市田以高價者取之。」上下服其明。

及岐陽兵亂，岐陽，原本作「伎陽」，今從通鑑改正。（影庫本粘籤）推潞王爲天子，閔帝急詔帝赴闕，欲以社稷爲託。閔帝自洛陽出奔於衞，相遇於途，遂與閔帝迴入衞州。時閔帝左右將不利於帝，帝覺之，因擒其從騎百餘人。閔帝知事不濟，與帝長慟而別，帝遣刺史王弘贄安置閔帝於公舍而去，尋爲潞王所害，帝後長以此愧心焉。

清泰元年五月，復授太原節度使、北京留守，充大同振武彰國威塞等軍蕃漢馬步總管。二年夏，帝屯軍於忻州，朝廷遣使送夏衣，傳詔撫諭，後軍人遽呼萬歲者數四，帝懼，斬挾馬都將李暉以下三十餘人以狥〔一五〕，乃止。

三年五月，移授鄆州節度使，進封趙國公，仍改扶天啓運中正功臣。尋降詔促帝赴任，帝心疑之，乃召僚佐議曰：「孤再受太原之日，主上面宣云：『與卿北門，一生無議除改。』今忽降此命，莫是以去年忻州亂兵見迫，忻州，原本作「沂州」，今據通鑑改正。（影庫本粘籤）過相猜乎？又今年千春節，公主入覲，當辭時，謂公主曰：『爾歸心甚急，欲與石郎反耶？』此疑我之狀，固且明矣。今天子用后族，委邪臣，沈湎荒惑，萬機停壅，失刑失賞，不亡何待！吾自應順中少主出奔之日，覩人情大去，不能扶危持顛，憤憤於方寸者三年矣。今我無異志，朝廷自啓禍機，不可安然死於道路。況太原險固之地，積粟甚多，若且寬我，我當奉之。必若加兵，我則外告鄰方，北搆强敵，興亡之數，皎皎在天。今欲發表稱疾，以俟其意，諸公以爲何如？」案玉堂閒話云：晉祖在并部，嘗從容謂賓佐云：「近因晝寢，忽夢若頃年在洛京時，與天子連鑣于路，過舊第，天子請某入其第，某遜讓者數四，不得已即促轡而入，至廳事下馬，升自阼階，西向而坐，天子已馳車去矣。其夢如此。」羣僚莫敢有所答。是年冬，果有鼎革之事。蓋晉祖懷不軌之心久矣，故托夢以惑衆也。（舊五代史考異）掌書記桑維翰、都押衙劉知遠贊成密計，遂拒末帝之命。朝廷以帝不奉詔，降旨削奪官爵，即詔晉州刺史〔一六〕、北面副招討使張敬達領兵圍帝於晉陽〔一七〕。張敬達，原本作「敬遠」，今從歐陽史改正。（影庫本粘籤）帝尋命桑維翰詣諸道求援，契丹遣人復書諾之，約以中秋赴義。案遼史太宗紀云：七月丙申，唐河東節度使石敬瑭爲其主所討，遣趙瑩求救，時趙德鈞亦遣使至，河東復遣桑維翰來告急，遂許興師。八月庚午，自將以援敬瑭。（舊五代史考異）

六月，北面招討指揮使安重榮以部曲數千人入城〔一八〕。七月，代州屯將安元信率一軍，與西北面先鋒指揮使安審信引五百騎俱至。八月，懷州彰聖軍使張萬迪等各率千餘騎來降〔一九〕。是月，外衆攻我甚急，帝親當矢石，人心雖固，廩食漸困。

九月辛丑，契丹主率衆自雁門而南，案遼史：九月丁酉，入雁門。戊戌，次忻州。己亥，次太原。（舊五代史考異）旌騎不絕五十里餘。先使人報帝云：「吾欲今日便破賊，可乎？」帝使人馳告曰：「皇帝赴難，比要成功，賊勢至厚，可明旦穩審議戰，未爲晚也。」使未達，契丹已與南軍騎將高行周、符彥卿等合戰。時張敬達、楊光遠列陣西山下，士未及成伍，而行周、彥卿爲伏兵所斷，捨軍而退，敬達等步兵大敗，死者萬人。是夜，帝出北門與戎王相見，戎王執帝手曰：「恨會面之晚。」因論父子之義。案遼史：敬瑭率官屬來見，帝執手撫慰之。契丹國志云：敬瑭見契丹帝，問曰：「皇帝遠來，士馬疲倦，遽與唐大戰而勝，何也？」帝曰：「始我謂唐必斷雁門諸路，伏兵險要，不可得進，使人偵視，皆無之，是以長驅而深入。我氣方銳，乘此擊之，是以勝之。」敬瑭歎服。（舊五代史考異）明日，帝與契丹圍敬達營寨，南軍不復出矣。帝與契丹本無結好，自末帝見迫之後，遣心腹何福以刀錯爲信，刀錯，原本作「刀錫」，今從册府元龜改正。（影庫本粘籤）一言親赴其難，迅若流電，信天意耶！己酉，唐末帝率親軍步騎三萬出次河橋。辛亥，末帝詔樞密使趙延壽分衆二萬爲北面招討使，又詔魏博節度使范延光統本軍二萬人屯遼州。十月，幽州節度使趙德鈞領所部萬餘人自上黨吳兒谷合延壽兵屯團柏谷〔二〇〕，與敬達寨相去百里，彌月竟不能相通。案遼史：初圍晉安，分遣精兵守其要害，以絕援兵之路，趙延壽等皆逗留不進。

十一月，戎王會帝於營，謂帝曰：「我三千里赴義，事須必成。觀爾體貌恢廓，識量深遠，真國主也。天命有屬，時不可失，欲徇蕃漢羣議，册爾爲天子。」帝飾讓久之。既而諸軍勸請相繼，戎王乃命築壇於晉陽城南〔二一〕，案：通鑑作築壇于柳林，遼史亦作設壇晉陽。（舊五代史考異）册帝爲大晉皇帝〔二二〕，戎王自解衣冠授焉。案遼史太宗紀：十一年冬十月甲子，封敬瑭爲晉王。十一月丁酉，册敬瑭爲大晉皇帝。薛史及通鑑、歐陽史俱不載先封晉王事。案遼史：十月甲子，封敬瑭爲晉王，幸其府，敬瑭與妻李氏率其親屬捧觴上壽。考通鑑及契丹國志俱不載先封晉王。（孔本）文曰：

維天顯九年歲次丙申十一月丙戌朔十二日丁酉〔二三〕，大契丹皇帝若曰：於戲！元氣肇開，樹之以君；天命不恒，人輔以德。故商政衰而周道盛，秦德亂而漢圖昌，人事天心，古今靡異。

咨爾子晉王，神鍾睿哲，天贊英雄，叶夢日以儲祥，應澄河而啓運。迨事數帝，歷試諸艱。武略文經，迺由天縱；忠規孝節，固自生知。猥以眇躬，奄有北土，暨明宗之享國也，與我先哲王保奉明契，所期子孫順承，患難相濟，丹書未泯，白日難欺，顧予纂承，匪敢失墜。爾惟近戚，實系本枝，所以余視爾若子，爾待予猶父也。

朕昨以獨夫從珂，本非公族，竊據寶圖，棄義忘恩，逆天暴物，誅剪骨肉，離間忠良，聽任矯諛，威虐黎獻，華夷震悚，内外崩離。知爾無辜，爲彼致害，敢徵衆旅，來逼嚴城，雖併吞之志甚堅，而幽顯之情何負。達予聞聽〔二四〕，深激憤驚，乃命興師，爲爾除患，親提萬旅，遠殄羣凶，但赴急難，罔辭艱險。果見神祇助順，卿士叶謀，旗一麾而棄甲平山，鼓三作而殪屍徧野。雖以遂予本志，快彼羣心，將期税駕金河，班師玉塞。

矧今中原無主，四海未寧，茫茫生民，若墜塗炭。況萬幾不可以暫廢，大寶不可以久虚，拯溺救焚，當在此日。爾有庇民之德，格于上下；爾有戡難之勳，戡難，原本作「甚艱」，今從契丹國志改正。（影庫本粘籤）光于區宇；爾有無私之行，通乎神明；爾有不言之信，彰乎兆庶。予懋乃德，嘉乃丕績，天之曆數在爾躬，是用命爾，當踐皇極。仍以爾自茲并土，首建義旅，宜以國號曰晉，朕永與爲父子之邦，保山河之誓。於戲！補百王之闕禮，行茲盛典；成千載之大義，遂我初心。爾其永保兆民，勉持一德，愼乃有位，允執厥中，亦惟無疆之休，其誡之哉！

禮畢，帝鼓吹導從而歸。案通鑑考異引廢帝實録：契丹立晉，在閏月丁卯。歐陽史及通鑑并從薛史，作十一月丁酉。

始梁開國之歲，即前唐天祐四年也，潞州行營使李思安奏：「壺關縣庶穰鄉鄉人伐樹，樹倒自分兩片，内有六字如左書，云『天十四載石進』。」梁祖令藏於武庫，然莫詳其義。至帝即位，識者曰：「『天』字取『四』字中兩畫加之於傍，則『丙』字也，『四』字去中之兩畫，案：原本作「中去之兩畫」，今從册府元龜改正。加『十』字，則『申』字也。」帝即位之年乃丙申也。又易云：「晉者，進也。」國號大晉，皆符契焉。又帝即位之前一年，年在乙未，鄴西有柵曰李固，清、淇合流在其側。柵有橋，橋下大鼠與蛇鬬，鬬及日之申，蛇不勝而死，行人觀者數百，識者志之，後唐末帝果滅於申。又末帝，真定常山人也，有先人舊廬，其側有古佛刹，刹有石像，忽搖動不已，人皆異之。及重圍晉陽，帝遣心腹案：原本闕「帝遣心腹」四字，今從册府元龜增入。何福輕騎求援北蕃〔二五〕，蕃主自將諸部赴之，不以繒帛，不以珠金，若響應聲，謂福曰：「吾已兆於夢，皆上帝命我，非我意也。」案契丹國志引紀異録云：契丹主德光常晝寢，夢一神人花冠美姿容，輜軿甚盛，忽自天而下，衣白衣，佩金帶，執錯鍱，有異獸十二隨其後〔二六〕，內一黑兔入德光懷而失之。神人語德光曰：「石郎使人喚汝，汝須去。」覺告其母，母忽之，不以爲異。後復夢，即前神人也，衣冠儀貌，儼然如故，曰：「石郎已使人來喚汝。」既覺而驚，復以告母。母曰：「可命筮。」乃召巫筮，言：「太祖從西樓來，言中國將立天王，要爾爲助，爾須去。」未浹旬，唐石敬瑭反於河東，爲後唐張敬達所敗，亟遣趙瑩持表重賂，許割燕雲，求兵爲援，契丹主曰：「我非爲石郎興師，乃奉天帝敕使也。」（舊五代史考異）時援兵未至，僞將張敬達引軍逼城設柵〔二七〕，柵將成，忽有大風暴雨〔二八〕，柵無以立。後築長城，城欲就〔二九〕，又爲水潦所壞，城終不能合。晉陽有北宮，宮城之上有祠曰毗沙門天王，帝曾焚修默而禱之。經數日，城西北闉正受敵處，軍候報稱，夜來有一人長丈餘，介金執殳，行於城上，久方不見，帝心異之。又牙城有僧坊曰崇福，崇福，原本作「從福」，今從册府元龜改正。（影庫本粘籤）坊之廡下西北隅有泥神，神之首忽一日有煙生，其騰郁如曲突之狀。坊僧奔赴，以爲人火所延，及俯而視之，無所有焉。事尋達帝，帝召僧之臘高者問焉，僧曰：「貧道見莊宗將得天下，曾有此煙，觀此噴湧，甚於當時，兆可知矣。」自此，日旁多有五色雲氣，如蓮芰之狀。帝召占者視之，謂曰：「此驗應誰？」占者曰：「見處爲瑞，更應何人！」又帝每詰旦使慰撫守陴者，率以爲常，忽一夕已暝，城上有號令之聲，聲不絶者三，帝使人問之，將吏云：「從上傳來者。」皆知神助。時城中復有數家井泉，暴溢不止。及蕃軍大至，合勢破之〔三〇〕，末帝之衆，似拉朽焉，斯天運使然，非人力也。

是日，帝言於戎王，願以鴈門已北及幽州之地爲戎王壽，仍約歲輸帛三十萬，戎王許之。永樂大典卷一萬五千六百四十三。

校勘記

〔一〕高祖聖文章武明德孝皇帝　「章武」，其孫石延煦墓誌（拓片刊文物二〇〇四年第十一期）作「彰武」。本書各處同。

〔三〕贈左散騎常侍　「左」，册府卷一作「右」。

〔三〕皇祖諱翌　「翌」，通曆卷一四同，册府卷一、五代會要卷一、新五代史卷八晉本紀作「昱」。

〔四〕番字臬捩鷄　「臬捩鷄」，原作「臬㮚鷄」，據殿本、劉本、邵本校、彭校、通曆卷一四、册府卷一、五代會要卷一、新五代史卷八晉本紀改。

〔五〕汾陽里　原作「派陽里」，據彭校、册府卷二、五代會要卷一改。

〔六〕號三討軍　「三討軍」，册府卷八、卷四四、新五代史卷八晉本紀作「左射軍」。通鑑卷二七一記石敬瑭爲左射軍使。

〔七〕臘後寒如此　「後」，通曆卷一四、册府卷八作「候」。

〔八〕成莊宗一統　「成」，殿本、通曆卷一四作「致」。

〔九〕侍衛親軍馬步軍都指揮使兼六軍諸衛副使　「馬」字原闕，據本書卷三八唐明宗紀四、册府卷八、新五代史卷八晉本紀、通鑑卷二七六補。

〔一〇〕三年四月　「三年」二字原闕，據本書卷三九唐明宗紀五、册府卷八、新五代史卷八晉本紀、通鑑卷二七六補。

〔一一〕時論以此少之　「少」，原作「減」，據永樂大典卷九七六二引五代史晉高祖紀改。

〔一二〕契丹族帳近塞　「族」下原有「旋」字，據劉本、邵本校、册府卷一二〇、卷九九四删。殿本、通曆卷一四作「契丹族移帳近塞」。

〔一三〕十一月乙酉　本書卷四三唐明宗紀九、通鑑卷二七八繫其事於長興三年十一月。

〔一四〕十二月　本書卷四四唐明宗紀十、通鑑卷二七八繫其事於長興四年十二月。

〔一五〕斬挾馬都將李暉以下三十餘人以狗　「都」字原闕，據本書卷四七唐末帝紀中、册府卷八、通鑑卷二七九補。

〔一六〕晉州刺史　册府卷八作「晉州節度使」。新五代史卷七唐本紀敍其事作「建雄軍節度使」，通鑑卷二八〇略同。按建雄軍治晉州。

〔一七〕北面副招討使張敬達領兵圍帝於晉陽　「副招討使」，本書卷七〇張敬達傳、册府卷四四四、卷九八七作「都招討使」。

〔一八〕北面招討指揮使安重榮以部曲數千人入城　「招討」，原作「招收」，據劉本、彭校、册府卷八改。

〔一九〕懷州彰聖軍使張萬迪等各率千餘騎來降　「彰聖軍」，原作「彰德軍」，據殿本、本書卷四八唐末帝紀下、册府卷八、新五代史卷七唐本紀、通鑑卷二八〇改。按通鑑卷二八〇胡注：「彰聖軍本洛城屯衞兵也，先是分屯懷州。」

〔二〇〕團柏谷　原作「團谷口」，據殿本、本書卷四八唐末帝紀下、卷九八趙德鈞傳、册府卷八改。通鑑卷二八〇作「團柏谷口」。

〔二一〕戎王乃命築壇於晉陽城南　「戎王」二字原闕，據册府卷八補。通曆卷一四作「契丹」。按新五代史卷七二四夷附録、通鑑卷二八〇皆記契丹築壇册石敬瑭事。

〔二二〕冊帝爲大晉皇帝　「帝」，原作「立」，據殿本、劉本、孔本、通曆卷一四、冊府卷八改。

〔二三〕維天顯九年歲次丙申　「天顯九年」，據遼史卷三太宗紀，丙申年當爲天顯十一年，即清泰三年。

〔二四〕達予聞聽　「予」，原作「于」，據殿本、孔本改。

〔二五〕帝遣心腹何福輕騎求援北蕃　「輕騎」，原作「徑騎」，據殿本、劉本、通曆卷一四改。彭校、冊府卷二一作「單騎」。影庫本批校：「『徑騎』，疑當作『輕騎』。」

〔二六〕有異獸十二隨其後　「獸」，原作「人」，據契丹國志卷二改。

〔二七〕僞將張敬達引軍逼城設柵　「設」，原作「投」，據殿本、劉本、通曆卷一四、冊府卷二一改。

〔二八〕忽有大風暴雨　「忽」，原作「必」，據殿本、通曆卷一四、冊府卷二一改。影庫本批校：「『必有』，按文氣應作『忽有』。」

〔二九〕城欲就　「欲」字原闕，據彭校、冊府卷二一補。

〔三〇〕合勢破之　邵本校無「之」字。

舊五代史卷七十六

晉書二

高祖紀第二

天福元年十一月己亥，帝御北京崇元殿，降制：「改長興七年爲天福元年，大赦天下。十一月九日昧爽已前，應在京及諸州諸色罪犯，及曾授僞命職掌官吏，并見禁囚徒，已結正未結正，已發覺未發覺，罪無輕重，常赦不原者，咸赦除之。應明宗朝所行敕命法制，仰所在遵行，不得改易。其在京鹽貨，元是官場出糶〔一〕，自今後並不禁斷，一任人户取便糴易，仍下太原府，更不得開場糶貨〔二〕。其麴其麴，原本作「其麵」，今從文獻通考改正。（影庫本粘籤）每斤與減價錢三十文。」以節度判官趙瑩爲翰林學士承旨、守尚書户部侍郎、知河東軍府事，以節度掌書記桑維翰爲翰林學士、守尚書禮部侍郎、知樞密院事，以觀察判官薛融爲吏部郎中兼侍御史知雜事，太原縣令羅周岳爲左諫議大夫，節度推官竇貞固爲翰林學士，軍城都巡檢使劉知遠爲侍衛馬軍都指揮使，客將景延廣爲步軍都指揮使，太原少尹

李玘爲尚書工部侍郎。李玘，原本作「李玑」，今從通鑑改正。（影庫本粘籤）

閏十一月甲子，晉安寨副招討使楊光遠等殺上將張敬達，以諸軍來降。丙寅，制以翰林學士承旨、知河東軍府、户部侍郎、知制誥趙瑩爲門下侍郎、同中書門下平章事、監修國史；以翰林學士、權知樞密事、禮部侍郎、知制誥桑維翰爲中書侍郎、同中書門下平章事、集賢殿大學士，依前知樞密院事；並賜推忠興運致理功臣。甲戌，車駕至昭義，案：歐陽史及通鑑並從薛史作甲戌至潞州。遼史作辛未，與薛史異。（舊五代史考異）受趙德鈞、延壽降。是日，戎王舉酒言於帝曰：「予遠來赴義，大事已成，皇帝須赴京都，今令大相温勒兵相送至河梁，要過河者，任意多少，予亦且在此州，俟京洛平定，便當北轅。」執手相泣，久不能別。脱白貂裘以衣帝，贈細馬二十匹、細馬，通鑑作「良馬」，疑原本有誤，考契丹國志亦作「細馬」，今仍其舊。（影庫本粘籤）戰馬一千二百匹，仍誡曰：「子子孫孫，各無相忘。」己卯，至河陽北，案：薛史唐紀作庚辰，晉帝至河陽，遼史又作辛巳，並與此紀異。通鑑作己卯，與此紀同。（舊五代史考異）節度使萇從簡來降，舟楫已具。庚辰，望見洛陽煙火相次，有將校飛狀請進。辛巳，唐末帝聚其族，與親將宋審虔等登玄武樓，縱火自焚而死。至晚，車駕入洛。唐兵解甲待罪，皆慰而舍之。帝止潛龍舊第，百官稍稍見焉。詔御史府促朝官入見，詔文武兩班臣僚應事僞庭者並釋罪。是日，百辟謝恩於宫門之外。甲申，車駕入内，御文明殿受朝賀，用唐禮樂。制：「大赦天下，應中外諸色職掌官吏内曾有受僞命者，一切不問。僞庭賊臣張延朗、劉延皓、劉延朗等，原本脱「劉延朗」三字，今從册府元龜增入。（影庫本粘籤）並姦邪害物，貪猥弄權，罪既滿盈，理難容貸。除此三人已行敕命指揮外，其有宰臣馬裔孫、樞密使房暠、宣徽使李專美、河府節度使韓昭裔等四人，並令釋放。少帝宜令中書門下追尊定謚，擇日禮葬；妃孔氏，宜行追册祔葬。應天下節度使、刺史下賓席郡職及將校等，委中書門下各與改轉官資。其北京管内鹽鐺户，合納逐年鹽利，昨者僞命指揮，每斗須令人户折納白米一斗五升，極知百姓艱苦，自今後宜令人户以元納食鹽石斗數目，每斗依時價計定錢數，取人户便穩，折納斛斗。其洛京管内逐年所配人户食鹽，起來年每斤特與減價錢十文。應諸道商税，仰逐處將省司合收税條例，牓於本院前，牓内該設名目者，即得收税。」

十二月乙酉朔，幸河陽，餞送大相温、蕃部兵士歸國，詔降末帝爲庶人。丁亥，制以司空馮道守本官兼門下侍郎、平章事、弘文館大學士，以步軍都指揮使符彦饒爲滑州節度使，以河陽節度使萇從簡爲許州節度使，以澤州刺史劉凝爲華州節度使〔三〕，以皇子重乂爲河南尹。庚寅，以滑州節度判官石光贊爲宗正卿。辛卯，以舊相姚顗爲刑部尚書。姚顗，原本作「姚覬」，今從歐陽史改正。（影庫本粘籤）時自秋不雨，經冬無雪，命羣官徧加祈禱。癸巳，以邠州節度使張希崇爲靈武節度使，鄧州節度使皇甫遇爲定州節度使。詔國朝文物制度、起居入閤，宜依唐明宗朝事例施行。鎮州衙内都虞候祕瓊作亂，逐副使李彦琦，殺都指揮使胡章。同州小校門鐸殺節度使楊漢賓，燒劫州城。丙申，帝爲明宗皇后曹氏薨舉哀於長春殿，輟朝三日。詔封故東丹王李贊華爲燕王，遣前單州刺史李肅部署歸葬本國。以右拾遺吴涓爲左補闕，充樞密院學士。己亥，以汴州節度使李周充西京留守，以前河中節度使李從璋爲鄧州節度使。慈州奏〔四〕，草寇攻城，三日而退。庚子，帝爲皇弟故彰聖指揮使敬殷〔五〕、沂州指揮使敬德、檢校太子賓客敬友舉哀於長春殿〔六〕。以舊相盧文紀爲吏部尚書。以皇城使周瓌爲大將軍，充三司使。以左贊善大夫馬重績爲司天監〔七〕。青州奏，節度使房知温卒，詔鄆州王建立以所部牙兵往青州安撫。中書門下奏：「請以來年二月二十八日帝慶誕日爲天和節。」從之。

天福二年春正月甲寅朔，帝御文明殿受朝賀，仗衛如式。乙卯，日有蝕之。案：五代春秋作正月乙卯朔，日食。據通鑑考異引十國紀年，蜀人亦以乙卯爲朔。蓋晉人避正朝日食，故改甲寅朔耳。是夜，有赤白氣相間，如耕壟竹林之狀，自亥至丑，生北濁，過中天，明滅不定，徧二十八宿，徹曙方散。丁巳，故皇弟敬德、敬殷並贈太傅，皇子重裔、重進、重英並贈太保。右神武統軍康思立卒，輟視朝，贈太子少師。是日，詔曰：「唐莊宗陵名與國諱同，宜改爲伊陵。應京畿及諸州縣舊有唐朝諸帝陵并真源等縣，並不爲次赤，却以畿甸緊望爲定。其逐處縣令，不得以陵臺結銜，考滿日，依出選門官例指揮，隔任後準格例施行。其宋州亳州節度使、刺史，落太清宮使、副名額。」太清，原本作「大靖」，今從五代會要改正。（影庫本粘籤）

庚申，以前吏部郎中兼侍御史知雜事王松爲左諫議大夫，水部郎中王易簡本官知制誥。定州奏，契丹改幽州爲南京。案：歐陽史作燕京，通鑑、遼史、契丹國志並作南京。（舊五代史考異）中書奏，請立宗廟，從之。以翰林學士、工部侍郎和凝爲禮部侍郎，依前充職。詔內外文武臣僚並與加恩，皇基初造，示普恩也。太子少保致仕華溫琪卒，贈太子太保。是日，詔：「應朝臣中有藉才特除外任者，秩滿無遺闕，將來擬官之時，在外一任同在朝一任升進。其就便自求外職及不是特達選任者，不在此限。」安州上言，節度使盧文進殺行軍副使，率部下親兵過淮。案：盧文進棄鎮奔吴，通鑑作元年十二月，五代春秋、歐陽史作二年正月，與薛史同。（舊五代史考異）以前天平軍節度使、檢校太尉、兼侍中王建立爲平盧軍節度使，以守司空、門下侍郎、平章事、弘文館大學士馮道兼諸道鹽鐵轉運等使。天雄軍節度使、兼中書令范延光改封秦國公，加食邑實封；鳳翔節度使、兼中書令、西平王李從曮加食邑實封。

乙丑，以端明殿學士、禮部侍郎吕琦爲檢校工部尚書、祕書監。丙寅，改中興殿爲天福殿，門名從之。湖南節度使、楚王馬希範加食邑實封，改賜功臣名號。前昭義節度使、檢校太傅、同平章事高行周起復右金吾衛大將軍，依前昭義軍節度使。泰寧軍節度使李從温、荆南節度使南平王高從誨、歸德軍節度使趙在禮，並加食邑實封，改功臣名號。以端明殿學士、户部侍郎李崧爲兵部侍郎、判户部，以左諫議大夫王松判度支。魏府范延光奏：「當管夏津鎮捕賊兵士誤殺刦新齊州防禦使祕瓊。」初，延光將萌異志，使人潛結於瓊，瓊諾之。及是，以瓊背其謀，密使精騎殺之，由是延光反狀明矣。以工部侍郎李玘檢校右僕射，爲汾州刺史。以前彰國軍節度使尹暉爲左千牛衛上將軍。是日，詔曰：「西天中印土摩竭陀舍衛國大菩提寺三藏阿闍梨沙門室利縛羅，宜賜號弘梵大師。」庚午，涇州節度使李德珫、徐州節度使安彦威、秦州節度使康福、延州節度使劉景巖、襄州節度使安從進、夏州節度使李彝殷，並加食邑實封。壬申，正衙備禮册贈故皇弟、皇子等。丙子，故契丹人皇王歸葬，人皇王，原本作「天皇王」，考契丹國志，東丹王稱人皇王，今改正。（影庫本粘籤）輟視朝一日。改汴州雍丘縣爲杞縣，避廟諱也。戊寅，以兵部侍郎、判户部李崧爲中書侍郎、同中書門下平章事，充樞密使；以權知樞密使事、中書侍郎、同中書門下平章事、集賢殿學士桑維翰爲樞密使。是日，詔曰：「應天開國，恭己臨人，宜覃繼絶之恩，以廣延洪之道。宜於唐朝宗屬中取一人封公世襲，案：五代會要載原敕云：其唐朝宗屬中，舊在朝及諸道爲官者，各據資歷，考限滿日，從品秩序遷；已有出身，任令參選。（舊五代史考異）兼隋之酅公爲二王後，以後周介公備三恪，主其祭祀，及赴大朝會。」以前鎮國軍節度使皇甫立爲神武統軍〔八〕，以前宗正卿李郁爲太子賓客。庚辰，以吏部侍郎龍敏判户部。

二月丙戌，以尚食使安友規充葬明宗皇后監護使，以河陽節度使安審暉爲鄜州節度使。癸巳，詔停北京西北面計度司事。吴越國王錢元瓘加食邑實封〔九〕，改賜功臣名號。己亥，詔：「應諸道行軍、副使等得替後，且就私家取便安止，限一年後方得赴闕，當便與比擬。」壬寅，詔：「應諸道馬步都虞候，自今後朝廷更不差補，委自藩方於本州衙前大將中慎選久歷事任、曉會刑獄者充，以三年爲限〔一〇〕，仍不得於元隨職員内差補。」以左散騎常侍孔昭序爲太子賓客。尚書左僕射劉昫、右僕射盧質並加食邑實封〔一一〕。甲辰，以滄州留後馬全節爲横海軍節度使，以太子賓客韓惲爲貝州刺史，左羽林統軍羅周敬爲右金吾衛上將軍。丙午，以皇子左驍衛上將軍重信爲檢校太保、河陽三城節度使，以權知河陽軍州事周瓌爲安州節度使。詔：「中外臣僚，或因差使出入，並不得薦屬人於藩鎮希求事任。如有犯者，並準唐長興二年敕條處分。」戊申，中書舍人陳乂改左散騎常侍。應在朝文武百僚及見任刺史，先代未封贈者，與加封贈；母、妻未敘封者，並與敘封。辛亥，天和節，天和，原本作「天河」，今從五代會要改正。（影庫本粘籤）帝御長春殿，召左右街僧録威儀殿内譚經，循舊式也。

三月甲寅，制北京留守、太原尹、皇子重貴封食邑三百户，刑部侍郎張鵬改兵部侍郎。己未，御史臺奏：「唐朝定令式，南衙常參文武百僚，每日朝退，於廊下賜食，謂之常食。自唐末亂離，常食漸廢，仍於入閤起居日賜食，每入閤禮畢，閤門宣放仗，羣官俱拜，謂之謝食。至僞主清泰年中，入閤禮畢，更差中使至正衙門口宣賜食，百官立班重謝，此則交失唐朝賜食之意，於禮實爲太煩。臣恐因循，漸失根本，起今後入閤賜食，望不差中使口宣，準唐明宗朝事例處分。」從之。案五代會要載：其年四月，御史臺奏：「文武百官，每月朔望入閤禮畢，賜廊下食。在京時祇於朝堂幕次兩廊下[二三]，今在行朝，于正衙門外權爲幕次，房廊隘狹，伏恐五月一日朝會禮畢，准例賜食于幕次，難爲排比。伏見唐明宗時，兩省官于文明殿前廊下賜食，今未審入閤日權于正衙門内兩廊下排比賜食，爲復別有處分？」敕：宜依唐明宗時舊規，廊下賜食。（舊五代史考異）中書奏：「準敕，故庶人三月七日以王禮葬，其妻男等並以禮葬，請輟其日朝參一日。」從之。以宣徽南院使楊彦詢爲左監門衛上將軍，依前充宣徽使。兗州李從温奏，節度副使王謙搆軍士作亂，尋已處置。

丙寅，詔：「王者省方設教，靡憚於勤勞；養士撫民，必從其宜便。顧惟涼德，肇啓丕圖，常務去乎煩苛〔一三〕，冀漸臻於富庶。念京城俶擾之後，屬舟船焚爇之餘，饋運頓虧，支費殊闕。將別謀於飛輓，慮轉困於生靈，以此疚心，未嘗安席。今以夷門重地，梁苑雄藩，梁苑，原本作「梁莊」，今從册府元龜改正。（影庫本粘籤）水陸交通，舟車必集，爰資經度，須議按巡，寧免暫勞，所期克濟，取今月二十六日巡幸汴州」云〔一四〕。案通鑑：范延光聚卒繕兵，悉召巡内刺史集魏州，將作亂。會帝謀徙都大梁，桑維翰曰：「大梁北控燕趙，南通江淮，水陸都會，資用富饒。今延光反形已露，大梁距魏不過十驛，彼若有變，大軍尋至，所謂疾雷不及掩耳也。」丙寅，下詔，託以洛陽漕運有闕，東巡汴州。（舊五代史考異）以前貝州刺史史圭爲刑部侍郎，充諸道鹽鐵轉運副使；前澤州刺史閻至爲户部侍郎。詔：「車駕經過州府管界，所有名山大川、帝王陵廟、名臣祠墓〔一五〕，去路十里内者〔一六〕，宜令本州排比祇候，車駕經過日〔一七〕，以酒脯祭告。」左僕射劉昫等議立宗廟，以立高祖已下四親廟，其始祖一廟，伏候聖裁。御史中丞張昭遠議，請依隋唐之制，立四廟，推四世之中名位高者爲太祖。詔下百官定議，百官請依唐制追尊四廟爲定，從之。

甲戌，以右龍武統軍楊思權爲左衛上將軍。乙亥，前鄜州節度使張萬進加檢校太傅，前宋州節度使李從敏加檢校太尉。以吏部郎中兼侍御史知雜事薛融爲左諫議大夫，以兵部郎中段希堯爲右諫議大夫。戊寅，以户部尚書王權爲兵部尚書，工部尚書崔居儉爲户部尚書，兵部尚書李鏻爲太子少保，李鏻，原本作「李鄰」，今從歐陽史改正。（影庫本粘籤）兵部尚書致仕裴皞爲工部尚書，東上閤門使李守貞爲右龍武將軍充職。庚辰，車駕離京。

四月癸未朔，至鄭州，防禦使白景友進牲餼器皿，帝曰：「不出民力否？」景友曰：「臣畏陛下法，皆辦於己俸。」命收之。甲申，駕入汴州。丁亥，制：「應天福二年四月五日昧爽已前，諸道州府見禁囚徒，大辟已下，罪無輕重，並釋放。天福元年已前，諸道州府應係殘欠租稅，並特除免。諸道係徵諸色人欠負省司錢物，宜令自僞清泰元年終已前所欠者，據所通納到物業外，並與除放。昨者，行至鄭州滎陽縣界，路旁見有蟲食及旱損桑麥處，桑麥，原本作「乘麥」，今據五代會要改正。（影庫本粘籤）委所司差人檢覆，量與蠲免租稅。河陽管内酒户百姓，應欠天福元年閏十一月二十五日已前，不敷年額麴錢，並放。其諸處應經兵火者，亦與指揮。當罪即誅，式明常典；既往可憫，宜示深仁。僞清泰中，臣僚内有從誅戮者〔一八〕，並許收葬。天下百姓，有年八十已上者，與免一子差徭，仍逐處簡署上佐官。梁故滑州節度使王彦章，効命當時，致身所事，稟千年之生氣〔一九〕，流百代之令名，宜令超贈太師，子孫量才敍録。應諸道州府管界，有自僞命抽點鄉兵之時，多是結集劫盜，因此畏懼刑章，藏隱山谷，宜令逐處曉諭招攜，各令復業。自今年四月五日已前爲非者，一切不問；如兩月不歸業者，復罪如初。」丁酉，宣武軍節度使、侍衛親軍使楊光遠加兼侍中。己亥，陝州節度使、侍衛都虞候劉知遠加檢校太保。庚子，北京、鄴都、徐兗二州並奏旱。詔：「今後立妃，及拜免三公宰相，及命將、封親王公主，宜令並降制命，餘從令式處分。」

夏五月壬子朔，帝御崇元殿受朝賀，仗衛如式。詔洛京、魏府管内所徵今年夏苗稅物等〔二〇〕，宜放五分之一，以微旱故也。丙辰，御史中丞張昭遠奏：「汴州在梁室朱氏稱制之年，有京都之號，及唐莊宗平定河南，復廢爲宣武軍。至明宗行幸之時，掌事者因緣修葺衙城，遂挂梁室時宮殿門牌額，當時識者或竊非之。一昨車駕省方，暫居梁苑，臣觀衙城内齋閣牌額，一如明宗行幸之時，無都號而有殿名，恐非典據。臣竊尋秦漢已來，寰海之内，鑾輿所至，多立宮名。近代隋室於揚州立江都宮，太原立汾陽宮，岐州立仁壽宮；岐州，原本作「歧周」，今據五代會要改正。（影庫本粘籤）唐朝於太原立晉陽宮，同州立長春宮，岐州立九成宮：宮中殿閣，皆題署牌額〔二一〕，以類皇居。請準故事於汴州衙城門權挂一宮門牌額，則其餘齋閣〔二二〕，並可取便爲名。」敕：「行闕宜以大寧宮爲名。」湖南青草廟舊封安流侯，進封廣利公；洞庭廟利涉侯進封靈濟公〔二三〕；磊石廟舊封昭靈侯，進封威顯公。案五代會要作廣利威顯公。（舊五代史考異）黃陵二妃廟舊封懿節廟，改封昭烈廟，從馬希範之請也。戊午，以前成德軍節度判官張彭爲太府卿。壬戌，詔在朝文武臣僚，每人各進封事一件，仍須實封通進，務裨闕政，用副虚懷。甲子，以虞部郎中、知制誥于嶠爲中書舍人，以户部郎中于邁爲虞部郎中、知制誥。故太子少保致仕朱漢賓贈司空。乙丑，六宅使王繼弘送義州衙前收管，前洺州團練使高信送復州收管，二人於崇禮門内喧爭，爲臺司所劾故也。戊辰，翰林學士、户部員外郎、知制誥竇貞固改工部郎中、知制誥，翰林學士、都官郎中、知制誥李慎儀改中書舍人∴仍賜金紫，並依舊充職。庚午，制封皇第二十一女爲長安公主〔二四〕，封皇第十一妹烏氏爲壽安長公主，皇第十二妹史氏爲永壽長公主，皇第十三妹杜氏爲樂平長公主。壬申，天雄軍節度使、守太傅、兼中書令、興唐尹范延光進封臨清王，加食邑三千户∴鳳翔節度使、檢校太師、兼中書令、西平王李從曮進封岐王。丙子，平盧軍節度使、兼中書令王建立進封臨淄王。昭信軍節度使、侍衛步軍都指揮使景延廣改寧江軍節度使〔二五〕，典軍如故。太常卿梁文矩梁文矩，原本作「文舉」，今從歐陽史改正。（影庫本粘籤）奏定四廟謚號、廟號、陵號，太常少卿裴坦奏定四廟皇后追尊謚號〔二六〕，從之。戊寅，以中書舍人、權知貢舉王延爲御史中丞，以翰林學士、户部侍郎、知制誥崔棁爲兵部侍郎、充承旨，以翰林學士承旨、兵部侍郎程遜爲檢校禮部尚書、太常卿，以檢校吏部尚書、太常卿梁文矩爲吏部尚書，以御史中丞張昭遠爲户部侍郎，以吏部尚書盧文紀爲太子少傅。己卯，詔太社内先收掌唐朝罪人首級等，宜令骨肉或先舊僚屬收葬，其喪葬儀注不得過制。案：改葬梁末帝，因婁繼英之請也。事未及行而繼英誅死，至九月甲寅，始命安崇阮改葬，詳見通鑑。

六月壬午朔，制：「宗正卿石光贊奏：滎陽道左有萬石君石奮之廟，德行懿美，宜示封崇，用光遠祖之徽猷，益茂我朝之盛典。贈奮太傅。」癸未，契丹使夷離畢來聘〔二七〕，致馬二百匹，及人參、貂鼠皮、走馬、木椀等物。乙酉，翰林學士、司封員外郎、知制誥王仁裕改都官郎中，右贊善大夫盧損改右散騎常侍，前有朝貶故也。以祕書少監致仕劉頎爲鴻臚卿致仕，前光禄少卿尹玉羽以少府監致仕。丙戌，宰臣李崧上表讓樞密使於趙瑩，以瑩佐命之元臣也。詔不允。以前義成軍節度使李彥舜爲左武衛大將軍，以左散騎常侍唐汭爲檢校禮部尚書、國子祭酒，以前左龍武統軍李承約爲左驍衛上將軍。戊子，宰臣趙瑩自契丹使回。案：薛史不載趙瑩出使之月日，五代春秋作三月，趙瑩使契丹，歐陽史作四月。（舊五代史考異）癸巳，東都奏，瀍、澗河溢，壞金沙灘内舍屋。幽州趙思温奏：「瀛、莫兩州，元係當道，其刺史常行周、白彥球乞發遣至臣本府。」詔遣行周等赴闕。

甲午，六宅使張言自魏府迴，奏范延光叛命。滑州符彥饒飛奏，有兵士自北來，傳范延光到黎陽，乞發兵屯禦。宣遣客省使客省使，原本作「安省」，今從五代會要改正。（影庫本粘籤）李守貞往延光所問罪。尋命護聖都指揮使白奉進領騎士一千五百赴白馬渡巡檢。乙未，魏府范延光男閑廐使守圖送御史臺。攝荆南節度行軍司馬、檢校太保、歸州刺史王保義王保義，原本作「倧義」，今從十國春秋改正。（影庫本粘籤）加檢校太傅、知武泰軍節度觀察留後、充荆南行軍司馬兼沿淮巡檢使。襄州奏，江水漲一丈二尺。丁酉，遣內班史進能押信箭一對，往滑州賜符彦饒。以前磁州刺史劉審交爲魏府計度使，以東都巡檢使張從賓充魏府西南面都部署。遣侍衛使楊光遠領步騎一萬赴滑州。以東都副留守張延播充洛京都巡檢使。白奉進奏：「捉得賊卒張柔，稱范延光差澶州刺史馮暉充一行都部署，元從都押衙孫鋭充一行兵馬都監。」帝覽奏，謂侍臣曰：「朕雖寡德寡謀，自謂不居延光之下，而馮暉、孫鋭過於兒戲，朝夕就擒，安能抗拒大軍爲我之患乎！」天平軍節度使安審琦起復舊任，翰林學士、禮部侍郎和凝改端明殿學士。乙巳，范延光差牙將王知新齎表到闕，不令朝見，收付武德司。丁未，詔侍衛使楊光遠充魏府四面都部署〔二八〕，以張從賓充副、兼諸軍都虞候，昭義節度使高行周充魏府西面都部署。是日，張從賓亦叛，與范延光叶謀，害皇子河陽節度使重信、皇子東都留守重乂。己酉，以奉國都指揮使侯益、護聖都指揮使杜重威領步騎五千往屯汜水關，備從賓之亂也。案通鑑：七月，張從賓攻汜水關，殺巡檢使宋廷浩。帝戎服，嚴整輕騎，將奔晉陽以避之，桑維翰叩頭苦諫曰：「賊鋒雖盛，勢不能久，請少待之，不可輕動。」帝乃止。（舊五代史考異）

七月辛亥，兩浙錢元瓘奏：「弟吴越土客馬步諸軍都指揮使〔二九〕、静海軍節度使元球，非時入府，欲謀爲亂，腰下搜得匕首，已誅戮訖。」詔削元球在身官爵。甲寅，奉國都指揮使馬萬奏，滑州節度使符彦饒作亂，屠害侍衛馬軍都指揮使白奉進，尋以所部兵擒到彦饒，差立功都虞候方太押送赴闕。尋賜死於路。是日，削奪范延光在身官爵。以馬萬爲滑州節度使；以昭義節度使高行周爲河南尹、東都留守，充西面行營諸軍都部署；以護聖左右廂都指揮使杜重威爲昭義軍節度使兼侍衛馬軍都指揮使，案：原本脱「馬軍都」三字，今從通鑑增入。充西面行營副部署；以奉國都指揮使侯益爲河陽節度使；案宋史侯益傳：晉祖召益謂曰：「宗社危若綴旒，卿能爲朕死耶？」益曰：「願假鋭卒五千人，破賊必矣。」以益爲西面行營副都部署。據薛史，高行周爲都部署，杜重威爲副部署，不言侯益爲副都部署，與宋史異。（舊五代史考異）以右神武統軍王周充魏府行營步軍都指揮使；以滑州節度使馬萬充魏府行營馬軍都指揮使；案：原本脱「馬軍都」三字，今從通鑑增入。（舊五代史考異）以左僕射劉昫充東都留守、兼判河南府事。杜重威等奏：「收下汜水關，破賊千人，張從賓及其殘黨奔投入河；案宋史侯益傳：益率禁兵數千人，次虎牢，從賓軍萬餘人，夾汜水而陣。益親鼓士乘之，大敗其衆，擊殺殆盡，汜水爲之不流，從賓乘馬入河溺死。據薛史，祇言破賊千人，與宋史異。（舊五代史考異）兼收到護聖指揮使曹再晟一百人騎，稱背賊投來，並送赴行闕。」升貝州爲防禦使額。皇子故東都留守重乂贈太傅，皇子故河陽節度使重信贈太尉。敕：「朋助張從賓逆人張延播、張繼祚等十人，宜令收捕，親的骨肉並處斬。」示勸忠之義也。

丁卯，以唐開府儀同三司、守太尉、兼中書令、西平王李晟五代孫臟爲耀州司户參軍，示勸忠之義也。壬申，帝御崇元殿，備禮冊四廟，親授寶冊於使攝太尉、守司空、門下侍郎、平章事馮道，使副攝司徒、守工部尚書裴皞：赴洛京行禮。甲戌，以宰臣趙瑩判户部，以吏部侍郎、判户部龍敏爲東都副留守。詔洛京留司百官並赴闕。安州軍亂，指揮使王暉害節度使周瓌周瓌，原本作「周璀」，今從通鑑改正。（影庫本粘籤）於理所，案：王暉害周瓌，五代春秋、通鑑俱不書日，歐陽史作丙子，薛史作甲戌，諸史所載俱異。（舊五代史考異）遣右衞上將軍李金全領千騎赴安州。

八月辛巳，以許州節度使萇從簡爲徐州節度使，以陝州節度使、侍衞馬步軍都虞候劉知遠爲許州節度使，以權北京留守、徐州節度使安彦威爲太原尹、北京留守、河東節度使。宰臣監修國史趙瑩奏：「請循近例，依唐明宗朝，凡有内庭公事及言動之間，委端明殿學士或樞密院學士侍立晃旒，繫日編録，逐季送當館。其百司公事，亦望逐季送當館，旋要編修日曆。」從之。丁亥，以前宋州宋州，原本作「家州」，今從歐陽史改正。（影庫本粘籤）節度使李從敏爲陝州節度使。戊子，以尚書左丞鄭韜光爲户部尚書致仕。改玄德殿爲廣政殿，門名從之。庚子，華州渭河泛溢〔三〇〕，害稼。宰臣馮道加開府儀同三司、食邑實封；左僕射劉昫加特進，兼鹽鐵轉運等使。故東京留守判官李遐可贈右諫議大夫，其母田氏封京兆郡太君，子孫量才敍録，仍加賻贈，長給遐在身禄俸，終母之世。先是，遐監左藏庫於洛陽，會張從賓叛，令强取錢帛，遐拒而不與，因而遇害，故有是命。乙巳，詔：「天下見禁囚徒，除十惡五逆、放火劫舍、持杖殺人、合造毒藥、官典犯贓、欠負官錢外，其餘不問輕重，已發覺未發覺，已結正未結正，並從釋放。應自張從賓作亂以來，有曾被張從賓及張延播脅從染污者，及符彦饒下隨身軍將等，兼安州王暉徒黨，除已誅戮外，並從釋放，一切不問。張繼祚在喪紀之中，承逆豎之意，顯從叛亂，難貸刑章。乃睠先臣，實有遺德，遽兹乏祀，深所軫懷。其一房家業，準法雖已籍没，所有先臣并祖父母墳莊祠堂，並可交付骨肉主張。應自梁朝、後唐以來，前後奉使及北京沿邊管界擄掠往向北人口，宜令官給錢物，差使齎持，往彼收贖，放歸本家」云。繼祚，故齊王全義之子也，齊王，原本作「濟王」，今從歐陽史改正。（影庫本粘籤）故有是詔。丙午，詔：「天下刑獄繫囚染疾者，宜差醫工治療，官中量給藥價。事輕者仍許家人看候，合杖者俟損日決遣。」

九月庚戌朔，以前太府卿兼通事舍人陳瓚爲衛尉卿兼通事舍人。壬子，故安遠軍節度使周瓌贈太傅。甲寅，皇子北京留守、知河東軍府事、太原尹重貴加檢校太保，爲右金吾衛上將軍。以右龍武統軍安崇阮爲右衛上將軍，以前保大軍節度使〔三二〕、檢校太傅張萬進爲右龍衛軍統軍〔三三〕，以右領軍衛上將軍、權知安州軍州事李金全爲安遠軍節度使。魏府招討使楊光遠進攻城圖。戊午，以太子賓客孔昭序爲工部尚書致仕。將作少監高鴻漸上言：「伏覩近年已來，士庶之家，死喪之苦，當殯葬之日，被諸色音聲伎藝人等作樂攪擾，求覓錢物，請行止絶。」從之。庚申，靜江軍節度使、檢校太尉、同平章事馬希杲加階爵及功臣名號。希杲，原本作「希皋」，今從十國春秋改正。（影庫本粘籤）以前兵部侍郎楊凝式爲檢校兵部尚書、太子賓客。故右金吾衛上將軍羅周敬贈太傅。乙丑，鄧州節度使李從璋卒，贈太師。改興唐府爲廣晉府，興唐縣爲廣晉縣。癸酉，以左諫議大夫、判度支王松爲尚書工部侍郎。甲戌，貝、衛兩州奏，河溢害稼。乙亥，以將作監王岆爲太子賓客。

十月壬午，以宣徽南院使、左監門衛上將軍楊彥詢爲鄧州威勝軍節度使。詔選人試判兩道。以左司郎中張瑑爲右諫議大夫，以刑部侍郎、鹽鐵轉運副使史圭爲吏部侍郎。以曹州刺史宋光業爲宣徽北院使；以左金吾衛大將軍高漢筠爲左驍衛大將軍，充內客省使；以宣徽北院使、左驍衛大將軍劉處讓爲左監門衛上將軍，充宣徽南院使。丙戌，遣使祀五嶽四瀆。故天平軍節度使閻寶追封太原郡王，故大同軍節度使李存璋贈太師，故瀛州刺史李嗣頵贈太尉，故相州刺史史建瑭、故代州刺史王建及並贈太保，故幽州節度使周

德威追封燕王。燕王，原本作「兗王」，今從薛史唐書改正。（影庫本粘籤）

十一月庚戌，賜楊光遠空名官告〔三三〕，自司空至常侍凡四十道，將士立功者，得補之而後奏。中書上言：「準唐貞元二年九月五日敕，文官充翰林學士及皇太子諸王侍讀，武官充禁軍職事，並不常朝參，其在三館等諸職事者，並朝參訖各歸所務。自累朝以來，文武在內廷充職兼判三司，或帶職額及六軍判官等，例不赴常朝，元無正敕。準近敕，文武職事官未升朝者，按舊制並赴朔望朝參。其翰林學士、侍讀、三館職事，望準元敕處分。其諸在內廷諸司使等，每受正官之時，來赴正衙謝後，不赴常朝，大朝會不離禁廷位次。三司職官免常朝，唯赴大朝會。其京司未升朝官員〔三四〕，祗赴朔望朝參，帶諸司職掌者不在此例。文官除端明殿、翰林學士〔三五〕、樞密院學士、中書省知制誥外，有兼官兼職者，仍各發遣本司公事。」從之。丙辰〔三六〕，太子賓客王岯卒。改洛京潛龍宅爲廣德宮〔三七〕，北京潛龍宅爲興義宮。戊午，中書奏：「準雜令，車駕巡幸所祗承者，賜贈並同京官〔三八〕。」從之。戊辰，鎮海鎮東節度使、吴越王錢元瓘元瓘，原本作「元權」，今從十國春秋改正。（影庫本粘籤）加天下兵馬副元帥，封吴越國王。庚午，以右拾遺李澣充翰林學士。甲戌，命太常卿程遜、兵部員外郎韋棁充吴越國王加恩使。丙子〔三九〕，以户部侍郎張昭遠守本官，充翰林學士，仍知制誥。丁丑，湖南馬希範貢寶裝龍鳳器用、結銀花果子等物，帝覽之，謂侍臣曰：

「奇巧蕩心，斯何用耳！但以來遠之道，不欲阻其意。」聞者服之。壬申，壬申，以長曆推之，當作十二月壬午，原文似有脱誤，今無别本可校，姑仍其舊。（影庫本粘籤）安州李金全上言：「奉詔抽臣元隨左都押衙胡漢筠，其人染重病，候損日赴闕。」漢筠本滑吏也，從金全歷數鎮，而濫聲喧聞，帝知之，欲授以他職，免陷功臣。漢筠懼其罪，遂託疾，由是勸金全貳於朝廷，自此始也。

十二月，以監察御史徐台符爲尚書膳部員外郎、知制誥，以右補闕、史館修撰吴承範爲尚書屯田員外郎、知制誥〔四〇〕。左諫議大夫薛融改中書舍人，辭而不拜。尚書水部郎中、知制誥王易簡改中書舍人。故隴西郡王李嗣昭追封韓王，故横海軍節度使安審通贈太師。辛丑，湖南節度使、兼中書令楚王馬希範加食邑實封，改賜扶天佐運同德致理功臣。甲辰，車駕幸相國寺祈雪。永樂大典卷一萬五千六百四十三。

校勘記

〔一〕元是官場出糶　「糶」，原作「糴」，據册府卷四九四改。

〔二〕更不得開場糶貨　「糶」，原作「糴」，據册府卷九三、卷四九四改。

〔三〕劉凝　本書卷七八晉高祖紀四、通鑑卷二八〇作「劉遂凝」。

〔四〕慈州　殿本作「磁州」。

〔五〕帝爲皇弟故彰聖指揮使敬殷　「敬殷」，本書卷八〇晉高祖紀六作「威」。按「敬」係避晉高祖諱省。本書卷八七廣王敬威傳、新五代史卷一七晉家人傳、通鑑卷二八〇皆記爲彰聖指揮使者係敬威。

〔六〕檢校太子賓客敬友舉哀於長春殿　「敬友」，本書卷八〇晉高祖紀六作「殷」。按「敬」係避晉高祖諱省。新五代史卷一七晉家人傳記贈檢校太子賓客者爲敬殷，按新、舊五代史無敬友其人。

〔七〕以左贊善大夫馬重績爲司天監　「左」，本書卷九六馬重績傳、新五代史卷五七馬重績傳作「右」。

〔八〕以前鎮國軍節度使皇甫立爲神武統軍　「神武統軍」，本書卷一〇六皇甫立傳作「左神武統軍」。

〔九〕吴越國王錢元瓘加食邑實封　本卷下文：「（十一月戊辰）鎮海鎮東節度使、吴越王錢元瓘加天下兵馬副元帥，封吴越國王」，則元瓘時仍爲吴越王。

〔一〇〕以三年爲限　「爲」字原闕，據五代會要卷二四補。

〔一一〕右僕射盧質並加食邑實封　「右」，原作「左」，據殿本、邵本校、本書卷九三盧質傳改。

〔一二〕在京時祇於朝堂幕次兩廊下　「朝堂」，原作「廟堂」，據五代會要卷六改。

〔三〕常務去乎煩苛　「乎」，原作「于」，據册府卷一一四改。

〔四〕取今月二十六日巡幸汴州云　「二十六日」，册府卷一一四作「二十七日」。按本卷下文云「庚辰，車駕離京」，通鑑卷二八一略同。是月甲寅朔，庚辰爲二十七日。

〔五〕名臣祠墓　「祠墓」，原作「等」，據殿本、劉本改。

〔六〕去路十里内者　「内」字原闕，據册府卷三四、卷一一四補。

〔七〕車駕經過日　「車」字原闕，據册府卷三四、卷一一四、卷一七四補。

〔八〕臣僚内有從誅戮者　「從」，册府卷九三同，册府卷四二作「從坷」。

〔九〕禀千年之生氣　「禀」，册府卷九三作「凜」。

〔一〇〕詔洛京魏府管内所徵今年夏苗税物等　「物」，原作「麥」，據殿本、孔本、册府卷四九二改。

〔一一〕皆題署牌額　「額」字原闕，據册府卷一四、五代會要卷五補。

〔一二〕則其餘齋閤　「其」字原闕，據册府卷一四、五代會要卷五補。

〔一三〕洞庭廟利涉侯進封靈濟公　「利涉侯」三字原闕，據五代會要卷一一、册府卷三四補。舊五代史考異卷二：「案洞庭廟不載舊封，疑有脱文，考五代會要、十國春秋並與薛史同。」

〔一四〕制封皇第二十一女爲長安公主　「第二十一女」，五代會要卷二作「長女」。按本書卷七九晉高祖紀五：「長安公主薨，帝之長女也。」

〔一五〕侍衛步軍都指揮使景延廣改寧江軍節度使　「步軍」，原作「馬軍」，據本書卷七八晉高祖紀

四、卷八八景延廣傳、新五代史卷二九景延廣傳及本卷上文改。

〔二六〕裴坦　原作「裴垣」，據册府卷三一改。按本書卷八〇晉高祖紀六有太常卿裴坦。

〔二七〕夷離畢　原作「伊勒希巴」，注云：「舊作『夷離畢』，今改正。」按此係輯録舊五代史時所改，今恢復原文。

〔二八〕詔侍衛使楊光遠充魏府四面都部署　「都」字原闕，據殿本、册府卷一二三、新五代史卷八晉本紀、通鑑卷二八一補。

〔二九〕弟吴越土客馬步諸軍都指揮使　「土」，原作「士」，據彭校、通鑑卷二八一改。

〔三〇〕華州渭河泛溢　「華州」下殿本有「奏」字。

〔三一〕保大軍節度使　「保大」，原作「保太」，據本書卷八八張萬進傳改。按本卷上文云「前鄜州節度使張萬進加檢校太傅」，鄜州置保大軍。

〔三二〕檢校太傅張萬進爲右龍衛軍統軍　「太傅」，原作「太尉」，據殿本、孔本改。按本卷上文記張萬進於三月乙亥加檢校太傅。「龍衛軍」，按五代龍衛軍僅此一見，事物紀原卷一〇「龍衛」條引宋朝會要云，太平興國二年正月，詔改龍捷軍爲龍衛軍。故龍衛軍入宋方置，此處疑有訛誤。

〔三三〕賜楊光遠空名官告　「楊」字原闕，據殿本、册府卷一二三補。

〔三四〕其京司未升朝官員　「京司」，原作「京師」，據殿本、劉本、册府卷一〇八改。

〔三五〕端明殿翰林學士　原作「翰林端明殿學士」，據殿本、劉本、册府卷一〇八、五代會要卷五改。

〔三六〕丙辰　原作「丙申」，據殿本改。影庫本粘籤：「丙申，以長曆推之，當作丙辰。今無別本可校，姑仍其舊，附識於此。」按是月庚戌朔，無丙申，丙辰爲初七。

〔三七〕改洛京潛龍宅爲廣德宫　「洛京」，原作「潞京」，據彭校、册府卷一四、五代會要卷五改。

〔三八〕賜贈並同京官　「贈」，殿本、孔本、册府卷六一作「會」。

〔三九〕丙子　原作「甲子」，下文「丁丑」，原作「乙丑」，據殿本改。影庫本粘籤：「甲子，以長曆推之，當作丙子，下文乙丑當作丁丑，今姑仍其舊，附識於此。」按是月庚戌朔，甲子、乙丑不當在甲戌後，丙子爲二十七日，丁丑爲二十八日。

〔四〇〕史館修撰　「館」，原作「官」，據本書卷九二吴承範傳、册府卷五五四改。

舊五代史卷七十七

晉書三

高祖紀第三

天福三年正月戊申朔，帝御崇元殿受朝賀，仗衛如式。己酉，百官守司，以太史先奏日蝕故也，至是不虧，内外稱賀。壬戌，是夜以上元張燈於京城，縱都人遊樂，帝御大寧宮門樓觀之。丙寅，端明殿學士、禮部侍郎和凝兼判度支；工部侍郎〔一〕、判度支王松改尚書刑部侍郎；户部郎中高延賞改左諫議大夫，充諸道鹽鐵轉運副使。壬申，以前右諫議大夫薛融爲左諫議大夫〔二〕。前興元節度使張筠卒於西京，輟視朝一日。案五代會要：太常禮院申：「准故事，前節度使無例輟朝。」敕：「宜特輟一日朝參。」（舊五代史考異）

二月庚辰，左散騎常侍張允進駁赦論，帝覽而嘉之，降詔獎飾，仍付史館。甲申，荆南節度使高從誨加食邑實封。戊子，翰林學士李澣賜緋魚袋。以尚書屯田員外郎、知制誥吴承範爲庫部員外郎，充樞密院直學士。乙未，御札曰：「曾有宣示百官，令進封事，今據到者未及十人。朕雖無德，自行敕後已是數月，至於假手於人，也合各有一件事敷奏，食祿於朝，豈當如是！言而不用，朕所甘心；用而不言，誰之責也？」丙申，制武清軍節度使馬希蕚改武平軍節度使〔三〕。辛丑，中書上言：「禮經云：『禮不諱嫌名，二名不偏諱。』注云：『嫌名，謂音聲相近，若禹與雨〔四〕、丘與區也。二名不偏諱，謂孔子之母名徵在，言在不稱徵，言徵不稱在。』此古禮也。唐太宗二名並諱，玄宗二名亦同，人姓與國諱音聲相近是嫌名者，亦改姓氏，與古禮有異。廟諱平聲字，即不諱餘三聲；諱側聲，即不諱平聲字。所諱字正文及偏旁闕點畫，望依令式施行。」詔曰：「朝廷之制，今古相沿，道在人弘，禮非天降。方開曆數，虔奉祖宗，雖踰孔子之文，未爽周公之訓。所爲二名及嫌名事，宜依唐禮施行。」案：太原縣有史匡翰碑，立於天福八年。匡翰，建瑭之子也。碑於「瑭」字空文以避諱，而建瑭父敬思，仍書「敬」字，蓋當時避諱之體如此。乙巳，天和節，宴近臣於廣政殿。

三月戊午，鴻臚卿劉頎卒，贈太子賓客。壬戌，東上閤門使、前司農卿蘇繼顏改鴻臚卿充職。迴鶻可汗王仁美進野馬、獨峯駞、玉團、玉團，原本作「玉圍」，今從歐陽史改正。（影庫本粘籤）硇砂等方物。甲戌，永壽長公主薨，輟朝一日。故涇州節度觀察留後盧順密贈右驍衛上將軍。丁丑，詔禁止私下打造鑄瀉銅器。

四月丁亥，以尚書吏部侍郎盧詹爲尚書左丞。中書舍人李詳上疏：李詳，原本作「李祥」，今從册府元龜改正。（影庫本粘籤）「請沙汰在朝文武臣僚，以減冗食，仍條貫藩侯郡守，凡遇溥恩，不得多奏衙前職員，妄邀恩澤。」疏奏，嘉之。戊子，宣武軍節度使〔五〕、侍衛親軍馬步軍都指揮使、廣晉府行營都招討使楊光遠加兼中書令。昭義節度使、侍衛馬軍都指揮使、廣晉府行營都排陣使杜重威，河陽節度使兼奉國左右廂都指揮使、廣晉府行營馬步都虞候侯益，並加檢校太傅。鳳翔節度使、檢校太師、兼中書令、岐王李從曮進封秦王，平盧軍節度使、檢校太尉、兼中書令、臨淄王王建立進封東平王。甲午，泰寧軍節度使李從温、西京留守京兆尹李周、歸德軍節度使趙在禮，並加兼侍中。是月，諸道藩侯郡守皆等第加恩。改雍熙樓爲章和樓，避廟諱也。

五月丁未朔，帝御崇元殿受朝，仗衛如式。丁巳，詔應諸州縣名犯廟諱者並改之。庚申，以楊光遠男承祚爲檢校工部尚書、左威衛將軍、駙馬都尉。丁卯，魏府行營步軍都指揮使、檢校司徒、右神武統軍王周加檢校太保。戊辰，故振武節度使李嗣本贈太尉。己巳，詔：「中外臣僚帶平章事、侍中、中書令及諸道節度使，並許私門立戟，仍並官給及據官品依令式處分。」

六月丁丑，右監門衛上將軍王彦璘卒。甲申，以太子詹事王居敏制置安邑王居敏，原本作「君敏」，今據通鑑改正。（影庫本粘籤）解縣兩池榷鹽事。左諫議大夫薛融上疏，請罷修洛京大内，優詔褒之，尋罷營造。庚寅，翰林學士、尚書工部郎中、知制誥竇貞固改中書舍人充職。户部尚書致仕蕭蘧卒，贈右僕射。詔貢舉宜權停一年，以員闕少而選人多，常調有淹滯故也。丁酉，詔：「尚書省司門應管諸關令丞等〔六〕，宜準唐天成四年四月四日敕，本司不得差補，祗委關鎮使鈐轄〔七〕；見差補者，並晝時勒停訖奏聞。」「應常帶使相節度使，自楊光遠已下凡七人，並改鄉里名號。」

七月丙午朔，差左諫議大夫薛融、祕書監吕琦、駕部員外郎兼侍御史知雜事劉皞、刑部郎中司徒詡、大理正張仁瑑，同共詳定唐明宗朝編敕。庚戌，御史中丞王延改尚書右丞，尚書右丞盧導改尚書吏部侍郎，以左諫議大夫薛融爲御史中丞。辛酉，製皇帝受命寶，以「受天明命，惟德允昌」爲文。案五代會要：天福三年六月，中書門下奏：「准敕，製皇帝受命寶。今按唐貞觀十六年，太宗文皇帝所刻之璽，白玉爲螭首，其文曰『皇帝景命，有德者昌』。」敕：「宜以『受天明命，惟德允昌』爲文刻之。」（舊五代史考異）據六典，受命寶者，天子修封禪、禮神祇則用之，其始皆破皇業錢以製之。皇業者，藩邸主事之所有也。壬戌，虞部郎中、知制誥于遘改中書舍人。宰臣趙瑩、桑維翰、李崧各改鄉里名號。荆南節度使高從誨本貫汴州浚儀縣王畿鄉表節東坊，改爲擁旌鄉浴鳳里。

八月戊寅，以左僕射劉昫爲契丹册禮使，左散騎常侍韋勳副之，給事中盧重爲契丹皇太后册禮使。案歐陽史：八月戊寅，馮道及左僕射劉昫爲契丹册禮使。通鑑：戊寅，以馮道爲太后册禮使，左僕射劉昫爲契丹主册禮使。據薛史，則爲太后册禮使者乃盧重，非馮道也。壬午，魏府軍前奏，前澶州刺史馮暉自逆城來歸。定州奏，境内旱，民多流散。詔曰：「朕自臨寰宇，每念生民，務切撫綏，期於富庶，屬干戈之未戢，慮徭役之或煩。惟彼中山，偶經夏旱，因茲疾苦，遽至流移，達我聽聞，深懷惻惻。應定州所差軍前夫役逃户夏秋税並放[八]。」甲申，襄州奏，漢江水漲一丈一尺。己丑，以前澶州刺史馮暉爲檢校太保[九]，充義成軍節度使。詔：「河府、同州、絳州等三處災旱，逃移人户下所欠累年殘税，并今年夏税差科及麥苗子沿徵諸色錢物等並放。其逃户下秋苗，據見檢到數，不計是元額及出剩頃畝，並放一半。委觀察使散行曉諭，專切招攜[一〇]，應歸業户人，仍指揮逐縣切加安撫。」翰林學士、中書舍人竇貞固上言：「請令文武百僚，逐司之内，各奏舉一人，述其人有某能，堪爲某官某職，據所薦否臧，定舉主黜陟。」案：宋史竇貞固傳載此疏，略云：爲國之要，進賢是先。陛下方樹丕基，宜求多士，乞降詔百僚，令各司議定一人，有何能識，堪何職官，朝廷依奏用之。若能符薦引，果謂當才，所奏之官，望加奬賞。如乖其舉，或涉徇私，所奏之官，宜加黜罰。自然官由德序，位以才升。三人同行，尚聞擇善；十目所視，必不濫知。臣職在論思，敢陳狂狷。（舊五代史考異）疏奏，嘉之，仍令文武百官於縉紳之内、草澤之中，知灼然有才器者，列名以奏。宴契丹册禮使於廣政殿。戊戌，鄆州奏，陽穀縣界河決。青州王建立奏，王建立，原本作「建位」，今從通鑑改正。（影庫本粘籤）高麗國宿衞質子王仁翟乞放歸鄉里，從之。辛丑，鎮、邢、定三州奏，奉詔共差樂官六十七人往契丹。詔：「魏府城下，自屯軍已來，墳墓多經劚掘，雖已差人收掩，今更遣太僕卿邢德昭往伸祭奠。」

九月己酉，宮苑使焦繼勳自軍前押范延光牙將馬謂齎歸命請罪表到闕。壬子，延光領部下兵士素服於本府門俟命〔一二〕，案：歐陽史作九月己酉，赦范延光，蓋併書于奉表請罪之日也。（舊五代史考異）有詔釋罪。乙卯，詔司空、兼門下侍郎、平章事馮道官一品，給門戟十六枝，中書侍郎平章事桑維翰、李崧給門戟十二枝。己未，宣遣靜鞭官劉守威、左金吾仗勘契官王英、案：歐史作王殷。司天臺鷄叫學生商暉等，案：歐史作殷暉。宋避「殷」作「商」。（劉本）並赴契丹。庚申，契丹使人往洛京般取趙氏公主。案宋史趙贊傳：德鈞父子降晉，契丹盡錮之北去，贊獨與母公主留西洛。天福三年，晉祖命贊奉母歸薊門。（舊五代史考異）襄州奏，漢江水漲三丈，出岸害稼。東都奏，洛陽水漲一丈五尺，壞下浮橋。乙丑，于闐國王楊仁美遣使貢方物〔一三〕，迴鶻可汗遣使貢駞馬。丙寅，趙延壽進馬謝恩，放燕國長公主歸幽州。案：通鑑不載趙延壽進馬之事。胡三省云：延壽妻，唐明宗女也。延壽在北用事，故來取之。范延光差節度副使李式到闕，奉表首罪，兼進玉帶一條。遣宣徽南院使劉處讓權知魏府軍府事。己巳，復范延光官爵，其制略曰：「頃朕始登大寶，未静中原，六飛纔及於京師，千里未通於懷抱。楚王求舊，方在遺簪；曾子傳疑，忽成投杼。尋聞悛悔，遽戮奸回，干戈俄至於經時，雷雨因思於作解。果馳賓介，疊貢表章，向丹闕以傾心，瀝衷誠而効順。而況保全黎庶，完整甲兵，納款斯來，其功非細。得不特頒鐵契，重建牙章，封本郡之土茅，移欒郊之旌鉞。至於將吏，咸降絲綸。於戲！上玄之運四時，不忒者信；大道之崇三寶，所重者慈。活萬户之傷夷，息六師之勞瘁，遂予仁惻，旌爾變通。永貽子孫，長守富貴，敬佩光寵，可不美歟！可復推誠奉義佐運致理功臣、天雄軍節度、管内觀察處置等使、開府儀同三司、守太傅〔一三〕、兼中書令、廣晉尹、上柱國、臨清王，食邑一萬户、食實封一千户，改授鄆州刺史、天平軍節度、鄆齊案：原本有闕文。等州觀察處置等使〔一四〕，賜鐵券，改封高平郡王，仍令擇日備禮册命。」以天雄軍節度副使、檢校刑部尚書李式檢校尚書右僕射，充亳州團練使；以貝州刺史孫漢威爲檢校太保〔一五〕、隴州防禦使；以天雄軍三城都巡檢使薛霸爲檢校司空、衛州刺史；以天雄軍馬步軍都指揮使王建爲檢校司空、虢州刺史；以天雄軍内外馬軍都指揮使藥元福爲檢校司空、深州刺史；以天雄軍内外步軍都指揮使安元霸爲檢校司空、隨州刺史；以天雄軍都監、前河陽行軍司馬李彦珣爲檢校司空、坊州刺史。李式，延光之舊僚也，其餘皆延光之將佐也，故有是命。庚午，遣客省使李守貞押器幣賜魏府立功將校。辛未，以魏府招討使楊光遠檢校太師、兼中書令、行廣晉尹，充天雄軍節度使。天雄，原本作「天榮」，今從通鑑改正。（影庫本粘籤）

十月乙亥，福建節度使王繼恭遣使貢方物。戊寅，契丹命使以寶册上帝徽號曰英武明義皇帝。案：歐陽史作契丹使中書令韓頻來奉册。（舊五代史考異）是日，左右金吾、六軍儀仗、太常鼓吹等並出城迎引至崇元殿前，陳列如儀。鄆州范延光奏到任内。庚辰〔一六〕，御札曰：「爲國之規，在於敏政；建都之法，務要利民。歷考前經，朗然通論，顧惟涼德，獲啓丕基。當數朝戰伐之餘，是兆庶傷殘之後，車徒既廣，帑廩咸虚。經年之輓粟飛芻，繼日而勞民動衆，常煩漕運，不給供須。今汴州水陸要衝，山河形勝，乃萬庾千箱之地，是四通八達之郊。爰自按巡，益觀宜便，俾升都邑，以利兵民。汴州宜升爲東京，置開封府，仍升開封、浚儀兩縣爲赤縣，其餘升爲畿縣。應舊置開封府時所管屬縣，並可仍舊割屬收管，亦升爲畿縣。其洛京改爲西京；其雍京改爲晉昌軍，留守改爲節度觀察使，依舊爲京兆府，列在七府之上；其曹州改爲防禦州。其餘制置，並委中書門下商量施行。」丙戌，以護聖左廂都指揮使〔一七〕、曹州刺史張彦澤爲鎮國軍節度使。以工部尚書裴皞爲尚書右僕射致仕。是日，詔改大寧宫門爲明德門；又改京城諸門名額：南門尉氏以薰風爲名，西二門鄭門、梁門以金義、乾明爲名，北二門酸棗門、封丘門以玄化、宣陽爲名，東二門曹門、宋門以迎春、仁和爲名。戊子，以右金吾大將軍馬從斌爲契丹國信使，考功郎中劉知新副之。案：馬從斌使契丹，以報其加尊號也。考通鑑則始以命王權，權辭以老疾，乃改命從斌耳。歐陽史止書從斌，不載劉知新。五代春秋作十月，馮道使於契丹。以前天平軍節度使、檢校太尉、同平章事安審琦爲晉昌軍節度使、行京兆尹。襄州奏，江水漲害稼。壬辰，以樞密使、中書侍郎、平章事、集賢殿大學士桑維翰兼兵部尚書，皆罷樞密使。案：以上疑有闕文。據通鑑考異引晉高祖實録，維翰與李崧並罷樞密使。戊戌，大赦天下，以魏府初平故也。庚子，楊光遠朝覲到闕，對於便殿，錫賚甚厚。于闐國王李聖天册封爲大寶于闐國王〔一八〕。以杭州嘉興縣爲秀州，從錢元瓘之奏也。

十一月甲辰，樞密直學士、祠部員外郎吴涓可金部郎中、知制誥，樞密直學士、庫部員外郎吴承範可祠部郎中、知制誥。乙巳，鄆州范延光來朝。丙午，封閩王昶爲閩國王，加食邑一萬五千户。又以中吴建武等軍節度使、檢校太師、兼中書令、蘇州誠州刺史錢元璙爲太傅，以清海軍節度使、廣州刺史錢元璹爲檢校太尉、兼中書令，仍改名元懿。應有魏府行營將校及六軍諸道〔一九〕、本城將校等，並與加恩。戊申，以門下侍郎平章事、監修國史、判户部趙瑩兼吏部尚書。以威武軍節度、福建管内觀察處置等使王繼恭爲特進、檢校太傅，仍封臨海郡王。以魏博節度使楊光遠爲守太尉、洛京留守、兼河陽節度使、判六軍諸衛事。端明殿學士、尚書禮部侍郎、判度支和凝改尚書户部侍郎充職。庚戌，鄆州范延光上表乞休退，詔不允。辛亥，升廣晉府爲鄴都，置留守。升廣晉、元城兩縣爲赤縣，屬府諸縣升爲畿縣。升相州爲彰德軍，置節度觀察使，以澶、衛二州爲屬郡，其澶州仍升爲防禦州，移於德勝口爲治所。升貝州爲永清軍，置節度觀察使，以博、冀二州爲屬郡。以西京留守高行周爲廣晉尹〔一〇〕、鄴都留守；廣晉府行營中軍使、貝州防禦使王廷胤加檢校太傅，充相州彰德軍節度使；廣晉府行營步軍都指揮使、右神武統軍王周爲貝州永清軍節度使。甲寅，以范延光爲太子太師致仕。丙辰，以祕書監呂琦爲禮部侍郎，歸德軍節度使趙在禮改天平軍節度使，昭義軍節度使兼侍衛親軍馬步軍都虞候杜重威改忠武軍節度使，杜重威，原本作「仲威」，考重威至少帝時始避諱改名仲威，不應于高祖紀先避「重」字，今改正。（影庫本粘籤）忠武軍節度使、侍衛親軍馬步軍都指揮使劉知遠改歸德軍節度使，前河陽節度使兼奉國左右廂都指揮使侯益改昭義軍節度使。癸亥，割濮州濮陽縣隸澶州。詔許天下私鑄錢，以「天福元寶」爲文。案洪遵泉志引宋白續通典云：天福三年十一月，詔三京、鄴都、諸道州府，無問公私，應有銅者，並許鑄錢，仍以「天福元寶」爲文，左環讀之。委鹽鐵使鑄樣，頒下諸道。（舊五代史考異）丙寅冬至，帝御崇元殿受朝賀，仗衛如式。

十二月甲戌朔，以前兵部尚書梁文矩爲太子少師，以鎮州節度副使符蒙爲右諫議大夫，以吏部郎中曹國珍爲左諫議大夫。丙子，以前涇州彰義軍節度使李德琉爲晉州建雄軍節度使，加同平章事。以皇子右金吾衞上將軍重貴爲檢校太傅、開封尹，封鄭王〔二〕，加食邑三千户。戊寅，大寶于闐國進奉使、檢校太尉馬繼榮可鎮國大將軍，使副黄門將軍、國子少監張再通可試衞尉卿，監使殿頭承旨、通事舍人吴順規可試將作少監。迴鶻使都督李萬金可歸義大將軍，監使雷福德可順化將軍。是日，詔：「宜令天下無問公私，應有銅欲鑄錢者，一任取便酌量輕重鑄造。」案泉志云：天福元寶錢，徑七分，重二銖四參。銅質薄小，字文昏昧，蓋以私鑄不精也。（舊五代史考異）戊子，以河陽潛龍舊宅爲開晉禪院，邢州潛龍舊宅爲廣法禪院。龍武統軍李從昶卒，輟朝一日，贈太尉。永樂大典卷一萬五千六百四十三。

校勘記

〔一〕工部侍郎　原作「工部郎中」，據殿本、劉本改。按本書卷七六晉高祖紀二：「（天福二年九月）癸酉，以左諫議大夫、判度支王松爲尚書工部侍郎。」影庫本粘籤：「工部郎中，原本脱『中』字，今據通鑑增入。」今檢通鑑未記此事。

〔二〕以前右諫議大夫薛融爲左諫議大夫　「右」，本書卷七六晉高祖紀二作「左」。按本書卷九三薛融傳：「天福二年，自左諫議大夫遷中書舍人，自以文學非優，不敢拜命，復爲諫議。」

〔三〕制武清軍節度使馬希萼改武平軍節度使　「武平軍」，原作「威武軍」，據本書卷八一晉少帝紀一改。按威武軍治福州，非馬氏所轄，武平軍治朗州。影庫本粘籤：「威武軍，原本脱『威』字，今據十國春秋增入。」今檢十國春秋未記此事，此處所脱當是「平」字。

〔四〕若禹與雨　「雨」，原作「宇」，據殿本、五代會要卷四、册府卷三一、卷五九四改。禮記曲禮注：「嫌名謂音聲相近，若『禹』與『雨』、『丘』與『區』也。」

〔五〕宣武軍節度使　「使」字原闕，據劉本補。

〔六〕尚書省司門應管諸關令丞等　「關」，原作「闕」，據五代會要卷一六改。本卷下一處同。

〔七〕衹委關鎮使鈐轄　「鈐轄」，原作「鈴轄」，據殿本、劉本、邵本、彭本、五代會要卷一六改。影庫本批校：「鈐轄，『鈐』訛『鈴』，今改。」

〔八〕應定州所差軍前夫役逃户夏秋税並放　「夏秋税」，册府卷四九二作「夏税」。

〔九〕以前澶州刺史馮暉爲檢校太保　「檢校」，原作「檢討」，據殿本、劉本、馮暉墓誌（拓片刊五代馮暉墓）改。影庫本批校：「檢校太保，『校』訛『討』。」

〔一〇〕專切招攜　「招」字原闕，據册府卷四九二補。

〔一一〕延光領部下兵士素服於本府門俟命　「兵士」，原作「部士」，據册府卷一二六改。劉本作「將士」。

〔一三〕于闐國王楊仁美遣使貢方物　「楊仁美」，册府卷九六五、新五代史卷八晉本紀、卷七四四夷附録及本卷下文皆記于闐國王名「李聖天」。宋史卷四九〇于闐傳：「晉天福中，其王李聖天自稱唐之宗屬，遣使來貢。」

〔一四〕鄆齊等州觀察處置等使　按天平軍領鄆、齊、棣三州，「齊」下疑永樂大典避明成祖諱闕「棣」字。

〔一五〕守太傅　「守」字原闕，據殿本、本書卷七六晉高祖紀二補。

〔一六〕以貝州刺史孫漢威爲檢校太保　「爲」字原闕，據殿本、孔本及本卷下文補。

〔一七〕庚辰　原作「丙辰」，據殿本、新五代史卷八晉本紀改。影庫本粘籤：「丙辰，以長曆推之，當作庚辰，今無別本可校，姑仍其舊。」按是月甲戌朔，無丙辰，庚辰爲初七。

〔一八〕以護聖左廂都指揮使　「左」，新五代史卷五二張彥澤傳作「右」。

〔一九〕于闐國王李聖天册封爲大寶于闐國王　「爲」字原闕，據殿本、册府卷九六五、新五代史卷八晉本紀補。

〔二〇〕應有魏府行營將校及六軍諸道　「有」，原作「付」，據殿本改。

〔二一〕以西京留守高行周爲廣晉尹　「尹」字原闕，據本書卷八〇晉高祖紀六、通鑑卷二八一補。

〔二二〕以皇子右金吾衞上將軍重貴爲檢校太傅開封尹封鄭王　「皇子」，原作「皇太子」，據本書卷七六晉高祖紀二、卷七八晉高祖紀四改。按新五代史卷八晉本紀敍其事作「封子重貴爲鄭王」。

舊五代史卷七十八

晉書四

高祖紀第四

天福四年春正月癸卯朔〔一〕，帝御崇元殿受朝賀，仗衞如式。丙午，召太子太師致仕范延光宴于便殿，以延光歸命之後，慮懷疑懼，故休假之内，錫以款密。帝謂之曰：「無忿疾以傷厥神，無憂思以勞厥衷，朕方示信於四方，豈食言於汝也。」延光俯伏拜謝，其心遂安。丁未，以西京副留守龍敏爲吏部侍郎。戊申，盜發唐閔帝陵。己酉，朔方軍節度使張希崇卒，贈太師。以澶州防禦使張從恩爲樞密副使〔二〕。希崇，原本作「希宗」；防禦，原本作「防御」，今從通鑑改正。（影庫本粘籤）甲寅，以侍衞步軍都指揮使、寧江軍節度使景延廣爲義成軍節度使，以義成軍節度使馮暉爲朔方軍節度使。乙卯，左諫議大夫曹國珍上言：「請於内外臣僚之中，選才略之士，聚唐六典、前後會要、禮閣新儀、大中統類、律令格式等，精詳纂集，俾無漏落，别爲書一部，目爲大晉政統。」從之。其詳議官，宜差太子少師梁文矩〔三〕、左散騎常侍張允、大理卿張澄、國子祭酒唐汭、大理少卿高鴻漸、國子司業田敏、禮部郎中吕咸休、司勳員外郎劉濤、刑部員外郎李知損、監察御史郭延升等一十九人充〔四〕。文矩等咸曰：「改前代禮樂刑憲爲大晉政統，則堯典、舜典當以晉典革名。」列狀駁之曰：

作者之謂聖，述者之謂明，苟非聖明，焉能述作。若運因革故，則事乃維新，或改正朔而變犧牲，或易服色而殊徽號。是以五帝殊時，不相沿樂；三王異世，不相襲禮。至於近代，率由舊章；比及前朝，是滋其目〔五〕。多因行事之失，改爲立制之初，或臣奏條章，君行可否，皆表其年月，紀以姓名，聚類分門，成文作則。莫不悉稽前典，垂範後昆，述自聖賢，歷於朝代，得金科玉條之號，設亂言破律之防，守而行之，其來尚矣。皇帝陛下運齊七政，曆契千年，爰從創業開基，莫不積功累德。所宜直筆，具載鴻猷，若備録前代之編年，目作聖朝之政統，此則是名不正也。夫名不正則言不順，而媚時掠美，非其實矣。若翦截其辭，此則是文不備也。夫文不備則啓爭端，而禮樂刑政，於斯亂矣。若改舊條而爲新制，則未審何門可以刊削，何事可以編聯，既當革故從新，又須廢彼行此，則未知國朝能守而不失乎〔六〕？臣等同共參詳，未見其可。

疏奏，嘉之，其事遂寢。辛酉，以前晉昌軍節度使李周爲静難軍節度使。是日，封皇第十一妹安定郡主爲延慶長公主，皇第十二妹廣平郡主爲清平長公主。

二月辛卯，改東京玉華殿爲永福殿。中書上言：「太原潛龍莊望建爲慶昌宮，使相鄉望改爲龍飛鄉，都尉里望改爲神光里。」從之。丁酉，宰臣馮道、左散騎常侍韋勳、禮部員外郎楊昭儉自契丹使迴，案：馮道出使之期，當從五代春秋作三年九月，至四年二月始得歸也。帝慰勞備至，錫賚豐厚。庚子，以天和節宴羣官於廣政殿，賜物有差。

三月癸卯朔，三月癸卯朔，原本作「癸亥」，以前後干支考之，當作「癸卯」，今改正。（影庫本粘籤）左僕射劉昫、給事中盧重自契丹使迴，頒賜器幣如馮道等。乙巳，迴鶻可汗仁美遣使貢方物，中有玉狻猊，實奇貨也。丙午，涇州節度使張萬進卒，贈太師。己未，皇子開封尹鄭王重貴、歸德軍節度使兼侍衞親軍馬步軍都指揮使劉知遠、忠武軍節度使杜重威，並加同中書門下平章事。天平軍節度使趙在禮封衞國公。庚申，遣内臣趙處玭以版詔徵華山隱者前右拾遺鄭雲叟〔七〕、玉笥山道士羅隱之。靈州戍將王彦忠據懷遠城作叛，帝遣供奉官齊延祚乘驛而往，彦忠率衆出降，延祚矯制殺之。詔：「齊延祚辜我誓言，擅行屠戮，彰殺降之罪，隳示信之文，宜除名，決重杖一頓配流。王彦忠贈官收葬。」辛酉，封迴鶻可汗仁美爲奉化可汗。癸亥，以左龍武統軍皇甫遇爲鎮國軍節度使〔八〕，張彦澤爲彰義軍節度使〔九〕。

夏四月壬申朔，以河中節度副使薛仁謙爲衛尉卿。丙子，以汝州防禦使宋彦筠爲同州節度使；以護聖左右軍都指揮使李懷忠爲侍衛親軍馬軍都指揮使〔一〇〕，領壽州忠正軍節度使；以奉國左右廂都指揮使郭謹爲侍衛親軍步軍都指揮使、夔州寧江軍節度使。戊寅，詔廢長春宫使額。案：五代會要載原敕云：同州長春宫使額宜停，沿宫職務，委州司制置。（舊五代史考異）己卯，改明德殿爲滋德殿，宫城南門同名故也。以華州節度使劉遂凝爲右龍武統軍，以右龍武統軍張廷藴爲絳州刺史〔一一〕。絳州，原本作「降州」，今從通鑑改正。（影庫本粘籤）庚辰，徵前右拾遺鄭雲叟爲右諫議大夫，玉笥山道士羅隱之賜號希夷先生。甲申，以翰林學士承旨、兵部侍郎崔棁權判太常卿，以端明殿學士、户部侍郎和凝爲翰林學士承旨。樞密院學士、尚書倉部郎中司徒詡，樞密院學士、尚書工部郎中顔衎，並落職守本官；樞密副使張從恩改宣徽使，初廢樞密院故也。先是，桑維翰免樞密之務，以劉處讓代之，奏議多不稱旨，及處讓丁母憂，遂以密院印付中書，故密院廢焉。丙戌，以韓昭裔爲兵部尚書致仕，馬裔孫爲太子賓客致仕，房暠爲右驍衛大將軍致仕，皆唐末帝之舊臣也。戊子，升永、岳二州爲團練使額，改湘川縣爲全州，從馬希範之奏也。

五月壬寅朔，帝御崇元殿受朝，仗衛如式。癸卯，以左僕射劉昫兼太子太保，封譙國公。乙巳，昭順軍節度使姚彦章卒。升靈州方渠鎮爲威州，隸於靈武，改舊威州爲清邊軍。戊申，湖南節度使馬希範加天策上將軍。以前邠州節度使安叔千爲滄州節度使。庚戌，虞部郎中楊昭儉可本官知制誥。辛亥，置靜海軍於温州，靜海，原本作「清海」，今從十國春秋改正。（影庫本粘籤）從錢元瓘之請也。壬子，以侍御史盧價爲户部員外郎、知制誥。户部尚書崔儉卒〔一二〕。甲寅，詔止絶朝臣不得外州府求覓表狀，奏薦交親。乙卯，升金州爲節鎮，以懷德軍爲使額。以齊州防禦使潘環爲懷德軍節度使。右諫議大夫致仕鄭雲叟賜號逍遥先生，仍給致仕官俸。丁巳，以刑部尚書姚顗爲户部尚書，以兵部侍郎、權判太常卿事崔棁爲尚書左丞，以工部侍郎任贊爲兵部侍郎，以禮部尚書李懌爲刑部尚書，以左丞盧詹爲禮部尚書，以左散騎常侍韋勳爲工部侍郎。庚申，廢華清宫爲靈泉觀。辛酉，御史臺奏：「省郎知雜之時，赴臺禮上，軍巡邸吏之輩，咸集公參，赤縣府司，悉呈杖印。今後年深御史判雜上事，欲依前例。」從之。丙寅，以鎮海軍衙内統軍、上直馬步軍都監、檢校太傅、睦州刺史陸仁章爲同平章事，遥領遂州武信軍節度使；以鎮海軍興武左右開道都指揮使、明州刺史仰仁詮爲檢校太傅〔一三〕、同平章事，領宣州寧國軍節度使：從錢元瓘之請也。

六月辛未朔，陳郡民王武穿地得黄金數餅，州牧取而貢之，帝曰：「宿藏之物，既非符寶，不合入官。」命付所獲之家。庚辰，西京大風雨，應天福門屋瓦皆飛，鴟吻俱折。辛卯，詔禮部貢舉宜權停一年。

秋七月庚子朔，日有蝕之。西京大水，伊、洛、瀍、澗盡溢，壞天津橋。癸卯，以華清宮使李頃爲右領軍衞上將軍。甲辰，以定州節度使皇甫遇爲潞州節度使、檢校太尉，以潞州節度使侯益爲徐州節度使。案宋史侯益傳：天福四年，晉祖追念虎牢之功，遷武寧軍節度、同平章事。薛史不載同平章事。五代會要所載天福中使相有侯益，與宋史同。（舊五代史考異）戊申，御史中丞薛融等上詳定編敕三百六十八道，分爲三十一卷。是日，詔：「先令天下州郡公私鑄錢，近多鉛錫相兼，缺薄小弱，有違條制。今後私鑄錢下禁依舊法。」案歐陽史：七月丙辰，復禁鑄錢。薛史作七月戊申。（舊五代史考異）壬戌，以太子少師梁文矩爲太子太保致仕〔一四〕。

閏七月庚午朔，百官不入閤，雨霑服故也。壬申，以中書侍郎、平章事、集賢殿大學士桑維翰爲檢校司空、兼侍中、相州彰德軍節度使，以彰德軍節度使王廷胤爲義武軍節度使。尚書户部奏：「李自倫義居七世，準敕旌表門閭。」義居七世，據歐陽史云：李自倫高祖訓，訓生粲，粲生則，則生忠，忠生自倫，自倫生光厚，六世同居。薛史作「七世」，未詳孰是。（影庫本粘籤）案歐陽史作六世。又旌表門閭，歐陽史作正月，與薛史作閏七月異。（舊五代史考異）先有登州義門王仲昭六代同居〔一五〕，其旌表有廳事步欄，前列屏樹烏頭，正門閥閱一丈二尺，二柱相去一丈，柱端安瓦桷，墨染，號爲烏頭，築雙闕一丈，在烏頭之南三丈七尺，烏頭之南，原本作「之内」，今從歐陽史改正。（影庫本粘籤）夾街十有五步，槐柳成列。今舉此爲例，則令式不該。」詔：「王仲昭正廳烏頭門等制，不載令文，又無敕命，既非故事，難黷大倫，案五代會要作既非故實，恐紊彝章。（孔本）宜從令式，祇表門閭。於李自倫所居之前，量地之宜，高其外門，門外安綽楔〔一六〕，綽楔，原本作「掉揳」，今從歐陽史改正。（影庫本粘籤）門外左右各建一臺，高一丈二尺，廣狹方正，稱臺之形，圬以白泥，四隅漆赤。其行列樹植，隨其事力，其同籍課役，一準令文。」壬午，濮州刺史武從諫勒歸私第，受贓十五萬故也。丁酉，故皇子河南尹重乂妻虢國夫人李氏落髮爲尼，賜名悟因，仍錫紫衣、法號及夏臘二十。

八月己亥朔，河決博平，甘陵大水。辛丑，以守司空、兼門下侍郎、平章事、弘文館大學士馮道爲守司徒、兼侍中，封魯國公。壬寅，詔曰：「皇圖革故，庶政惟新，宜設規程，以諧公共。其中書印祇委上位宰臣一人知當。」戊申，前兵部尚書王權授太子少傅致仕。己酉，以天下兵馬副元帥、鎮海鎮東等軍節度使、檢校太師、行中書令、吴越王錢元瓘爲天下兵馬元帥〔一七〕。壬子，升亳州爲防禦使額，依舊隸宋州。丙辰，司天監馬重績等進所撰新曆，馬重績，原本作「崇績」，今從五代會要改正。（影庫本粘籤）降詔褒之，詔翰林學士承旨和凝制序，命之曰調元曆。

九月辛未，以右羽林統軍周密爲鄜州節度使。癸酉，升婺州爲武勝軍額。丁丑，宴羣臣於永福殿。契丹使粘木孤來聘〔一八〕，案遼史：會同二年正月戊申，晉遣金吾衛大將軍馬從斌、考功郎中劉知新來貢珍幣。丙辰，晉遣使謝免沿邊四州錢幣。七月戊申，晉遣使進犀帶。閏月乙酉，遣使賜晉良馬。八月己丑，晉遣使貢歲幣，奏輸戌、亥二歲金幣于燕京。（舊五代史考異）致牛馬犬腊顛騤十駟〔一九〕。己卯，遥領洮州保順軍節度使鮑君福加檢校太師、兼侍中、判湖州諸軍事。辛巳，相州節度使桑維翰上言：「管内所獲賊人，從來籍没財産，請止之。」詔：「今後凡有賊人，準格律定罪，不得没納家資，天下諸州準此。」癸未，封唐許王李從益爲郇國公，案五代會要：九月，敕：「周受龍圖，立夏、殷之祀；唐膺鳳曆，開酅、介之封。乃睠前朝，載稽舊典，宜封土宇，俾奉宗祧。宜以郇國三千户封唐許王李從益爲郇國公」云。（舊五代史考異）奉唐之祀，服色旌旗一依舊制。仍以西京至德宫爲廟，牲幣器服悉從官給。丙戌，高麗王王建遣使貢方物。己丑，以中書侍郎、平章事李崧權判集賢殿事。庚寅，詔停寒食、七夕、重陽及十月暖帳内外羣官貢獻〔二〇〕。丙申，以威勝軍節度副使羅周岳爲給事中，中書舍人李詳改禮部侍郎，禮部侍郎吕琦改刑部侍郎，刑部侍郎王松改户部侍郎，户部侍郎閻至改兵部侍郎，中書舍人王易簡充史館修撰、判館事。

冬十月戊戌朔，故昭信軍節度使白奉進贈太尉。丙午，以太常卿程遜没于海，廢朝一日，贈右僕射。庚戌，閩王王昶、威武軍節度使王繼恭遣僚佐林恩〔二一〕、鄭元弼等朝貢，致書於宰執，致書，原本作「致聿」，今據文改正。（影庫本粘籤）無人臣之禮。帝怒，詔令不受所貢，應諸州綱運，並令林恩、鄭元弼等押歸本道。既而兵部員外郎李知損上疏，請禁錮使人，籍没綱運，可之，收林恩等下獄。丙辰，溪州刺史彭士愁，以錦、奬之兵與蠻部萬人掠辰、澧二境〔三〕，湖南節度使馬希範遣牙兵拒之而退。金州山賊度從讜等寇洵陽，遣兵討平之。

十一月甲戌，以太子賓客李延範爲司農卿。乙亥，詔立唐高祖、太宗及莊宗、明宗、閔帝五廟於洛陽。案：立唐廟於西京，歐陽史作十二月，與薛史作十一月異。（舊五代史考異）丁丑，祠部郎中、知制誥吴承範改中書舍人，充翰林學士；翰林學士、中書舍人竇貞固改御史中丞；御史中丞薛融改尚書右丞〔三〕；尚書右丞王延改吏部侍郎；尚書左丞崔棁改太常卿。戊寅，史館奏：「請令宰臣一人撰録時政記，案五代會要：史館奏：「唐長壽二年，右丞姚璹奏，帝王謨訓，不可闕文，其仗下所言軍國政事，令宰臣一人撰録，號『時政記』。唐明宗朝，又委端明殿學士撰録，逐季送付史館，伏乞遵行者。宜令宰臣一人撰述。」（舊五代史考異）逐時以備撰述。」從之。己卯，吏部侍郎龍敏改尚書左丞。己丑，以太子賓客楊凝式爲禮部尚書致仕。詔建錢鑪於欒川。丙申，諫議大夫致仕逍遥先生鄭雲叟卒。

十二月丁酉朔，百官不入閤，大雪故也。己亥，故皇子重英妻張氏落髮爲尼，賜名悟慎，并夏臘二十。庚戌，禮官奏：「來歲正旦，王公上壽，皇帝舉酒，奏玄同之樂；再飲，奏文同之樂；三飲，奏同前。」從之，歌辭不録。丙辰，詔今後城郭村坊，不得創造僧尼院舍。丁巳，帝謂宰臣曰：「大雪害民，五旬未止，京城祠廟，悉令祈禱，了無其驗，豈非涼德不儲，神休未洽者乎？」因令出薪炭米粟給軍士貧民等。壬戌，禮官奏：「正旦上壽，宮懸歌舞未全，且請雜用九部雅樂，歌教坊法曲。」從之。永樂大典卷一萬五千六百四十四。

校勘記

〔一〕天福四年春正月癸卯朔　「朔」字原闕，據册府卷一〇八補。按是月癸卯朔。

〔二〕以澶州防禦使張從恩爲樞密副使　「副」字原闕，據殿本、新五代史卷八晉本紀、宋史卷二五四張從恩傳、通鑑卷二八二及本卷下文補。舊五代史考異卷三：「案原本作樞密使，考下文亦作樞密副使，今從歐陽史及宋史張從恩傳改正。」

〔三〕宜差太子少師梁文矩　「太子少師」，原作「太子少卿」，據本書卷七七晉高祖紀三、卷九二梁文矩傳、册府卷五五九、卷六〇七改。

〔四〕監察御史郭延升等一十九人充　「一十九人」，册府卷五五九、卷六〇七作「一十人」。按本卷上文列梁文矩、張允、張澄、唐汭、高鴻漸、田敏、吕咸休、劉濤、李知損、郭延升共十人。

〔五〕是滋其目　原作「日滋條目」，據册府卷五五九、卷六〇七改。影庫本粘籤：「條目，原本作『真目』，今從册府元龜改正。」

〔六〕則未知國朝能守而不失乎　「失」，原作「守」，據册府卷五五九、卷六〇七改。

〔七〕遣内臣趙處玭以版詔徵華山隱者前右拾遺鄭雲叟　「右」，本書卷九三鄭雲叟傳、册府卷九八、新五代史卷三四鄭遨傳作「左」。本卷下一處同。舊五代史考異卷三：「案歐陽史作左拾遺，考薛史前後俱作右拾遺，今仍其舊。」

〔八〕以左龍武統軍皇甫遇爲鎮國軍節度使　朱玉龍方鎮表：「按舊史高祖、少帝紀，天福元年十二月，皇甫遇自鄧州移鎮定州；四年七月，由定州徙潞州；五年七月，由潞州改晉州；七年七月，自晉州移河陽；八年三月，自河陽罷歸。兩五代史皇甫遇傳與之略同，亦無鎮華州之説。考舊史卷八一少帝紀一，天福七年十二月乙丑，有『以前華州節度使皇甫立爲左金吾衛上將軍』文，因疑『皇甫遇』或爲『皇甫立』之誤。」

〔九〕張彦澤爲彰義軍節度使　朱玉龍方鎮表：「『張彦澤』上有脱文。舊史卷八九張彦澤傳云：『從楊光遠圍范延光于鄴，以功授華州節度使，尋移鎮涇州。』涇州軍號彰義。」按本書卷七七晉高祖紀三：「（天福三年十月）以護聖左廂都指揮使、曹州刺史張彦澤爲鎮國軍節度使。」華州號鎮國軍，「張彦澤」上疑脱「鎮國軍節度使」六字。

〔一〇〕以護聖左右軍都指揮使李懷忠爲侍衛親軍馬軍都指揮使　「左右軍」，本書卷一二四李懷忠傳作「左右廂」。

〔二〕張廷藴　原作「張延藴」，據邵本校、本書卷九四張廷藴傳改。

〔三〕崔儉　本書卷七六晉高祖紀二作「崔居儉」。按新五代史卷五五有崔居儉傳。

〔三〕仰仁詮　原作「仰仁銓」，據通鑑卷二七八、卷八二改。按姓氏急就篇卷上：「吴越有寧國節度使仰仁詮。」影庫本粘籤：「仰仁銓，原本作『任銓』，今從十國春秋改正。」今檢十國春秋作「仰仁詮」。

〔四〕以太子少師梁文矩爲太子太保致仕　「太子少師」，原作「太子少保」，據本書卷七七晉高祖紀三、卷九二梁文矩傳改。

〔五〕先有登州義門王仲昭六代同居　「登州」，原作「鄧州」，據册府卷六一、卷一四〇、五代會要卷一五、新五代史卷三四李自倫傳改。舊五代史考異卷三：「案王仲昭，歐陽史作登州人。」

〔六〕門外安綽楔　「安」字原闕，據殿本、册府卷六一、卷一四〇、五代會要卷一五、新五代史卷三四李自倫傳補。

〔七〕吴越王錢元瓘爲天下兵馬元帥　「吴越王」，本書卷八〇晉高祖紀六作「吴越國王」。按本書卷七六晉高祖紀二：「（天福二年十一月）鎮海鎮東節度使、吴越王錢元瓘加天下兵馬副元帥，封吴越國王。」

〔八〕粘木孤　原作「默納庫」，注云：「舊作『粘木孤』，今改正。」按此係輯録舊五代史時所改，今恢復原文。

〔一九〕致牛馬犬腊顛騍十駟　「犬腊顛騍十駟」，原作「等物」，據册府卷九七二改。殿本、劉本作「犬腊顛騍十四」。

〔二〇〕詔停寒食七夕重陽及十月暖帳内外羣官貢獻　「羣」，原作「郡」，據殿本、劉本、邵本校、册府卷一六八改。

〔二一〕林恩　原作「林思」，據册府卷二三三、通鑑卷二八一、卷二八二改。本卷下文同。

〔二二〕以錦獎之兵與蠻部萬人掠辰澧二境　「獎」，原作「蔣」，據新五代史卷六六馬希範傳改。按通鑑卷二八二前作「蔣」，後作「獎」，胡注：「『蔣』當作『獎』，唐長安四年，以沅州之夜郎、渭溪二縣置舞州……大曆五年，又更名獎州。」

〔二三〕御史中丞薛融改尚書右丞　「右」，原作「左」，據本書卷九三薛融傳、新五代史卷五六薛融傳改。按本卷下文云「己卯，吏部侍郎龍敏改尚書左丞」，則時薛融非尚書左丞。

舊五代史卷七十九

晉書五

高祖紀第五

天福五年春正月丁卯朔，帝御崇元殿受朝賀，仗衞如式。降德音：「應天福三年終，公私債欠，一切除放。」壬申，蜀人寇西鄙，羣盜張達、任康等劫清水德鐵之城以應之。德鐵之城，原本作「得鐵」，考通鑑注云：德鐵在清水砦，今改正。（影庫本粘籤）癸酉，湖南奏，閩人殺王昶，夷其族，王延羲因民之欲而定之。甲戌，遣宣徽使楊彦詢使於契丹。辛巳，皇子開封尹、鄭王重貴加檢校太尉。己丑，迴鶻可汗仁美遣使貢良馬、白玉，謝册命也。庚寅，以二王後、前右贊善大夫、襲酅國公楊延壽爲太子左諭德，三恪、汝州襄城縣令、襲介國公宇文頵加食邑三千户。辛卯，升絳州爲防禦州。癸巳，以左神武統軍陸思鐸爲右羽林統軍，以隴州防禦使何福進爲右神武統軍。甲午，太常少卿裴羽奏：「請追謚莊宗皇后劉氏爲神閔敬皇后，明宗皇后曹氏請追謚爲和武憲皇后〔一〕，閔帝魯國夫人孔氏請追謚爲閔哀皇后。」從之。丙申，河中節度使安審信奏：「軍校康從受、李崇、孫大裕、張崇、于千等以所部兵爲亂，尋平之，死者五百人。」

二月丁酉朔，沙州歸義軍節度使曹義金卒，義金，原本作「議金」，今從歐陽史改正。（影庫本粘籤）贈太師，以其子元德襲其位。乙巳，御史中丞竇貞固奏：「國忌日，宰臣跪爐焚香，文武百僚列坐。案：五代會要作宰臣跪爐，僧人表讚，文武百官，儼然列坐。（孔本）竊惟禮例，有所未安。今欲請宰臣仍舊跪爐，百僚依班序立。」詔可之，仍令行香之後〔二〕，飯僧百人，永爲定制。庚戌，北京留守安彥威來朝，帝慰接甚厚，賜上樽酒。壬子，升中書門下平章事爲正二品。丁巳，青州節度使、東平王王建立來朝。己未，以中書、門下侍郎爲清望正三品，諫議大夫、御史中丞爲清望正四品。

三月丁卯朔，左散騎常侍張允改禮部侍郎〔三〕。辛未，宋州歸德軍節度使、侍衞親軍馬步軍都指揮使劉知遠加特進，改鄴都留守、廣晉尹，典軍如故。以兗州節度使李從温爲徐州節度使，以北京留守安彥威爲宋州節度使。壬申，詔朝臣覲省父母，依天成例頒賜茶藥。癸酉，以青州節度使王建立爲昭義軍節度使，進封韓王，仍割遼、沁二州爲昭義屬郡，以建立本遼州人，用成其衣錦之美也。以晉州節度使李德琉爲北京留守，以潞州節度使皇甫遇爲晉州節度使。是日，容州節度使馬存卒。甲戌，以給事中李光廷爲左散騎常侍〔四〕，亳州團練使李式爲給事中。乙亥，相州節度使桑維翰加檢校司徒，改兗州節度使。許州節度使杜重威改鄆州節度使，河中節度使安審信改許州節度使。丁丑，長安公主出降駙馬都尉楊承祚。戊寅，詔：「中書門下五品已上官於兩省上事，宰臣押角之禮，押角，舊唐書裴坦傳作「壓角」，文昌雜録引宋次道云：舍人上事，必設紫褥於庭，面北拜廳閤，立褥之東北隅，謂之「壓角」。疑原本「押」字有誤，據五代會要仍作「押角」。又文昌雜録引李涪刊誤云：兩省官上事日，宰臣臨焉，上事者設牀几，面南而坐，判三道案。宰相別施一牀，連上事官坐於四隅，謂之「押角」。則「壓」「押」二字，可以通用，今仍其舊。（影庫本粘籤）及第舉人與主司選勝筵宴，及中書舍人靸鞋接見舉人，兼兵部、禮部引人過堂之日幕次酒食會客，悉宜廢之。」己卯，以前樞密使劉處讓爲相州節度使。辛巳，湖南遣牙將劉勍領兵大破溪峒羣蠻，收溪、錦、獎三州〔五〕。丁亥，以秦州節度使康福爲河中節度使，以徐州節度使侯益爲秦州節度使。庚寅，御明德樓，餞送昭義軍節度使王建立，賜玉斧、蜀馬。甲午，詔吏部三銓聽四時選，擬官旋奏，不在團甲之限。

夏四月丙申朔，宴羣臣於永福殿。戊戌，曹州防禦使石暉卒，帝之從弟也。禮官奏：「天子爲五服之内親本服周者，三哭而止。」從之。己亥，罷洛陽、京兆進苑囿瓜菓，憫勞人也。壬寅，右僕射致仕裴皞卒，贈太子太保。丙午，詔曰：「承旨者，承時君之旨，非近侍重臣無以稟朕旨、宣予言，是以大朝會宰臣承旨，草制詔學士承旨，若無區别，何表等威。除翰林承旨外，殿前承旨宜改爲殿直，密院承旨宜改爲承宣，御史臺、三司、閤門、客省所有承旨，並令别定其名。」庚戌，以滄州節度使馬全節爲安州節度使。禮部侍郎張允奏，請廢明經、童子科，童子科，原本闕「科」字，今據五代會要增入。（影庫本粘籤）從之。因詔宏詞、拔萃、明算、道舉、百篇等科並停之。

五月癸酉，宋州貢瑞麥兩歧。甲申，以前徐州節度使萇從簡爲右金吾衛上將軍〔六〕。丙戌，安州節度使李金全叛，詔新授安州節度使馬全節以洛、汴、汝、鄭、單、宋、陳、蔡、曹、濮十州之兵討之，案五代春秋：五月，李金全叛附于吴，馬全節帥師討安州，吴人救安州，全節敗吴師，克安州，金全奔吴。六月，放吴俘還。歐陽史作五月，李金全叛。六月，克安州。馬令南唐書作六月，安州節度使李金全來降，遣鄂州屯營使李承裕帥師迎之。紀月互異。（舊五代史考異）以前鄜州節度使安審暉爲副，以内客省使李守貞爲都監，仍遣供奉官劉彦瑶奉詔以諭金全。命麾下齊謙以詔送於淮夷，雲夢人齊峴斬謙，歸其詔於闕。辛卯，昭義節度使韓王王建立薨，輟朝二日，册贈尚書令。

壬寅，案：壬寅上疑脱「六月」兩字。（舊五代史考異）少府監致仕尹玉羽卒。癸卯，淮南使李承裕代李金全，金全南走，承裕以淮兵二千守其城。甲辰，馬全節自應山縣進軍於大化鎮。戊申，與鄂州賊軍陣於安陸之南，三戰而後克之，斬首三千級，生擒千餘人。供奉官安友謙登鋒力戰，奮不顧身，全節賞其忠勇，使馳獻捷書，暍死於路。是日，削奪李金全官爵。丁巳，淮夷僞校李承裕率衆掠城中資貨而遁，馬全節入城撫其遺民，遣安審暉率兵以逐承裕，擒而斬之。執其僞都監杜光鄴案：馬令南唐書作監軍通事舍人。（舊五代史考異）杜光鄴，通鑑作「光業」，十國春秋仍作「鄴」，今從其舊。（影庫本粘籤）及淮南軍五百餘人，露布獻於闕下。帝曰：「此輩何罪。」皆厚給放還。癸亥，道士崇真大師張薦明賜號通玄先生。是時，帝好道德經，嘗召薦明講說其義，帝悅，故有是命。尋令薦明以道德二經雕上印板，命學士和凝別撰新序，冠于卷首，俾頒行天下。

秋七月甲子朔，降安州爲防禦使額，以申州隸許州。丙寅，安州節度使馬全節加檢校太尉，改昭義軍節度使。前鄜州節度使安審暉加檢校太傅，爲威勝軍節度使。丁卯，湖南奏，遣天策府步騎將張少敵領兵五萬，樓船百艘，次於岳陽，將進討淮夷也。甲戌，宣徽使楊彥詢加檢校太傅，充安國軍節度使。乙亥，户部尚書致仕鄭韜光卒，贈右僕射。戊寅，福州王延羲遣商人間路貢表自述。戊子，宿州奏，淮東鎮移牒云：本國奏書於上國皇帝，曰：「久增景慕，莫會光塵，但循戰國之規，敢預睦鄰之道。一昨安州有故，脱難相歸，邊校貪功，乘便據壘，據壘，原本作「居壘」，今從通鑑改正。（影庫本粘籤）矧機宜之孰在，顧茫昧以難申。否臧皆凶，乃大易之明義；進取不止，亦聖人之厚顏。適屬暑雨稍頻，江波甚漲，指揮未到，事實已違。今者猥沐睿咨，曲形宸旨，歸其俘獲，示以英仁。其如軍法朝章，彼此不可；揚名建德，曲直相懸。雖認好生，匪敢聞命。其杜光鄴等五百七人，已令却過淮北。」帝復書曰：「昨者災生安陸，釁接漢陽，當三伏之炎蒸，動兩朝之師旅。豈期邊帥，不稟上謀，洎復城池，備知本末。尋已捨諸俘執，還彼鄉閭，不唯念效命之人，兼亦敦善鄰之道。今承來旨，將正朝章，希循宥罪之文，用廣崇仁之美。其杜光鄴等再令歸復。」尋遣使押光鄴等於桐墟渡淮，案：原本作「桐廬」。據通鑑注引九域志云：宿州蘄縣有桐墟鎮，自桐墟而南，至渦口則濟淮矣。今改正。（舊五代史考異）淮中有棹船，甲士拒之，南去不果。詔光鄴等歸京師，授以職秩，其戎士五百人，立爲顯義都。顯義都，原本脱「義」字，今考通鑑云：帝悉授唐諸將官〔七〕，以其士卒爲顯義都，命舊將劉康領之。今增入。（影庫本粘籤）

八月丁酉，帝觀稼於西郊。己亥，詳定院以先奉詔詳定冬正朝會禮節、樂章、二舞行列等事上之，事具樂志。庚子，以前金州防禦使田武爲金州懷德軍節度使。辛丑，升復、郢二郡爲防禦使額。戊午，左龍武統軍相里金卒，廢朝一日，贈太師〔八〕。己未，太子太師致仕范延光卒於河陽，廢朝二日，案：歐陽史作西京留守楊光遠殺太子太師范延光。考本傳，延光本爲楊光遠推墮溺水死，爲之輟朝，諱之也。（舊五代史考異）贈太師。

丁卯，案：歐陽史作九月丁卯，原本疑有脱字。（舊五代史考異）宰臣李崧加集賢殿大學士，以翰林學士承旨、户部侍郎和凝爲中書侍郎、平章事。丙子，廢翰林學士院，其公事並歸中書舍人。丁丑，以翰林學士、中書舍人李慎儀爲右散騎常侍，以翰林學士、左右補闕李澣爲吏部員外郎，以右散騎常侍趙光輔爲太子賓客〔九〕，以太子賓客韓惲爲兵部尚書，以右諫議大夫段希堯爲萊州刺史。甲申，西京留守楊光遠加守太尉、兼中書令，充平盧軍節度使，封東平王。戊子，改東京上源驛爲都亭驛。

冬十月丁酉，制：天下兵馬元帥、鎮海鎮東浙江東西等道節度使、中書令、吴越王錢元瓘加守尚書令〔一〇〕，充天下兵馬都元帥。戊戌，户部尚書姚顗卒，廢朝一日，贈右僕射〔一一〕。癸卯，湖南上言，福建王延羲與弟延政互起干戈，内相侵伐。甲辰，升萊州爲防禦使額，以汝州防禦使楊承貴領之。以新授萊州刺史段希堯爲懷州刺史。丁未，契丹使舍利來聘〔一二〕，案遼史：會同三年三月戊辰，遣使使晉，乙未，晉遣使來覲。四月壬寅，遣人使晉，丙午，晉遣宣徽使楊端、王朓等來問起居，丙辰，晉遣使進茶藥，癸亥，晉遣使賀端午。五月庚辰，晉遣使進弓矢，甲申，遣皇子天德及檢校司徒邸用和使晉。六月庚子，晉遣使來見。九月丙戌，晉遣使貢名馬。十月庚申〔一三〕，晉遣使貢布。十二月丙申，遣使使晉。（舊五代史考異）致馬百疋及玉鞍、狐裘等。己酉，宴羣臣於永福殿，賜帛有差。癸丑，詔：「今後竊盜贓滿五匹者處死〔一四〕，三匹已上者決杖配流，以盜論者准律文處分。」又詔：「過格選人等，許赴吏部南曹召保，委正身者降一資注官。」

十一月壬戌，遥領遂州武信軍節度使、鎮海軍衙内統軍、檢校太傅、同平章事陸仁璋卒〔一五〕，贈太子太傅。甲子，滑州節度使景延廣加檢校太傅，改陝州保義軍節度使。以鄭州防禦使、駙馬都尉史匡翰爲義成軍節度使。戊辰，曹州防禦使石贇加檢校太保，充河陽三城節度使。庚午，以翰林學士、户部侍郎張昭遠爲兵部侍郎〔一六〕。丙子，冬至，帝御崇元殿受朝賀，始用二舞。帝舉觴，奏玄同之樂；登歌，奏文同之樂；舉食，文舞歌昭德之舞，武舞歌成功之舞。典禮久廢，原本脱「典禮」二字，今據歐陽史增入。（影庫本粘籤）至是復興，觀者悦之。丁丑，吴越國進奉使陳玄亮進冬日觀仗詩一首，帝覽之稱善，賜服馬器幣。癸未，移德州長河縣，大水故也。甲申，制授閩國王延羲檢校太師、兼中書令、福州威武軍節度使，封閩國王。以兩浙西南面安撫使錢元懿爲檢校太尉、兼中書令，遥領廣州清海軍節度使。又以恩州團練使錢鏵爲檢校太尉〔一七〕、同平章事，遥領楚州順化軍節度使。丁亥，割衛州黎陽縣隸滑州。

十二月壬辰朔，遥領洮州保順軍節度使、檢校太尉、兼侍中、判湖州軍州事鮑君福卒，贈太傅。丙申，詔：故靜海軍兼東南面安撫制置使、檢校太傅、温州刺史錢弘僎贈太子太傳〔一八〕，故吳越兩軍節度副使、檢校太尉錢弘傳贈太子太師。

天福六年春正月辛酉朔，帝御崇元殿受朝賀，仗衛如式。刑部員外郎李象上二舞賦，帝覽而嘉之，命編諸史册。甲子，同州指揮使成殷謀亂事洩，伏誅。時節度使宋彦筠御下無恩，既貪且鄙，故殷與子彦璋陰搆部下爲亂，會有告者，遂滅其黨。乙丑，青州奏，海凍百餘里。丙寅，遣供奉官張澄等領兵二千，發并、鎮、并、鎮，原本作「并真」，今從通鑑改正。（影庫本粘籤）忻、代四州山谷吐渾，令還舊地。案：晉逐吐谷渾在天福六年，通鑑與薛史同。考天福六年即遼會同四年也。遼史作會同三年，晉以并、鎮、忻、代之吐谷渾來歸，與薛史異。（舊五代史考異）先是，吐渾苦契丹之虐，受鎮州安重榮誘召，叛而南遷，入常山、太原二境，帝以契丹歡好之國，故遣歸之。戊辰，詔：「應諸州無屬州錢處，今後冬至、寒食、端午、天和節及諸色謝賀，不得進貢。」壬申，以左司郎中趙上交爲諫議大夫。戊寅，封唐叔虞爲興安王，臺駘爲昌寧公〔一九〕，差給事中張琢、户部郎中張守素就行册禮。又詔：「嶽鎮海瀆等廟宇，並令崇飾，案：五代會要作宜各令修葺。（孔本）仍禁樵採。」丙戌，故皇第二叔檢校司徒萬友贈太師，皇第三叔檢校司空萬銓贈太尉〔二〇〕，皇兄故檢校左僕射敬儒贈太傅。

二月辛卯，詔：「天下郡縣，不得以天和節禁屠宰，輒滯刑獄。」壬辰，置浮橋於德勝口。甲午，詔：「諸衛上將軍月俸舊三十千，今增至五十千。」戊戌，以三恪、汝州襄城縣令、酅介國公宇文頡爲太子率更令。率更，原本作「率吏」，今從唐書百官志改正。（影庫本粘籤）己亥，詔户部侍郎張昭遠、起居郎賈緯、秘書少監趙熙、吏部郎中鄭受益、左司員外郎李爲光等同修唐史，仍以宰臣趙瑩監修。壬寅，以三白渠制置使張瑑爲給事中。戊申，詔侯伯來朝、君臣相見賞宴貢奉，今後宜停。起居郎賈緯以所撰唐年補録六十五卷上之，案五代會要：起居郎賈緯奏曰：「伏以唐高祖至代宗已有紀傳，德宗亦存實録，武宗至濟陰廢帝凡六代，惟有武宗實録一卷，餘皆闕略。臣今搜訪遺聞及耆舊傳説，編成六十五卷，目爲唐朝補遺録，以備將來史館修述。」（舊五代史考異）帝覽之嘉歎，賜以器幣，仍付史館。癸丑，長安公主薨，帝之長女也，笄年降於駙馬楊承祚，帝悼惜之甚，輟視朝二日，追贈秦國公主。

三月甲子，河中節度使康福進封許國公。乙丑，左驍衛上將軍李承約卒[三]。癸酉，詔天福四年終已前，百姓所欠夏秋租税，一切除放。

夏四月庚寅朔，湖南奏，溪州刺史彭士愁、五溪酋長等乞降，已立銅柱於溪州，鑄誓狀於其上，以五溪銅柱圖上之。丙申，詔顯義指揮使劉康部下兵五百人放還淮海，即安州所俘也。己亥，虞部郎中、知制誥楊昭儉遷中書舍人，户部侍郎王松改御史中丞，禮部郎中馮玉改司門郎中、知制誥。辛丑，宰臣監修國史趙瑩奏：「奉詔差張昭遠等五人同修唐史，内起居郎賈緯丁憂去官，請以刑部侍郎吕琦、侍御史尹拙同與編修。」又奏：「史館所闕唐朝實録，請下敕購求。」並從之〔二二〕。案五代會要云：監修國史趙瑩奏：「自李朝喪亂，迨五十年，四海沸騰，兩都淪覆，今之書府，百無二三。臣等近奉綸言，俾令撰述，褒貶或從於新意，纂修須案于舊章，既闕簡編，先虞漏略。今據史館所闕唐書、實録，請下敕命購求。況咸通中宰臣韋保衡與蔣伸、皇甫煥撰武宗、宣宗兩朝實録，又光化初，宰臣裴贄撰僖宗、懿宗兩朝實録〔二三〕，皆遇多事，或值播遷，雖聞撰述，未見流傳。其韋保衡、裴贄合有子孫見居職任，或門生故吏曾記纂修，聞此討論，諒多欣愜。請下三京諸道及内外臣僚，凡有將此數朝實録詣闕進納，量其文武才能，不拘資地，除授一官。如卷帙不足，據數進納，亦請不次奬酬，以勸來者。自會昌至天祐垂六十年，其初李德裕平上黨，著武宗伐叛之書；其後康承訓定徐方，有武寧本末之傳。如此事類，記述頗多。請下中外臣僚及名儒宿學，有于此六十年内撰述得傳記及中書、銀臺、史館日曆、制敕、册書等，不限年月多少，並許詣闕進納。如年月稍多，記録詳備，請特行簡拔，不限資序。臣與張昭遠等所撰唐史，敍本紀以綱帝業，列傳以述功臣，十志以書刑政。所陳條例，請下所司。」從之。（舊五代史考異）壬寅，以户部員外郎、知制誥盧價爲虞部郎中、知制誥，以昭義節度副使陳玄爲光禄卿致仕。乙巳，齊魯民饑，詔兖、鄆、青三州發廩賑貸。

五月庚申朔，以前邢州節度使丁審琪爲延州節度使，延州節度使劉景巖爲邠州節度使。故皇子杲册贈太尉，進封陳王。庚午，涇州奏，雨雹，川水大溢，壞州郡鎮戍二十四城。甲戌，北京遣牙將劉從以吐渾大首領白承福、念龐里、赫連功德來朝。案通鑑：四月辛巳，北京留守李德琉遣牙校以吐谷渾酋長白承福入朝。薛史作五月甲戌，與通鑑異。歐陽史從薛史。（舊五代史考異）邢州上言，吐渾移族帳於鎮州封部。

六月丙申，以前衞尉卿趙延乂爲司天監。丁酉，詔：「今後藩侯郡守，凡有善政，委倅貳官條件聞奏，百姓官吏等不得遠詣京闕。」壬寅，右領衞上將軍李頃卒[二四]，贈太師。甲辰，迦葉彌陁國僧喹哩以佛牙泛海而至。丙午，高麗國王王建加開府儀同三司、檢校太師，食邑一萬户。戊午，鎮州節度使安重榮執契丹使拽剌[二五]，案：遼史作二月，晉安重榮執使者拽剌[二六]。薛史作六月，先後互異。（舊五代史考異）遣輕騎掠幽州南境之民，處於博野，仍貢表及馳書天下，述契丹援天子父事之禮，貪傲無厭，困耗中國，已繕治甲兵，將與決戰。帝發所諭而止之，重榮跋扈愈甚，由是與襄州節度使安從進潛相搆謀爲不軌。永樂大典卷一萬五千六百四十四。

校勘記

[一] 明宗皇后曹氏請追謚爲和武憲皇后　「憲」，本書卷四九后妃傳、五代會要卷一作「顯」。

〔二〕仍令行香之後　「令」字原闕，據册府卷三一、卷五九四、五代會要卷四補。

〔三〕左散騎常侍張允改禮部侍郎　「左」，原作「右」，據本書卷七七晉高祖紀三、卷七八晉高祖紀四、卷一〇八張允傳、新五代史卷五七張允傳改。

〔四〕李光廷　册府卷三二四：「盧文紀清泰中爲相，以右諫議大夫李光庭爲給事中、弘文館學士、判館事」，疑即其人。本書各處同。

〔五〕收溪錦獎三州　「獎」，原作「蔣」，據通鑑卷二八二改。

〔六〕以前徐州節度使萇從簡爲右金吾衞上將軍　「右」，本書卷八〇晉高祖紀六同，本書卷九四萇從簡傳、册府卷四四八、新五代史卷四七萇從簡傳作「左」。

〔七〕帝悉授唐諸將官　「將」字原闕，據通鑑卷二八二補。

〔八〕贈太師　「太師」，相里金神道碑（拓片刊北京圖書館藏中國歷代石刻拓本匯編第三十六册）作「太子太師」。

〔九〕以右散騎常侍趙光輔爲太子賓客　「趙光輔」，原作「趙元輔」，據本書卷四七唐末帝紀中改。本書各處同。按五代會要卷七有太子賓客、判太常寺事趙光輔，即其人。

〔一〇〕吴越王錢元瓘加守尚書令　「吴越王」，本書卷八〇晉高祖紀六作「吴越國王」。按本書卷七六晉高祖紀二：「（天福二年十一月）鎮海鎮東節度使、吴越王錢元瓘加天下兵馬副元帥，封吴越國王。」

〔一一〕贈右僕射　「右」，本書卷九二姚顗傳作「左」。

〔一二〕舍利　原作「錫里」，注云：「舊作『舍利』，今改正。」按此係輯録舊五代史時所改，今恢復原文。

〔一三〕十月庚申　「十月」二字原闕，據遼史卷四太宗紀下補。

〔一四〕今後竊盜贓滿五匹者處死　「五匹」二字原闕，據册府卷六一三、五代會要卷九補。

〔一五〕陸仁璋　本書卷七八晉高祖紀四、通鑑卷二六七、卷二七七、吴越備史卷二作「陸仁章」。

〔一六〕以翰林學士户部侍郎張昭遠爲兵部侍郎　本書卷八〇晉高祖紀六復記「（天福六年十一月）户部侍郎張昭遠爲兵部侍郎」，兩者疑有一誤，本卷下文天福六年二月仍記張昭遠爲户部侍郎。

〔一七〕錢鐸　原作「錢驛」，據劉本、邵本校、本書卷八四晉少帝紀四改。

〔一八〕錢弘僎　原作「錢弘巽」，據彭校、吴越備史卷二、全唐文卷八五九吴越文穆王錢元瓘碑銘改。

〔一九〕臺駘爲昌寧公　「臺駘」下原有「神」字，據册府卷三四、新五代史卷八晉本紀删。按臺駘，少皞之後。

〔二〇〕皇第三叔檢校司空萬銓贈太尉　「萬銓」，册府卷二七七同，本書卷八七廣王敬威傳、新五代史卷一七晉家人傳作「萬詮」。

〔二一〕左驍衞上將軍李承約卒　「左」，原作「右」，據殿本、孔本、本書卷七六晉高祖紀二、卷九〇李

〔二一〕承約傳、新五代史卷四七李承約傳改。

〔二二〕並從之 「並」字原闕，據殿本、舊五代史考異卷三引文補。

〔二三〕又光化初宰臣裴贄撰僖宗懿宗兩朝實録 以上十七字原闕，據五代會要卷一八補。

〔二四〕右領衞上將軍李頃卒 「右」，本書卷九一李頃傳作「左」。

〔二五〕拽剌 原作「伊喇」，注云：「舊作『拽剌』，今改正。」按此係輯録舊五代史時所改，今恢復原文。

〔二六〕安重榮 原作「安從榮」，據孔本、遼史卷四太宗紀下改。

舊五代史卷八十

晉書六

高祖紀第六

天福六年秋七月己未朔，帝御崇元殿視朝。崇元殿，原本作「崇班」，考薛史前後俱作「崇元」，今改正。（影庫本粘籤）庚申，升陳州爲防禦使額。辛酉，以前鄧州節度使焦方爲貝州節度使〔一〕。壬戌，涇州奏，西涼府留後李文謙今年二月四日閉宅門自焚，遣元入西涼府譯語官與來人齎三部族蕃書進之〔二〕。以三司使劉審交爲陳州防禦使。癸亥，以前鄆州節度使趙在禮爲許州節度使，以前鄴都留守、廣晉尹高行周爲河南尹、西都留守。詔改拱辰、威和、內直等軍並爲興順。甲子，以宣徽使、權西京留守張從恩判三司。己巳，以鄴都留守、兼侍衞親軍馬步軍都指揮使、廣晉尹劉知遠爲太原尹，充北京留守、河東節度使，仍割遼、沁二州却隸河東。以北京留守李德琉爲廣晉尹，充鄴都留守；以昭義節度使馬全節爲邢州節度使，加同平章事。甲戌，詔：「今後諸道行軍副使，不得奏薦骨肉爲殿直供奉官。」己卯，以前陝州節度使李從敏爲昭義軍節度使，以陝州節度使景延廣爲河陽三城節度使兼侍衛親軍馬步軍都虞候，以河陽節度使石贇爲陝州節度使。壬午，突厥遣使朝貢。以遥領壽州忠正軍節度使兼侍衛馬軍都指揮使李懷忠爲同州節度使，以宣徽北院使李守貞遥領忠正軍節度使、侍衛馬軍都指揮使〔三〕。甲申，降御札，取八月五日暫幸鄴都，沿路供頓，並委所司以官物排比，州縣不得科率人户。丙戌，以右諫議大夫趙遠爲中書舍人，吏部郎中鄭受益爲右諫議大夫，刑部郎中殷鵬爲水部郎中、知制誥。殷鵬，原本作「殷鵬」，今從歐陽史改正。（影庫本粘籤）

八月戊子朔，以皇子開封尹、鄭王重貴爲東京留守，以天平軍節度使兼侍衛親軍馬步軍副都指揮使杜重威爲侍衛親軍馬步軍都指揮使，以宣徽南院使張從恩爲東京内外兵馬都監。改奉德馬軍爲護聖。放文武百官朝參，取便先赴鄴都。壬辰，車駕發東京。己亥，至鄴，左右金吾六軍儀仗排列如儀，迎引入内。改舊澶州爲德清軍。以内客省使劉遂清爲宣徽北院使、判三司。壬寅，制：「應天福六年八月十五日昧爽已前，諸色罪犯，常赦所不原者，咸赦除之；其持仗行劫及殺人賊〔四〕，並免罪移鄉，配逐處軍都收管；犯枉法贓者，雖免罪，不得再任用；諸徒流人並放還；貶降官未量移者與量移〔五〕，已量移者約資敘用〔六〕。天福五年終已前殘税並放。應河東起義之初及收復鄴都、汜水立功將校，並與加恩；亡殁者與追贈。自東京至鄴都緣路，昨因行幸，有損踐田苗處，據頃畝與放今年租稅。鄴都管内，有潛龍時在職者，並與加恩。耆年八十已上者，版授上佐官。天下農器，並許百姓自鑄造。應天福三年終已前〔七〕，敗闕場院官無家業者，並與除放，其人免罪，永不任使。私下債負徵利及一倍者並放，主持者不在此限。」丁未，以客省使、將作監丁知浚爲内客省使，丁知浚，原本作「知洨」，今從册府元龜改正。（影庫本粘籤）引進使、鴻臚卿王景崇爲客省使，殿中監、判四方館事劉政恩爲引進使。壬子，改鄴都皇城南門應天門爲乾明門，大明館爲都亭驛〔八〕。甲寅，遣光禄卿張澄、國子博士謝攀使高麗行册禮。

九月己未，以兵部侍郎閻至爲吏部侍郎。辛酉，滑州河決，一溉東流，一溉東流，原本疑有誤字。考薛史五行志亦作一溉東流，今姑存其舊。（影庫本粘籤）鄉村户民攜老幼登丘冢，爲水所隔，餓死者甚衆。壬申，中吴建武等軍節度使〔九〕、守太傅、兼中書令、行蘇州睦州刺史錢元璙進封彭城郡王，遥領廣州清海軍節度使、判婺州軍州事錢元懿爲檢校太師。乙亥，遣前邢州節度使楊彦詢使于契丹，錫賚甚厚。案：歐陽史、通鑑俱從薛史作九月。遼史作二月己未，晉遣楊彦詢來貢，且言鎮州安重榮跋扈狀，遂留不遣，與薛史異。（舊五代史考異）通鑑云：帝以安重榮殺其使者，恐其犯塞，故遣彦詢使於契丹〔一〇〕。今附識於此。（影庫本粘籤）丁丑，吐渾遣使朝貢。壬午夜，有彗星出於西方，長二丈餘，在房一度，尾跡穿天市垣東行，踰月而滅。丙戌，兗州上言，水自西來，漂没秋稼。

冬十月丁亥朔，遣鴻臚少卿魏玭等四人，分往滑、濮、鄆、澶視水害苗稼。己丑，詔以胡梁渡月城爲大通軍〔一〕，浮橋爲大通橋。壬寅，詔唐梁國公狄仁傑可贈太師。

十一月丁未，鄭王夫人張氏薨。福州王延羲遣使貢方物。甲寅，遣太子賓客聶延祚、吏部郎中盧撰持節册天下兵馬都元帥〔二〕、守尚書令、吴越國王錢元瓘。甲子，以御史中丞王松爲尚書右丞，中書舍人、史館修撰判館事王易簡爲御史中丞，户部侍郎張昭遠爲兵部侍郎，國子祭酒田敏以本官兼户部侍郎。辛未，太妃、皇后至自東京。壬申，遣給事中李式、考功郎中張鑄持節册閩國王王延羲。甲戌，太子少傅致仕王權卒〔三〕，贈左僕射。丁丑，襄州安從進舉兵叛，案：歐陽史、五代春秋俱作十月，通鑑從薛史作十一月。遼史作十二月戊子，晉遣使來告山南節度使安從進反，則因其赴告之月而書之也。（舊五代史考異）以西京留守高行周爲南面行營都部署，率兵討之，以前同州節度使宋彦筠爲副，以宣徽南院使張從恩監護焉。

十二月丙戌朔，以東京留守、開封尹、鄭王重貴爲廣晉尹，進封齊王；以鄴都留守、廣晉尹李德珫爲開封尹，充東京留守。南面軍前奏，十一月二十七日，武德使焦繼勳、先鋒都指揮使郭金海等於唐州南遇安從進賊軍一萬餘人，大破之，案宋史陳思讓傳：思讓爲先鋒右廂都監，從武德使焦繼勳領兵進討〔一四〕，遇從進之師于唐州花山下，急擊，大破之。（舊五代史考異）生擒衙內都指揮使安弘義，案：宋史焦繼勳傳作擒其牙將安洪義、鮑洪等五十餘人。（舊五代史考異）獲山南東道之印，其安從進單騎奔逸。安從進單騎奔逸，通鑑作從進以數十騎奔還襄州，與薛史微異，今附識於此。（影庫本粘籤）案焦繼勳等破安從進于唐州，歐陽史作十二月，通鑑作十一月。（孔本）丁亥，詔襄州行營都部署高行周權知襄州軍州事。是日，鎮州節度使安重榮稱兵向闕，案：安重榮反在十二月丁亥，五代春秋誤繫于十月。歐陽史、通鑑俱從薛史，遼史作十一月丙寅，晉以討安重榮來告，與薛史異〔一五〕。以侍衛親軍馬步軍都指揮使杜重威爲北面行營招討使，率兵擊之，以邢州節度使馬全節爲副，以前貝州節度使王周爲馬步軍都虞候。癸巳，武德使焦繼勳奏，安從進遣弟從貴領兵千人，取接均州刺史蔡行遇，尋領所部兵掩殺賊軍七百餘人，生擒安從貴，截其雙腕，却放入城。戊戌，以皇子重睿爲銀青光禄大夫、檢校尚書左僕射。己亥，北面軍前奏，十三日未時，於宗城縣西南大破鎮州賊軍，宗城，原本作「宋城」，據通鑑注云：宗城縣在魏州西北。今改正。（影庫本粘籤）殺一萬五千人，餘黨走保宗城縣。是夜三更，破縣城，前深州刺史史虔武自縛歸降，獲馬三千疋、絹三萬餘疋，餘物稱是。安重榮脱身遁走。是日，百官稱賀。癸卯，削奪安從進、安重榮在身官爵。右金吾上將軍萇從簡卒，廢朝，贈太師。乙巳，天下兵馬都元帥、守尚書令、吳越國王錢元瓘薨，廢朝三日，謚曰文穆。是日，帝習射於後苑，諸軍都指揮使已上悉預焉，賜物有差。丁未，南面行營都部署高行周奏，今月十三日，部領大軍至襄州城下，相次降賊軍二千人。其降兵馬軍詔以「彰聖」爲號，步軍以「歸順」爲號。庚戌，以權知吳越國事錢弘佐爲起復鎮軍大將軍、檢校太師、兼中書令、杭州越州大都督、鎮海鎮東等軍節度使〔一六〕，封吳越國王。壬子，杜重威部領大軍至鎮州城下。

天福七年春正月丙辰朔，不受朝賀，用兵故也。戊午，以前將作監李鍇爲少府監。北面招討使杜重威奏，今月二日收復鎮州〔一七〕，斬安重榮，傳首闕下。案遼史云：戊辰，晉函安重榮首來獻，上數欲親討重榮，至是乃止。（舊五代史考異）帝御乾明樓，乾明樓，原本作「韓明」。薛史前後皆作「乾明」，五代會要亦作「乾」，今改正。（影庫本粘籤）宣露布訖，大理卿受馘，付市徇之，百官稱賀。曲赦廣晉府禁囚。辛酉，追贈皇弟三人：故沂州馬步軍都指揮使、贈太傅德再贈太尉，追封福王；故檢校太子賓客、贈太傅殷再贈太尉，追封通王；故彰聖右第三軍都指揮使、長州刺史〔一八〕、贈太傅威再贈太尉，追封廣王。壬戌，追贈皇子五人：故右衛將軍、贈太保重英再贈太傅，追封虢王；故權東京留守、河南尹、贈太傅重乂再贈太尉，追封壽王；故皇城副使、贈太保重裔再贈太傅，追封郯王；故河陽節度使、贈太尉重信再贈太師，追封沂王；故左金吾衞將軍、贈太保重進再贈太傅，追封夔王。癸亥，改鎮州爲恒州，成德軍爲順國軍。丙寅，以門下侍郎、平章事、監修國史趙瑩爲侍中。青州節度使楊光遠加食邑，改賜功臣名號。兗州節度使桑維翰加檢校太保；河東節度使劉知遠加兼侍中；以鄆州節度使、北面行營招討使、侍衞親軍都指揮使杜重威爲恒州順國軍節度使，加兼侍中；皇子廣晉尹、兼功德使、齊王重貴加兼侍中。秦州節度使侯益加特進，增食邑。丁卯，以判四方館事孟承誨爲太府卿充職。戊辰，以滄州節度使安叔千爲邢州節度使，以北面行營副招討使、邢州節度使馬全節爲定州節度使，馬全節，原本作「王節」，今從歐陽史改正。（影庫本粘籤）以定州節度使王廷胤爲滄州節度使，以前邢州節度使楊彥詢爲華州節度使。恒州立功將校王溫以降〔一九〕，等第除郡。庚午，契丹遣使來聘。是日上元節，六街諸寺燃燈，御乾明門觀之，夜半還宮。壬申，延州節度使丁審琪加爵邑〔二〇〕，鄧州節度使安審暉加檢校太傅〔二一〕，陝州節度使石贇加檢校太傅。乙亥，契丹遣使來聘。河陽節度使兼侍衞馬步軍都虞候景延廣加檢校太尉，改鄆州節度使，典軍如故。以前貝州節度使、北面行營馬步軍都虞候王周爲河陽節度使，加檢校太保。丁丑，以刑部侍郎竇貞固爲門下侍郎，以禮部郎中邊歸讜爲比部郎中、比部郎中，原本脱「郎」字，今據文增入。（影庫本粘籤）知制誥。

壬午，以河陽節度使王周爲涇州節度使，以恒州節度副使王欽祚爲殿中監。

二月丁亥，皇妹清平公主進封衞國長公主。契丹遣使來聘。己丑，宴於武德殿，新恒州節度使杜重威已下、諸軍副兵馬使已上悉預焉〔二二〕，賜物有差。己亥，以曹州防禦使何建爲延州留後。涇州奏，差押牙陳延暉齎敕書往西涼府，本府都指揮使等請以陳延暉爲節度使。辛丑，宰臣李崧丁母憂，起復舊任。延州蕃寇作亂，同州、鄜州各起牙兵討平之。丙午，詔：「鄧、唐、隨、郢諸州多有曠土，宜令人户取便開耕，與免五年差稅。」

三月己未，兵部尚書韓惲卒。庚申，遣前齊州防禦使宋光鄴、案：遼史避諱作宋暉業。（舊五代史考異）翰林茶酒使張言使于契丹。壬戌，分命朝臣諸寺觀禱雨。丙寅，皇后爲妹契丹樞密使趙延壽妻燕國長公主卒於幽州，舉哀於外次。辛未，滑州節度使、駙馬都尉史匡翰卒，輟朝，贈太保。詔唐州湖陽縣蓼山神祠宜賜號爲「蓼山顯順之神」。乙亥，以晉昌軍節度使安審琦爲河中節度使，以前亳州防禦使王令温爲貝州節度使。丙子，賜宰臣李崧白藤肩輿，以起復故也。丁丑，以晉州節度使皇甫遇爲河陽節度使。以壽州節度使兼侍衞馬軍都指揮使李守貞爲滑州節度使〔二三〕，以夔州節度使兼侍衞步軍都指揮使郭謹爲相州節度使，皆典軍如故。辛臣於寺觀禱雨。

閏月丙戌，以兵部郎中司徒詡爲左諫議大夫〔二四〕。戊子，兗州節度使桑維翰加特進，封開國公。庚寅，以延州留後何建爲延州節度使。以引進使兼殿中監劉政恩爲太子詹事。壬辰，宋州節度使安彥威奏，修滑州黃河功畢，案：修河事，薛史紀于閏月壬辰，歐陽史作三月，歸德軍節度使安彥威塞決河于滑州，蓋以奉使之月言，薛史以奏功之日言也。（舊五代史考異）詔於河決之地建碑立廟。丙申，以鄜州節度使周密爲晉州節度使，以左羽林統軍符彥卿爲鄜州節度使。壬寅，詔百官五日一度起居，日輪定兩員，具所見以封事奏聞。案：五代會要作實封以聞。（孔本）詔改鄴都宣明門爲朱鳳門，案：五代會要作來鳳門。（舊五代史考異）武德殿爲視政殿，文思殿爲崇德殿，崇德殿，原本作「從德」，今據五代會要改正。（影庫本粘籤）晝堂爲天清殿，寢殿爲乾福殿，其門悉從殿名。皇城南門爲乾明門，北門爲玄德門，東門爲萬春門，西門爲千秋門。案五代會要：晉改皇城四門爲乾明、玄德、萬春、千秋，在天福六年，薛史統繫于七年，與會要異。（舊五代史考異）羅城南塼門爲廣運門，觀音門爲金明門，橙槽門爲清景門，寇氏門爲永芳門〔二五〕，朝臣門爲景風門〔二六〕。大城南門爲昭明門，觀音門爲廣義門，北河門爲靖安門〔二七〕，魏縣門爲膺福門〔二八〕，寇氏門爲迎春門〔二九〕，朝城門爲興仁門〔三〇〕，上斗門爲延清門，下斗門爲通遠門。戊申，宋州節度使安彥威封邠國公，賞修河之勞也。癸丑，涇州節度使王周奏，前節度使張彥澤在任日不法事二十六條已改正停廢，詔褒之。是春，鄴都、鳳翔、兗、陝、汝、恒、陳等州旱，鄆、曹、澶、博、相、洺諸州蝗。

夏四月甲寅朔，避正殿不視朝，日蝕故也。是日，太陽不虧，百官上表稱賀。詔沿河藩郡節度使、刺史並兼管内河堤使。己未，右諫議大夫鄭受益兩疏論張彦澤在涇州之日右諫議，原本脱「諫」字，今從通鑑增入。（影庫本粘籤）違法虐民，支解掌書記張式、部曲楊洪等，請下所司，明申其罪，皆留中不出。庚申，刑部郎中李濤、張麟，員外郎麻麟、王禧，同詣閤門上疏，論張彦澤罪犯，詞甚懇切。案宋史李濤傳：涇帥張彦澤殺記室張式，奪其妻，式家人詣闕上訴，晉祖以彦澤有軍功，釋其罪。濤伏閤抗疏，請置于法〔三〕。晉祖召見諭之，濤植笏叩階，聲色俱厲，晉祖怒叱之，濤執笏如初。晉祖曰：「吾與彦澤有誓約，恕其死。」濤厲聲曰：「彦澤私誓，陛下不忍食其言，范延光嘗賜鐵券，今復安在？」晉祖不能答，即拂衣起。（舊五代史考異）辛酉，詔：「張彦澤刳剔賓從，誅剥生聚，冤聲穢跡，流聞四方，章表繼來，指陳甚切。尚以曾施微功，特示寬恩，深懷曲法之慚，貴徇議勞之典。其張彦澤宜削一階，仍降爵一級〔三〕。其張式宜贈官，張式父鐸、弟守貞、男希範並與除官。仍於涇州賜錢十萬，差人津置張式靈柩并骨肉歸鄉，所有先收納却張式家財物畜，並令却還。其涇州新歸業户，量與蠲減税賦。」翌日，以前涇州節度使張彦澤爲左龍武大將軍。左龍武，原本「左」作「右」，今從歐陽史及通鑑改正。（影庫本粘籤）案宋史楊昭儉傳：昭儉與李濤論張彦澤，不報。會有詔命朝臣轉對，或有封事，亦許以不時條奏。昭儉復上疏曰：「天子君臨四海，日有萬幾，懋建諍臣，彌縫其闕。今則諫臣雖設，言路不通，藥石之論不達于聖聰，而邪佞之徒取容于左右。御史臺紀綱之府、彈糾之司，銜冤者固當昭雪，爲蠹者難免放流。陛下臨御以來，寬仁太甚，徒置兩司，殆如虛器。遂令節使慢侮朝章，屠害幕吏，始訴冤于丹闕，反執送于本藩，苟安跋扈之心，莫恤冤抑之苦，願回宸斷，誅彥澤以謝軍吏。」（舊五代史考異）戊辰，廢雄州爲昌化軍，營州爲威肅軍，其軍使委本道差補。故涇州節度掌書記張式贈尚書虞部郎中，以式父鐸爲沁州司馬致仕，弟守貞爲貝州清河縣主簿，男希範爲興元府文學。甲戌，詔皇子齊王就前河府節度使康福第，以教坊樂宴會前、見任節度使。戊寅，前慶州刺史米廷訓追奪在身官爵，配流麟州，坐姦妻兄之女也。是月，州郡十六處蝗。

五月己亥，中書門下奏：「時屬炎蒸，事宜簡省，應五日百官起居，望令押班宰臣一員押百官班，其轉對官兩員，封事付閤門使引進〔三三〕，本官起居後隨百僚退〔三四〕，不用別出謝恩。其文武內外官僚乞假、寧覲、搬家、婚葬、病損，並門見門辭。諸道進奉物等，不用殿前排列，引進使引至殿前奏云『某等進奉』，奏訖，其進奉使出〔三五〕。其進奉專使朝見日，班首一人致詞，都附起居。刺史并行軍副使、諸道馬步軍都指揮使已下，差人到闕，並門見門辭。州縣官謝恩日，甲頭一人都致詞，不用逐人告官。其供奉官、殿直等，如是當直及合於殿前排立者，即入起居；如不當直排立者，不用每日起居。委宣徽使點檢，常須整齊。」從之。時帝不豫，難於視朝故也。案遼史：二月甲午，遣使使晉，索吐谷渾叛者。契丹國志云：遼以晉招納吐谷渾，遣使責讓，晉高祖憂悒成疾。（舊五代史考異）左威衛上將軍衛審峪卒，贈太子少保。乙巳，尊皇太妃劉氏爲皇太后。案徐無黨五代史記注云：高祖所生母也。（舊五代史考異）丁未，工部侍郎韋勳改刑部侍郎。壬子，以左散騎常侍李光廷爲祕書監，給事中蕭愿爲右散騎常侍，蕭愿，原本作「肅原」，今據列傳改正。（影庫本粘籤）左諫議大夫曹國珍爲給事中，太常卿裴坦爲左諫議大夫。是月〔三六〕，州郡五奏大水，十八奏旱蝗。

六月丁巳，以兗州節度使桑維翰爲晉昌軍節度使，以前許州節度使安審琦爲兗州節度使〔三七〕。襄州都部署高行周奏，安從進觀察判官李光圖出城請援，送赴闕。乙丑，帝崩於保昌殿，案通鑑考異云：漢高祖實録：晉高祖大漸，召近臣屬之曰：「此天下，明宗之天下，寡人竊而取之久矣。寡人既謝，當歸許王，寡人之願也。」此説難信。（舊五代史考異）壽五十一，遺制齊王重貴於柩前即皇帝位，喪紀並依舊制，山陵務從節儉；馬步諸軍優給〔三八〕，並從嗣君處分。

八月，太常卿崔棁上謚曰聖文章武明德孝皇帝，廟號高祖，以其年十一月十日庚寅葬於顯陵，宰臣和凝撰謚册哀册文。永樂大典卷一萬五千六百四十四。五代史補：高祖尚明宗女，宮中謂之石郎。及將起兵于太原，京師夜間狼皆羣走，往往入宮中，愍帝患之，命諸班能射者分投捕逐，謂之「射狼」。或遇諸塗，問曰：「汝何從而來？」對曰：「看射狼。」未幾，高祖至。蓋「射」音與「石」相近也。

五代史闕文：梁開平初，潞州行營使李思安奏：函關縣穰鄉民伐樹，樹仆，自分爲二，中有六字如左書，云「天十四載石進」。梁帝藏於武庫，時莫詳其義。至帝即位，識者曰：「天」字取「四」字兩畫加之于傍，即「丙」字也，「四」字去中之兩畫加「十」字，即「申」字也。帝即位之年，迺「丙申」也。進者晉也，石者姓也。臣謹按，天祐二十年歲在癸未，其年莊宗建號，改同光元年，至清泰三年歲在丙申〔三九〕，其年晉祖即位，改元天福元年，自未至申，凡十四載矣，故讖書云「天十四載石進」者，言自天祐滅後十四載石氏興於晉也，豈不明乎！而拆字解讖以就丙申，非也。

史臣曰：晉祖潛躍之前，沈毅而已。及其爲君也，旰食宵衣，禮賢從諫，慕黄老之教，樂清淨之風，以絁爲衣，以麻爲履，故能保其社稷，高朗令終。然而圖事之初，召戎爲援，獫狁自兹而孔熾，黔黎由是以罹殃。迨至嗣君，兵連禍結，卒使都城失守，舉族爲俘。亦猶決鯨海以救焚，何逃没溺；飲鴆漿而止渴，終取喪亡。謀之不臧，何至於是！儻使非由外援之力，自副皇天之命，以兹睿德，惠彼蒸民，雖未足以方駕前王，亦可謂仁慈恭儉之主也。永樂大典卷一萬五千六百四十四。

校勘記

〔一〕以前鄧州節度使焦方爲貝州節度使　按焦方，新、舊五代史僅此一見，本書卷一〇六馬萬傳：「萬鎮鄧州，未幾罷鎮，授上將軍。」又本書卷八一晉少帝紀一：「（天福七年十二月）以前貝州節度使馬萬爲右驍衛上將軍。」疑「焦方」係「馬萬」之訛。

〔二〕遣元入西涼府譯語官與來人齎三部族蕃書進之　「譯語官」下册府卷九八〇有「楊行實」三字。

〔三〕侍衞馬軍都指揮使　「都」字原闕，據本書卷八一晉少帝紀一及本卷下文補。

〔四〕其持仗行劫及殺人賊　「劫」，原作「劍」，據殿本、劉本、邵本校、册府卷九四改。

〔五〕貶降官未量移者與量移　「者」字原闕，據册府卷九四補。

〔六〕已量移者約資敍用　「已量移」三字原闕，據册府卷九四補。

〔七〕應天福三年終已前　「終」字原闕，據册府卷九四、卷四九二補。

〔八〕大明館　册府卷一一四作「大名館」。

〔九〕中吴建武等軍節度使　「中吴」，原作「忠武」，據本書卷七七晉高祖紀三、卷八一晉少帝紀一改。按吴越備史卷一：「（同光二年十一月）升蘇州爲中吴軍。」

〔一〇〕故遣彦詢使於契丹　「契丹」，原作「蜀」，據通鑑卷二八二改。

〔一一〕胡梁渡　原作「胡梁度」，據通鑑卷二八一胡注引薛史、五代會要卷二四改。

〔一二〕天下兵馬都元帥　「都」字原闕，據本書卷七九晉高祖紀五、通鑑卷二八二及本卷下文補。

〔一三〕王權　原作「王瓘」，據本書卷七八晉高祖紀四、卷九二王權傳、新五代史卷五六王權傳改。

〔一四〕從武德使焦繼勳領兵進討　「使」字原闕，據宋史卷二六一陳思讓傳補。

〔一五〕歐陽史通鑑俱從薛史遼史作十一月丙寅晉以討安重榮來告與薛史異　以上二十九字原闕，據舊五代史考異卷三補。

〔一六〕鎮海鎮東等軍節度使　「鎮海鎮東」，原作「鎮海東」，據殿本、邵本校、通鑑卷二八二、吴越備史卷三改。

〔一七〕今月二日收復鎮州　「二日」，原作「已」，據殿本、孔本、五代會要卷五改。

〔一八〕長州刺史　邵本校、本書卷八七廣王敬威傳作「常州刺史」。

〔一九〕恒州立功將校王温以降　「王温」，郭武雄證補：「疑即本書列傳之王令温。」本書卷一二四王令温傳：「及安重榮稱兵於鎮州，晉祖以令温爲行營馬軍都指揮使……以功授亳州防禦使。」

〔二〇〕丁審琪　原作「丁審琦」，據本書卷七九晉高祖紀五、卷八一晉少帝紀一改。

〔二一〕鄧州節度使安審暉加檢校太傅　「安審暉」，原作「安審徽」，據本書卷七九晉高祖紀五、卷八一晉少帝紀一改。按本書卷一二三有安審暉傳。又據本書卷七九晉高祖紀五，安審暉天福五年七月已加檢校太傅，本書卷一二三安審暉傳：「襄州平，就加檢校太尉。」疑「太傅」係

「太尉」之訛。

〔三〕諸軍副兵馬使已上悉預焉　「上」，原作「下」，據殿本改。

〔三〕侍衞馬軍都指揮使　原作「侍衞馬步軍指揮使」，據殿本、本書卷八一晉少帝紀一改。

〔四〕以兵部郎中司徒詡爲左諫議大夫　「左」，原作「右」，據本書卷八一晉少帝紀一、卷一二八司徒詡傳改。

〔五〕寇氏門　劉本、彭校、五代會要卷一九作「冠氏門」。

〔六〕朝臣門　彭校、册府卷一四、五代會要卷一九作「朝城門」。

〔七〕靖安門　原作「靜安門」，據册府卷一四、五代會要卷一九改。

〔八〕膺福門　原作「應福門」，據册府卷一四、五代會要卷一九改。

〔九〕寇氏門　劉本、彭校、五代會要卷一九作「冠氏門」，册府卷一四作「尉氏門」。

〔一〇〕朝城門　彭校、册府卷一四作「朝臣門」。

〔一一〕案宋史……請置于法　「涇帥張彥澤……釋其罪」三十一字及「請置于法」四字原闕，據殿本、宋史卷二六二李濤傳補。

〔一二〕仍降爵一級　「級」，原作「紀」，據彭校、通鑑卷二八三改。

〔一三〕封事付閤門使引進　「事」字原闕，據册府卷一〇八、五代會要卷六補。

〔一四〕本官起居後隨百僚退　「起居後」三字原闕，據册府卷一〇八、五代會要卷六補。

〔三五〕奏訖其進奉使出　殿本作「奏訖令進奉使便出」，劉本作「奏訖令進奉使出」，册府卷一〇八作「奏訖其進奉物便出」。

〔三六〕是月　「月」，原作「日」，據殿本、劉本改。

〔三七〕以前許州節度使安審琦爲兗州節度使　張森楷校勘記：「『琦』當作『信』。安審信、審琦傳並有自許州遷兗州之文。而審琦爲許、兗在出帝世，是時方爲晉昌，未鎮許州。唯本紀天福五年有審信爲許州之文，六年趙在禮代之，故稱『前許州』，決知此爲審信，非審琦也。」按本卷上文，安審琦方自晉昌移鎮河中，又本書卷八三晉少帝紀三稱安審信爲前兗州節度使，知其嘗歷兗州。

〔三八〕馬步諸軍優給　「給」，原作「紀」，據彭校改。

〔三九〕至清泰三年歲在丙申　「在」字原闕，據五代史闕文補。

舊五代史卷八十一

晉書七

少帝紀第一

少帝，名重貴，高祖之從子也。考諱敬儒，母安氏，以唐天祐十一年六月二十七日，生帝於太原汾陽里。敬儒嘗爲後唐莊宗騎將，早薨，高祖以帝爲子。帝少而謹厚，高祖愛之，洎歷方鎮，嘗遣從行，委以庶事，但性好馳射，有祖禰之風。高祖鎮太原，「鎮太原」上原本脱「高祖」二字，今從册府元龜增入。（影庫本粘籤）命瑯琊王震案：歐陽史作博士王震。（舊五代史考異）以禮記教帝，不能領其大義，謂震曰：「非我家事業也。」及高祖受圍於太原，親冒矢石，數獻可於左右，高祖愈重焉。高祖受契丹册，將入洛，欲留一子撫晉陽，先謀於戎王，戎王曰：「使諸子盡出，吾當擇之。」乃於行中指帝謂高祖曰：「此眼大者可矣。」遂以帝爲北京留守，授金紫光禄大夫、檢校司徒、行太原尹、知河東管内節度觀察事。天福二年九月，徵赴闕，授光禄大夫、檢校太保、右金吾衛上將軍。三年十二月，授開封尹，加檢校太傅，封鄭王，增食邑三千户，俄加檢校太尉、同中書門下平章事。六年，高祖幸鄴，改廣晉尹，進封齊王。案：以下疑脱「七年正月，加兼侍中」八字。（舊五代史考異）

是歲案：此歲爲天福七年，此承上六年爲言，于中當有脱文。（劉本）六月十三日乙丑，高祖崩，承遺制命柩前即皇帝位。帝在并州未著人望，及保釐浚郊，大有寬裕之稱。從幸鄴都，是歲遇旱，高祖遣祈雨於白龍潭，有白龍見於潭心，是夜澍雨尺餘，人皆異之，至是果登大位焉。丁卯，賜侍衛諸軍將校錢一百貫下至五貫〔一〕，以初即位示賚也。戊辰，宰臣馮道等率百僚請聽政，凡三上表，允之。庚午，始聽政於崇德殿門偏廊，分命廷臣以嗣位奏告天地宗廟社稷。遣右驍衛將軍石德超等押先皇御馬二匹，往相州西山撲祭，用北俗禮也。丙子，以司徒、兼侍中馮道爲大行皇帝山陵使，門下侍郎竇貞固副之，太常卿崔棁爲禮儀使，户部侍郎吕琦爲鹵簿使，御史中丞王易簡爲儀仗使。案徐無黨五代史記注云：舊史實録無橋道頓遞使，疑不置或闕書，漢高祖亦然。（舊五代史考異）己卯，遣判四方館事朱崇節、案：歐陽史作館使宋崇節。右金吾大將軍梁言持國信物使於契丹。是時，河南、河北、關西並奏蝗害稼。

秋七月癸未朔，百官素服臨於天清殿。戊子，詔：「應宫殿、州縣及官名、府號、人姓名，與先帝諱同音者悉改之〔二〕。」改西京明堂殿爲宣德殿，中書政事堂爲政事廳，堂後官房頭爲録事、餘爲主事。案東都事略陶穀傳：穀本姓唐，避晉祖諱改姓陶，蓋當時避諱之體如此。（殿本）己丑，大行皇帝大祥，帝釋繐服，百官衣縿。辛卯，帝除禫服，百官吉服。壬辰，太皇太后劉氏崩，高祖之庶母也。遺詔服紀園陵毋用后禮，皇帝不得廢軍國機務。既而禮官奏：「準令式，爲祖父母齊縗周，又準喪葬令，皇帝本服周者，三哭而止。請準後唐同光三年，皇太妃北京薨，莊宗於洛京西内發哀素服，不視事三日。」從之。從之，原本作「存之」，今據文改正。（影庫本粘籤）仍遣國子祭酒兼户部侍郎田敏奏告高祖靈座。癸巳，右諫議大夫鄭受益、中書舍人楊昭儉並停見任，以請假在外，不赴國哀故也。丁酉，宰臣馮道等率文武百僚詣崇德殿門拜表，請御正殿，凡三上表，允之。庚子，帝御正殿，宣制：「大赦天下，諸道州府諸色罪犯，除十惡五逆、殺人强盜、官典犯贓、合造毒藥[三]、屠牛鑄錢外，其餘罪犯，咸赦除之。襄州安從進如能果決輸誠，並從釋放。其中外臣僚將校，並與加恩。天下有蟲蝗處，並與除放租税。」

辛丑，恒州順國軍節度使杜威、案：杜重威避少帝諱去「重」字，至漢始復，故少帝紀皆作杜威。河東節度使劉知遠，並加檢校太師，仍增爵邑。青州平盧軍節度使楊光遠加守太師。癸卯，鄆州天平軍節度使兼侍衛馬步都虞候景延廣加特進、同中書門下平章事，充侍衛親軍都指揮使。滑州義成軍節度使兼侍衛馬軍都指揮使李守貞，相州彰德軍節度使、侍衛步軍都指揮使郭謹，並加檢校太傅，仍增爵邑。宰臣馮道等上表，請依舊置樞密使，略曰：「竊以樞密使創自前朝，置諸近侍，其來已久，所便尤多。頃歲樞密使劉處讓偶屬家艱，爰拘喪制，既從罷免，暫議改更，不曾顯降敕文，永停使額。所願各歸職分，豈敢苟避繁難，伏請依舊置樞密使。」初，高祖事後唐明宗，覩樞密使安重誨秉政擅權，賞罰由己，常惡之，及登極，故斷意廢罷，一委中書。至是馮道等厭其事繁，故復請置之，庶分其權。表凡三上，不允。

乙巳，徐州節度使李從溫、宋州節度使安彥威並加兼中書令，西都留守、充襄州行營都部署高行周加兼侍中，鳳翔節度使李從曮加守太保。遣中使就中書賜宰臣馮道生辰器幣，道以幼屬亂離，早喪父母，不記生日，堅辭不受。丙午，以給事中羅周岳爲左散騎常侍，以右諫議大夫符蒙爲給事中，以祕書少監、兼廣晉少尹邊蔚爲左散騎常侍〔四〕，以廣晉少尹張煦爲右諫議大夫，以廣晉府判官、光禄少卿邊光範爲右諫議大夫。丁未，荆南節度使、南平王高從誨加兼尚書令，湖南節度使、楚王馬希範加守太傅。自是藩侯郡守，皆第加官封，示溥恩也。是月，州郡十七蝗。

八月壬子朔，百官素服臨於天清殿。乙卯，以左散騎常侍羅周岳爲東京副留守。庚申，以山陵禮儀使、太常卿崔棁爲太子賓客，分司西都，病故也。壬戌，晉昌軍節度使桑維翰加檢校太傅。甲子，宰臣馮道加守太尉，趙瑩加中書令，李崧加左僕射兼門下侍郎，和凝加右僕射。契丹遣使致慰禮馬二十匹及羅絹等物。是日，襄州行營都部署高行周奏，收復襄州，安從進自焚而死，生擒男弘贊，斬之。案：高行周克襄州，五代春秋及通鑑俱不書日，遼史作甲子，晉復襄州，蓋以奏聞之日爲收城之日也。歐陽史作八月戊午，高行周克襄州，當得其實。（孔本）前河中節度使康福卒〔五〕，贈太師，謚曰武安。戊辰，以太子太保、兼尚書左僕射劉昫爲太子太傅。詔賜襄州城内百姓粟〔六〕，大户二斛，小户一斛，以久困重圍也。己巳，以太子賓客趙光輔權判太常卿事，充山陵禮儀使。庚午，葬太皇太后於魏縣秦固村。癸酉，契丹遣使致祭於高祖，賻禮御馬二匹、羊千口、絹千匹。契丹主母亦遣使來慰。詔免襄州城内人户今年秋來年夏屋稅〔七〕，其城外下營處與放二年租稅。應被安從進脅從者，一切不問。是月，河中、河東、河西、徐、晉、商、汝等州蝗。

九月丁丑朔，百官素服臨於天清殿。己卯，分命朝臣詣寺觀禱雨。辛巳，兩浙節度使吳越國王錢弘佐、福建節度使王延羲，並加食邑，仍改賜功臣名號。癸未，帝御乾明門，觀襄州行營都部署高行周、都監張從恩等獻俘馘，有司宣露布訖，以安從進男弘受等四十四人徇於市，皆斬之。曲赦京城禁囚。甲申，宴班師將校於崇德殿，賜物有差。乙酉，宰臣和凝上迴河頌，賜鞍馬器帛。丁亥，以宋州歸德軍節度使安彥威爲西京留守、兼河南尹；

以襄州行營都部署、西京留守高行周爲宋州節度使，加檢校太師。戊子，降襄州爲防禦使額，均、房二州割屬鄧州，升泌州爲團練使額。己丑，以東京留守、兼開封尹李德珫爲廣晉尹；以宣徽南院使、襄州行營都監張從恩爲東京留守、兼開封尹，加檢校太尉；以前同州節度使、襄州行營副部署宋彦筠爲鄧州威勝軍節度使，加檢校太尉。山陵禮儀使撰高祖祔饗太廟酌獻樂章，上之。庚寅，詔今後除授留守，宜降麻制。癸巳，樂平長公主史氏進封魯國大長公主〔八〕，壽安長公主烏氏進封衛國大長公主〔九〕，鄭國長公主杜氏進封宋國大長公主。荆南高從誨累表讓尚書令之命。己亥，追封故秦國公主爲梁國長公主〔一〇〕，故永壽長公主爲岐國大長公主，故延慶長公主爲邠國大長公主。辛丑，以義成軍節度使兼侍衛馬軍都指揮使李守貞充大行皇帝山陵一行都部署。壬寅，以宣徽北院使、判三司劉遂清爲鄭州防禦使，以澶州防禦使李承福爲宣徽北院使。癸卯，詔大行皇帝十一月十日山陵，宜自十月一日至十一月二十日不坐，放文武百官朝參。甲辰，上大行皇帝尊謚寶册，案五代會要：天福七年，中書門下奏：「山陵禮儀使狀，高祖尊謚號及廟號，伏准故事，將啓殯宫前，擇日命太尉率百僚奉謚册，告天于圜丘畢〔一一〕，奉謚册跪讀于靈前。此累朝之制，蓋以天命尊極，不可稽留。今所上高祖聖文章武明德孝皇帝尊謚寶册，伏緣去洛京地遠，寶册難以往來，當司詳酌，伏請祗差官往洛京奏告南郊太廟。其日，中書門下文武百官立班，中書令、侍中升靈座前讀寶册，行告謚之禮。」（舊五代史考異）百官素服班於天清殿。禮儀使撰進高祖祔饗太廟酌獻樂章舞名，禮儀使，原本作「禮俊使」，據上文云：山陵禮儀使撰高祖祔饗太廟樂章上之。蓋先進樂章，至此乃請定舞名也。原本「俊」字誤，今改正。（影庫本粘籤）請以咸和之舞爲名，從之。

冬十月辛亥朔，百官素服臨於天清殿。襄州利市廟封爲順正王〔一二〕，仍令本州修崇廟宇。癸亥，啓攢宮，百官衣初喪服入臨。甲子，靈駕進發，帝於朱鳳門外行遣奠之祭，辭畢還宮。丁丑，太保盧質卒，贈太子太師，謚曰文忠。己卯，宰臣李崧母喪，歸葬深州，遣使弔祭之。庚辰，契丹遣使致祭於高祖，賻馬三匹、衣三襲。

十一月庚寅，葬高祖皇帝於顯陵。壬辰，湖南奏，前洪州節度使馬希振卒。戊戌，詔宰臣等分詣寺廟祈雪。庚子，祔高祖神主於太廟。辛丑，以右金吾衛大將軍、權判三司董遇爲三司使。詔：「州郡税鹽，過税斤七錢，住税斤十錢，州府鹽院並省司差人勾當。」先是，諸州府除蠶鹽外，每年海鹽界分約收鹽價錢一十七萬貫〔一三〕，高祖以所在禁法，抵犯者衆，遂開鹽禁，許通商，令州郡配徵人户食鹽錢，上户千文，下户二百，分爲五等，時亦便之。至是掌賦者欲增財利，難於驟變前法，乃重其關市之征，蓋欲絶其興販，歸利於官也。其後鹽禁如故，鹽錢亦徵，至今爲弊焉。是日，詔：「天地宗廟社稷及諸祠祭等，訪聞所司承管，多不精潔。宜令三司預支一年禮料物色，於太廟置庫收貯，差宗正丞主掌，委監察御史監當〔一四〕，祭器祭服等未備者修製。」案五代會要：敕差宗正丞石載仁專主掌，監察御史宋彦昇監庫，兼差供奉官陳審璘往洛京，于太廟内穩便處修蓋庫屋五間〔一五〕，俟畢日，催促所支物色，監送入庫交付訖，取收領文狀歸闔。每有祠祭，諸司合請禮料〔一六〕。至時委監庫御史宋彦昇、宗正丞石載仁旋行給付。其大祠、中祠兼令監察御史檢點，小祠即令行事官檢點。如致慢易，本司准格科罪。其祭器未有者修製，已有者更仰整飭。（舊五代史考異）

十二月辛酉，以威武軍節度副使、充福建管内諸軍都指揮使王亞澄爲威武軍副大使、知節度事。詔：「諸道州府，每遇大祭祀、冬正、寒食、立春、立夏、雨雪未晴，不得行極刑，如有已斷下文案，可取次日及雨雪定後施行。」乙丑，以前鄧州節度使安審暉爲左羽林統軍，以前延州節度使丁審琪爲右羽林統軍，以前金州節度使潘環爲左神武統軍，以前華州節度使皇甫立爲左金吾衛上將軍，以右龍武統軍劉遂凝爲左驍衛上將軍，以前貝州節度使馬萬爲右驍衛上將軍，以左龍武大將軍張彦澤爲右武衛上將軍。丙寅，宰臣馮道、滑州節度使兼侍衛馬軍都指揮使李守貞、河陽節度使皇甫遇、西京留守安彦威、廣晉尹李德珫，並加爵邑，以山陵充奉之勞也。己巳，迴鶻進奉使密里等各授懷化歸德大將軍、將軍、郎將，放還蕃。庚午，故洪州節度使馬希振追封齊國公。辛未，故中吴建武等軍節度使、彭城郡王錢元璙追封廣陵郡王。丙子，于闐、迴鶻皆遣使貢方物。

天福八年春正月辛巳，盜發唐坤陵，莊宗母曹太后之陵也。河南府上言，逃户凡五千三百八十七，餓死者兼之。詔：「諸道以廩粟賑饑民，民有積粟者，均分借便，以濟貧民。」時州郡蝗旱，百姓流亡，餓死者千萬計，東都人士僧道，請車駕復幸東京。後唐莊宗德妃伊氏自契丹遣使貢馬。德妃，原本作「得妃」，今從歐陽史改正。（影庫本粘籤）庚寅，沙州留後曹元深加檢校太傅，充沙州歸義軍節度使。癸巳，發禁軍萬人并家口赴東京。乙巳，于闐、迴鶻入朝使劉再成等並授懷化大將軍〔一七〕、將軍、郎將，放還蕃。

二月庚戌，御札取今月十一日車駕還東京，沿路州府，不用修飾行宫，食宿頓遞，並以官物供給；文武臣僚除有公事合隨駕外，並先次進發。以侍衞親軍使景延廣充御營使。癸丑，以廣晉尹李德琉權鄴都留守。己未，車駕發鄴都，曲赦都下禁囚。甲子，次封丘，文武百官見於行宫。乙丑，至東京。案：遼史作丁未，晉主至汴，與薛史異。五代春秋、歐陽史、通鑑並從薛史。（舊五代史考異）甲戌，以東京留守張從恩爲權鄴都留守。以皇弟檢校司徒重睿爲檢校太保、開封尹，年幼未出閤，差左散騎常侍邊蔚知府事。丁丑，以前太僕卿薛仁謙爲衞尉卿。河中逃户凡七千七百五十九。是時天下饑，穀價翔踴，人多餓殍。右金吾衞上將軍劉處讓卒，贈太尉。

三月己卯朔，以中書令、監修國史趙瑩爲晉昌軍節度使，以晉昌軍節度使桑維翰爲侍中、監修國史。案：通鑑作晉昌節度使、兼侍中桑維翰爲侍中。胡三省注云：桑維翰始居藩鎮而兼侍中，今入朝，正爲門下省長官。（舊五代史考異）辛巳，以左散騎常侍盧重爲祕書監，以東京副留守羅周岳爲右散騎常侍。癸未，青州節度使、東平王楊光遠進封壽王。北京留守劉知遠、恒州節度使杜威並加兼中書令。乙酉，以鄜州節度使符彦卿爲河陽節度使，以權鄴都留守、前開封尹張從恩爲鄴都留守、廣晉尹，以右羽林統軍丁審琪爲鄜州節度使。丁亥，天策上將軍、湖南節度使、楚王馬希範加守尚書令、兼中書令。己丑，桂州節度使馬希杲依前檢校太尉、兼侍中、兼知朗州軍州事；朗州武平軍節度使馬希萼加檢校太尉，進封爵邑；以武平軍節度副使〔一八〕、岳州團練使馬希瞻爲檢校太尉〔一九〕，領廬州昭信軍節度使〔二〇〕；以武安軍節度副使、永州團練使馬希廣爲檢校太尉，領洪州鎮南軍節度使〔二一〕：皆楚王馬希範之弟也。庚寅，以宣徽北院使李承福爲右武衛大將軍，充宣徽南院使；以前鄭州防禦使劉繼勳爲左千牛衛大將軍，充宣徽北院使。國子祭酒兼户部侍郎田敏以印本五經書上進，以印本五經書上進，考唐天成二年已開雕，至此始得印本書也。今附識於此。（影庫本粘籤）賜帛五十段。甲午，有白烏棲於作坊桐樹〔二二〕，作坊使周務勍捕而進之〔二三〕。辛丑，引進使、太府卿孟承誨使契丹。詔京百司攝官親公事及五年，與授初官。癸卯，以左諫議大夫司徒詡爲給事中，左司郎中王仁裕爲右諫議大夫〔二四〕，前鴻臚卿王均爲少府監。

夏四月戊申朔，日有蝕之。庚戌，以許州節度使趙在禮爲徐州節度使，以徐州節度使李從温爲許州節度使。己巳，中書門下奏：「請以六月二十七日降誕日爲啓聖節。」從之。是月，河南、河北、關西諸州旱蝗，分命使臣捕之。案：歐陽史作供奉官張福率威順軍捕蝗于陳州。（舊五代史考異）

五月己卯，追封皇故長姊爲吴國長公主。癸未，皇姪女永福縣主薨，輟朝三日，追封平昌郡主。丁亥，皇第二叔祖贈太師萬友追封秦王；皇第三叔祖贈太尉萬銓案：原本作「詮」，今從歐陽史改。贈太師〔二五〕，追封趙王。皇伯贈太傅敬儒贈太師，追封宋王；皇叔贈太尉福王德贈太師，追封如故；皇叔贈太傅暉贈太師，追封韓王；皇叔贈太尉通王殷、皇叔贈太尉廣王威、皇兄贈太傅郯王重裔並贈太師，追封如故。皇兄贈太師沂王重信追封楚王；皇兄贈太傅虢王重乂〔二六〕、皇兄贈太傅夔王重進〔二七〕、皇弟贈太尉陳王重杲等並贈太師，追封如故。仍令所司擇日册命。辛卯，以御史中丞王易簡爲尚書右丞〔二八〕，以禮部侍郎張允爲御史中丞，以中書舍人吴承範爲禮部侍郎，以吏部侍郎王延爲尚書左丞，以尚書右丞王松爲吏部侍郎，以兵部侍郎張昭遠爲吏部侍郎，以户部侍郎吕琦爲兵部侍郎，以刑部侍郎韋勳爲户部侍郎，以工部侍郎李詳爲刑部侍郎。癸巳，命宰臣等分詣寺觀禱雨。

己亥，飛蝗自北翳天而南。太子賓客崔棁卒〔二九〕。甲辰，詔：「諸道州府見禁罪人，除十惡五逆、行劫殺人、僞行印信、合造毒藥、官典犯贓各減一等外，餘並放〔三〇〕。」是時，所在旱蝗，故有是詔。乙巳，幸相國寺祈雨。

六月庚戌，以螟蝗爲害，詔侍衛馬軍都指揮使李守貞往皋門祭告〔三一〕，仍遣諸司使梁進超等七人分往開封府界捕之。案：歐陽史作癸亥，供奉官七人帥奉國軍捕蝗于京畿〔三二〕，與薛史異。（舊五代史考異）乙卯，以左羽林統軍安審暉爲潞州節度使。宿州奏，飛蝗抱草乾死。丙辰，貝州奏，逃户凡三千七百。遣供奉官衛延韜詣嵩山投龍祈雨。戊午，以西京留守馬從斌爲左監門衛上將軍。開封府界飛蝗自死。庚申，河南府奏，飛蝗大下，徧滿山野，草苗木葉食之皆盡，人多餓死。禮部侍郎吴承範卒。丙寅，以將册皇太后，遣尚書右丞王易簡奏告天地。陝州奏，蝗飛入界，傷食五稼及竹木之葉，逃户凡八千一百。丁卯，以給事中符蒙爲禮部侍郎，以左諫議大夫裴坦爲給事中。辛未，遣内外臣僚二十八人分往諸道州府率借粟麥。案通鑑：七月己丑，詔以年饑，國用不足，遣使者六十餘人于諸道括民穀。與薛史異。（舊五代史考異）時使臣希旨，立法甚峻，民間碓磑泥封之，隱其數者皆斃之，由是人不聊生，物情胥怨。是月，諸州郡大蝗，所至草木皆盡。永樂大典卷一萬五千六百四十九。

校勘記

〔一〕賜侍衛諸軍將校錢一百貫下至五貫　「五貫」，册府卷八一作「五十貫」。

〔二〕與先帝諱同音者悉改之　「悉」字原闕，據大金集禮卷二三引舊五代史晉紀補。

〔三〕合造毒藥　「造」，原作「作」，據册府卷九四改。

〔四〕以祕書少監兼廣晉少尹邊蔚爲左散騎常侍　「左」，原作「右」，據本書卷八二晉少帝紀二、卷一二八邊蔚傳及本卷下文改。

〔五〕前河中節度使康福卒　「河中」，原作「河東」，據本書卷八〇晉高祖紀六、卷九一康福傳改。

〔六〕詔賜襄州城内百姓粟　「百姓」，原作「百官」，據殿本、册府卷一〇六改。

〔七〕詔免襄州城内人户今年秋來年夏屋税　「今年秋來年夏」，原作「今年夏秋來」，據册府卷四九二改。

〔八〕樂平長公主史氏進封魯國大長公主　「樂平長公主」，原作「樂平公主」，據本書卷七六晉高祖紀二及本卷下文改。本書卷七六晉高祖紀二：「（天福二年五月）皇第十二妹史氏爲永壽長公主，皇第十三妹杜氏爲樂平長公主。」按金石萃編卷一二〇史匡翰碑云匡翰尚魯國大長公主。

〔九〕衛國大長公主　「衛國」，殿本作「魏國」。通鑑卷二八一：「重威，朔州人也，尚帝妹樂平長公主。」則樂平長公主係杜重威妻。

〔一〇〕秦國公主　原作「秦國長公主」，據五代會要卷二改。按本書卷七九晉高祖紀五：「（天福六年）長安公主薨，帝之長女也……追贈秦國公主。」

〔二〕告天于圜丘畢　「于」，原作「子」，據殿本、劉本、五代會要卷一改。

〔三〕順正王　册府卷三四同，五代會要卷一作「顯正王」。

〔三〕每年海鹽界分約收鹽價錢一十七萬貫　「十」，原作「千」，據本書卷一四六食貨志、五代會要卷二六、册府卷四九四改。

〔四〕委監察御史監當　「監察御史」，原作「監察使」，據殿本、孔本改。按五代會要卷四、册府卷三四引天福七年十一月敕文云以監察御史宋彦昇監庫。

〔五〕于太廟内穩便處修蓋庫屋五間　「穩便」，原作「隱便」，據孔本、五代會要卷四改。

〔六〕諸司合請禮料　「合」，原作「各」，據五代會要卷四改。

〔七〕劉再成　新五代史卷九晉本紀、卷七四四夷附録作「劉再昇」。

〔八〕武平軍節度副使　「武平」，原作「平武」，據殿本、劉本、邵本校乙正。

〔九〕馬希瞻　殿本、劉本、通鑑卷二七六作「馬希贍」。本書各處同。

〔一〇〕領廬州昭信軍節度使　本書卷四二唐明宗紀八、五代會要卷二四記置昭信軍於虔州，又據本書卷四二唐明宗紀八，廬州置昭順軍。

〔一一〕領洪州鎮南軍節度使　「鎮南軍」，原作「鎮南州」，據劉本、邵本校改。按通鑑卷二五〇：「（咸通六年五月辛丑）置鎮南軍於洪州。」

〔二二〕有白烏棲於作坊桐樹　「於」字原闕，據永樂大典卷二三四五引五代史後晉少帝紀補。

〔二三〕作坊使周務勍捕而進之　「周務勍」，原作「周務掠」，據永樂大典卷二三四五引五代史後晉少帝紀改。按册府卷二五：「作坊使周務勍上言，令捕而進之。」

〔二四〕右諫議大夫　「右」，王仁裕神道碑（拓片刊玉堂閒話評注）作「左」。

〔二五〕皇第三叔祖贈太尉萬銓贈太師　「萬銓」，册府卷二七七同，本書卷八七廣王敬威傳、新五代史卷一七晉家人傳作「萬詮」。

〔二六〕皇兄贈太傅虢王重乂　張森楷校勘記：「案宗室傳作虢王重英、壽王重乂，新家人傳同上。高祖紀天福七年，重英再贈太傅，追封虢王；重乂再贈太尉，追封壽王。則是贈太傅虢王者重英，非重乂也。虢王下蓋脱『重英、皇兄贈太尉壽王』九字，各本並譌。」

〔二七〕皇兄贈太傅夔王重進　「太傅」，原作「太師」，據本書卷八〇晉高祖紀六改。

〔二八〕以御史中丞王易簡爲尚書右丞　「右」，原作「左」，據本書卷八二晉少帝紀二改。按宋史卷二六二王易簡傳：「又拜御史中丞，歷右丞、吏部侍郎、左丞。」本卷下一處同。

〔二九〕太子賓客崔棁卒　「崔棁」，原作「李棁」，據本書卷九三崔棁傳及本卷上文改。

〔三〇〕除十惡五逆行劫殺人僞行印信合造毒藥官典犯贓各減一等外餘並放　册府卷九四敍其事云：「除十惡行劫諸殺人者及僞行印信、合造毒藥、官典犯贓外，人犯死罪者減一等，餘並放。」

〔三二〕詔侍衛馬軍都指揮使李守貞往皋門祭告　「馬軍」，原作「馬步軍」，據本書卷八二晉少帝紀二、卷一〇九李守貞傳、册府卷一四五及本卷上文改。

〔三三〕供奉官七人帥奉國軍捕蝗于京畿　「帥奉國軍捕蝗于京畿」，原作「分往開封府界及京畿」，據殿本、劉本、新五代史卷九晉本紀改。

舊五代史卷八十二

晉書八

少帝紀第二

天福八年秋七月丁丑朔，京師雨水深三尺。辛巳，許州節度使李從温來朝，進封楚國公〔一〕。壬午，以前河陽節度使皇甫遇爲右龍武統軍。丁亥，以宣徽南院使李承福爲同州節度使。癸巳，改陝州甘棠驛爲通津驛，避廟諱也。案東都事略陶穀傳：穀本姓唐，避晉祖諱改姓陶，蓋當時避諱及偏旁字及同音字也。甲午，正衙命册皇太后，以宰臣李崧充使，右散騎常侍李慎儀爲副。丁酉，幸南莊，召從駕臣僚習射，路左農人各賜布衫麻屨。

八月戊申，左衛上將軍楊思權卒〔二〕，贈太傅。辛亥，分命朝臣一十三人分檢諸州旱苗。涇、青、磁、鄴都共奏逃户凡五千八百九十。諸縣令佐以天災民餓，攜牌印納者五。癸酉，以前昭義節度使李從敏爲左龍武統軍。

九月戊寅，尊秦國夫人安氏爲皇太妃，帝所生母也。丁亥，追册故魏國夫人張氏爲皇后，帝之元妃也。是日，以金部郎中、知制誥馮玉爲檢校尚書右僕射，充潁州團練使。戊子，前潁州團練使田令方追奪在身官爵，勒歸私第，坐前任耀州日，額外配民麴錢納歸私室故也。延州奏，綏州刺史李彝敏拋棄郡城，與弟彝俊等五人將骨肉二百七十口來投，當州押送赴闕，稱與兄夏州節度使彝殷偶起猜嫌，互相攻伐故也。辛卯，夏州奏，差宥州刺史李仁立權知綏州。癸巳，故絳州刺史張從訓贈太尉，絳州，原本作「鋒州」；刺史，原本脱「史」字，今從册府元龜增改。（影庫本粘籤）追册皇后之父也。甲午，夏州李彝殷奏：「衙内都指揮使拓拔崇斌等五人作亂，當時收擒處斬訖。相次綏州刺史李彝敏擅將兵士，直抵城門，尋差人掩殺，彝敏知事不濟，與弟五人將家南走。」詔：「李彝敏潛結凶黨，顯恣逆謀，骨肉之間，尚興屠害，照臨之内，難以含容，送夏州處斬。」丙申，幸大年莊，遂幸侍衛使景延廣第，延廣進金玉器玩，賜延廣玉帶名馬，母妻、賓佐、部曲、僮僕錫賚咸及之。庚子，以右諫議大夫邊光範爲給事中，以吏部郎中劉知新爲右諫議大夫。是月，諸州郡括借到軍食，以籍來上，吏民有隱落者，並處極法。州郡二十七蝗，餓死者數十萬。

冬十月戊申，制以吴國夫人馮氏爲皇后，仍令所司擇日備禮册命。庚戌，封皇第十一妹爲嘉興長公主，第十二妹爲永泰長公主。是夕五更，有彗見於東方，在角，旬日而滅。壬子，以權知延州軍州事、前鳳州防禦使史威爲延州留後〔三〕。甲寅，以國子祭酒兼户部侍郎田敏充弘文館學士、判館事，以吏部侍郎張昭遠充史館修撰、判館事，以給事中司徒詡充集賢殿學士、判院事。西京奏，百姓馬知饒殺男吴九不死，以其侵母食也，詔赦之。甲子，以前延州節度使何建爲涇州節度使。丙寅，以涇州節度使王周爲陝府節度使。己巳，以左散騎常侍、權知開封府事邊蔚爲工部侍郎，依前知府事。壬申，以前兵部侍郎李玘爲吏部侍郎。癸酉，命使攝太尉、右僕射、平章事和凝，使副攝司徒、給事中邊光範追册故魏國夫人張氏爲皇后，奉寶册至西莊影殿行禮，鹵簿儀仗如式。

十一月丁丑，以鄧州節度使宋彦筠爲晉州節度使，以涇州節度使何建爲鄧州節度使。己卯，以前鄴都留守、廣晉尹李德珫爲涇州節度使。丙申，所司奏議，故天下兵馬都元帥、吴越國王錢元瓘謚曰莊穆，詔改爲文穆。戊戌，遣前復州防禦使吳巒權知貝州軍事，詔節度使王令溫赴闕。庚子，單州軍事判官趙岳奏：「刺史楊承祚初夜開門出城，稱爲母病往青州寧親，於孔目官齊琪處留下牌印，臣已行用權知州事。」辛丑，高麗遣使朝貢。昭化軍節度使、瑞慎等州觀察等使杜建徽進封郳國公。遣侍衛步軍都指揮使郭謹領兵赴鄆州。

十二月乙巳朔，遣左領軍衛將軍蔡行遇押兵士屯於鄆州，仍遣供奉官殿直二十六人，自河陰至海口，分擘地分巡檢，以青州節度使楊光遠謀叛故也。庚戌，前左御正齊國夫人吴氏已降二十一人前左御正，原本脱「左」字，今從五代會要增入。（影庫本粘籤）並進封郡國夫人，太后宫、皇后宫知客夫人等亦如之。太子太保致仕梁文矩卒，贈太子太傅。癸丑，詔河陽節度使符彦卿、宋州節度使高行周、貝州節度使王令温、同州節度使李承福、陳州梁漢璋、亳州李蕘、懷州薛懷讓並赴闕，分命使臣諸州郡巡檢，以契丹入寇故也。遣給事中邊光範、前登州刺史案：歐陽史作登州刺史。（舊五代史考異）郭彦威使於契丹，行至恒州，敵已犯境，不能進，留於公館數月，不達其命而回。案遼史：天福八年二月乙卯，晉遣使進先帝遺物。辛酉，晉遣使請居汴，從之。三月丁未，晉主至汴，遣使來謝。五月己亥，遣使如晉，致生辰禮。六月辛酉，晉遣使貢金。秋八月丁未朔，晉復貢金。己未，如奉聖州，晉遣其子延煦來朝。（舊五代史考異）甲寅，以單州刺史楊承祚爲登州刺史，從其便也。華州、陝府奏，逃户凡一萬二千三百。乙丑，臘，車駕不出。詔前陝州節度使石贇率諸節度使畋於近郊。太子賓客聶延祚卒。丁卯，詔宣徽使劉繼勳就杜威園亭會節度使、統軍等習射。淄州奏，青州節度使楊光遠反，案：光遠叛，五代春秋作十一月，歐陽史作十二月。（舊五代史考異）遣兵士取淄州，劫刺史翟進宗入青州〔四〕。是冬大飢，河南諸州餓死者二萬六千餘口。

開運元年春正月甲戌朔，是夕陣雲掩北斗之魁星。乙亥，滄、恒、貝、鄴馳告，契丹前鋒趙延壽、趙延昭引五萬騎入寇〔五〕，將及甘陵，案：歐陽史作甲戌朔，契丹寇滄州。據遼史云：甲戌朔，趙延壽、延昭率前鋒五萬騎次任丘，與歐陽史合。（舊五代史考異）青州楊光遠召之也。己卯，契丹陷貝州，知州吴巒死之。庚辰，以宋州節度使高行周爲北面行營都部署，以河陽節度使符彦卿爲馬軍左廂排陣使，以右神武統軍皇甫遇爲馬軍右廂排陣使，以陝州節度使王周爲步軍左廂排陣使，以左羽林統軍潘環爲步軍右廂排陣使。太原奏，契丹入鴈門，圍忻、代二州。案通鑑，契丹入雁門不書日，遼史作丙子，入鴈門，圍忻、代。（舊五代史考異）恒、滄、邢三州上言，契丹大至。是歲，天下餓死者數十萬人，詔逐處長吏瘞之。壬午，詔取此月十三日車駕北征，以前邠州節度使李周爲權東京留守。乙酉，車駕發東京。丁亥，敵騎至黎陽，案：歐陽史作丙戌，契丹寇黎陽。（舊五代史考異）通鑑作丁亥，渭州奏，契丹至黎陽。（孔本）以侍衛馬軍都指揮使李守貞爲前軍都虞候。河北危蹙，諸州求救者人使相望。戊子，車駕至澶州。以貝州節度使王令温爲鄧州節度使，時令温弟令崇自契丹至，訴以舉族陷於甘陵，故有是命。辛卯，鄴都留守張從恩遣人夜縋城間行，奏契丹主以鐵騎三四萬建牙帳於元城，以趙延壽爲魏博節度使，改封魏王，延壽日率騎軍摩壘而退。案遼史太宗紀：正月己丑，次元城，授延壽魏博等州節度使，封魏王，率所部屯南樂。蓋遼人封延壽自在己丑，晉人至辛卯始得奏聞也。歐陽史作辛卯，契丹屯于元城，趙延壽寇南樂，殊誤〔六〕。甲午，以北京留守劉知遠爲幽州道行營招討使，以恒州節度使杜威副之，定州節度使馬全節爲都虞候，其職員將校委招討使便宜署置。乙未，大霧中有白虹相偶，占者曰：「斯爲海淫，其下必將有戰。」詔率天下公私之馬以資騎軍。丙申，契丹攻黎陽，遣右武衛上將軍張彦澤等率勁騎三千以禦之。己亥，遣譯語官孟守忠致書於契丹主，求修舊好。守忠自敵帳迴，契丹主復書曰：「已成之勢，不可改也。」案遼史云：辛丑，晉遣使來修舊好，詔割河北諸州及遣桑維翰、景延廣來議。與薛史微異。辛丑，太原奏，與契丹偉王戰於秀容〔七〕，斬首三千級，生擒五百人，獲敵將一十七人，賊軍散入鵶鳴谷，已進軍追襲。

二月甲辰朔，遣石贇守麻家口，何建守楊劉鎮，白再榮守馬家渡，安彦威守河陽。鄆州奏，博州刺史周儒以城降契丹，案五代春秋：正月，契丹陷博州。歐陽史作正月辛丑，薛史及遼史作二月。案：博州刺史周儒降于契丹，歐陽史、通鑑、契丹國志俱作正月，是書及遼史作二月。（舊五代史考異）（殿本）又與楊光遠人使往返，引契丹於馬家渡濟河〔八〕。時郭謹在汶陽，遣左武衛將軍蔡行遇率數百騎赴之，遇伏兵於葭葦中，突然而出，轉鬬數合，部下皆遁，行遇爲賊所執，鋒鏑重傷，不能乘馬，坐畚中舁至幕帳。遣李守貞等水陸進兵而下，以救汶陽。丙午，先鋒指揮使石公霸與契丹遇於戚城之北，爲契丹所圍。高行周、符彦卿方息於林下，聞賊至，駭愕，督軍而進，契丹衆甚盛，被圍數重，遣人馳告景延廣，請益師。延廣遲留，候帝進止，行周等大譟，瞋目奮擊賊衆，傷死者甚多，案宋史符彥卿傳：契丹騎兵數萬，圍高行周于鐵丘，諸將莫敢當其鋒，彥卿獨引數百騎擊之，遼人遁去，行周得免。高懷德傳：至戚城，被圍數重，援兵不至，危甚，懷德左右射，縱横馳突，衆皆披靡，挾父而出。（舊五代史考異）帝自御親兵救之方解。登戚城古臺〔九〕，置酒以勞三將〔一〇〕，咸咎延廣不遣兵赴難，相對泣下。戊申，契丹築壘於馬家渡東岸，以騎軍列於外，以禦王師，李守貞以師搏之，遂破其衆。賊騎散走，赴河溺死者數千，遂拔其壘。初，西岸敵軍數萬，鼓譟揚旗以助其勢，及見東岸兵敗，號哭而去。獲馬八百匹，生擒賊將七十八人、部衆五百人，送行在，悉斬之。辛亥，夏州節度使李彝殷合蕃漢之兵四萬抵麟州，濟河，侵契丹之境，以牽脅之。壬子，以彝殷爲契丹西南面招討使。易州刺史安審約奏，戰契丹於北平，賊退保祁溝關，斷其橋梁而還。癸丑，博州殘兵至自賊中。周儒之降也，賊執其軍士，將獻於幕帳，行次中途，守者夜寢，其中軍士一人自解桎梏，爲諸兵釋縛，取賊戈矛，盡殺援者二百餘人，南走而歸，至河無舟，浮水而過，溺死之餘，所存者六十七人。是日，日有黄白暈，二白虹夾日而行。己未，滄州奏，賊衆三千人援送所掠人口寶貨等，由長蘆入蕃，以輕騎邀之，斬獲千餘人，人口輜重悉委之而走。庚申，宰臣馮道等再上表請聽樂，皆不允。時帝自期年之後，於宫中間舉細聲女樂，及親征以來，日於左右召淺蕃軍校，奏三絃胡琴，和以羌笛，擊節鳴鼓，更舞迭歌，以爲娛樂。常謂侍臣曰：「此非音樂也。」故馮道等奏請舉樂，詔旨未允而止。壬戌，楊光遠率兵圍棣州〔一一〕，刺史李瓊以州兵擊之，棄營而遁。冀州奏，敗賊軍於城下，見舁棺者，訊其降者，曰：「戚城之戰，上將金頭王中流矢而死，此其櫬也。」癸亥，以前鄧州節度使何建爲東南面馬步軍都部署〔一二〕，率師屯汶陽。甲子，蜀人寇我階州。

三月癸酉朔，契丹主領兵十餘萬來戰。時契丹僞棄元城寨已旬日矣，伏精騎於頓丘故城，以待王師。案通鑑：鄴都留守張從恩屢奏敵已遁去，大軍欲進追之，會霖雨而止。（舊五代史考異）設伏累日，人馬饑頓，趙延壽謀曰：「晉軍悉在河上，畏我鋒鋭，不敢前進，不如徑造城下，四面而進，攻奪其橋梁，天下定矣。」契丹主然之。是日，前軍高行周在戚城之南，賊將趙延壽、趙延昭以數萬騎出王師之西，契丹主自擁精騎出王師之東，兩軍接戰，交相勝負。至晡時，契丹主以勁兵中央出而來，帝御親軍列爲後陣，東西濟河，爲偃月之勢，旗幟鮮盛，士馬嚴整。契丹主望之，謂左右曰：「楊光遠言晉朝兵馬半已餓死，今日觀之，何其壯耶！」敵騎往來馳突，王師植立不動，萬弩齊彀，飛矢蔽空，賊軍稍却。會有亡者告契丹主曰：「南軍東面人少，沿河城栅不固，可以攻之。」契丹乃率精騎以攻東邊，王師敗走，敵騎追之。時有夾馬軍士千餘人在堤間治水寨，旗幟之末出於堰埭，敵望見之，以爲伏兵所起，追騎乃止。久之復戰，王師又退，李守超以數百騎短兵直進擊之〔一三〕，敵稍却。戰場之地，人馬死者無算，斷箭殘鏃交横〔一四〕，厚數寸。遇夜，賊擊鉦抽軍而退，夜行三十里而舍焉。案：歐陽史作癸酉，及契丹戰於戚城，契丹去。蓋戚城之戰，兩軍互有勝負，歐陽史以薛史爲據也。五代春秋作三月，及契丹戰於戚城，王師敗績。疑未詳考。（孔本）護聖指揮使協霸案：「協霸」二字上疑有脱文。亡入賊中，夷其族。護聖第二軍都指揮使安重懷、指揮使烏韓七、監軍何彦超等臨陣畏怯，手失兵仗，悉斬之。乙亥，契丹主帳内小校竊其主所乘馬來奔，云：「契丹已傳木書，收軍北去。」案契丹國志云：景延廣疑有詐，閉壁不敢追。遼帝北歸，所過焚掠民物殆盡。（舊五代史考異）齊州奏，青州賊軍寇明水鎮。壬午，禮部尚書盧詹卒，贈太子少保。甲申，契丹車帳已過貝州，以趙延昭守貝州。案遼史：三月壬午，留趙延昭守貝州〔一五〕，徙所俘户於内地。四月癸丑，還次南京。辛卯，定州馬全節攻泰州，拔之，俘其兵士二千人，雜畜戎仗稱是。癸巳〔一六〕，北京留守、兼中書令劉知遠封太原王，餘如故。是日，詔天下抽點鄉兵，凡七户出一士，六户資之，仍自具兵仗，以「武定」爲軍號〔一七〕。太常丞王緒棄市。緒家於青州，常致書於楊光遠，緒有妾之兄慊緒不爲賙給，遂告與光遠連謀，密書述朝廷機事，遂收捕斬之。

夏四月，車駕在澶州。滄州奏，契丹陷德州，刺史尹居璠爲敵所執。甲辰，鄴都留守張從恩來朝。丁未，加從恩平章事，還鄴。己酉，詔取今月八日車駕還京，令高行周、王周留鎮澶淵，近地兵馬委便宜制置。甲寅，至自澶州，曲赦京城大辟以下罪人。丁巳，升冀州爲防禦使額。同、華奏，人民相食。己未，以右武衞上將軍張彥澤爲右神武統軍。辛酉，以鄆州節度使、侍衞親軍都指揮使景延廣爲西京留守；以宋州節度使高行周爲侍衞親軍都指揮使；以侍衞親軍都虞候、義成軍節度使李守貞爲兗州節度使，典軍如故。是日，分命文武臣僚三十六人往諸道州府括率錢帛，以資軍用〔一八〕。癸亥，以西京留守安彥威爲晉昌軍節度使，以晉昌軍節度使趙瑩爲華州節度使，以左龍武統軍皇甫遇爲滑州節度使。是日，置酒宮中，召景延廣謂之曰：「卿有佐命之功，命保釐伊洛，非酬勳之地也。」因解御衣、寶帶以賜之。丙寅，隴州奏，餓死者五萬六千口。

五月壬申朔，太原劉知遠奏，邊境未寧，軍用甚廣，所封王爵，乞未行册命。戊寅，遣侍衞親軍都虞候李守貞率步騎二萬，討楊光遠於青州。丁亥，以鄴都留守張從恩爲貝州行營都部署，案通鑑：張從恩上言：「趙延昭雖據貝州，麾下將士久客思歸，宜速進軍攻之〔一九〕。」詔以從恩爲貝州行營都部署。（舊五代史考異）以滑州節度使皇甫遇爲行營都虞候，以左神武統軍潘環掌騎兵，右神武統軍張彥澤掌步兵。辛卯，張從恩奏，貝州賊將趙延昭縱火大掠，棄城而遁。案通鑑：延昭屯于瀛莫，阻水自固。（舊五代史考異）以李守貞爲青州行營都部署，以河陽節度使符彥卿副之。戊戌，以鄧州節度使何建爲貝州永清軍節度使〔二〇〕。是月，澤潞上言，餓死者凡五千餘人。

六月辛丑朔，王師拔淄州，斬楊光遠僞署刺史劉翰。癸卯〔二一〕，以太尉、兼侍中馮道爲檢校太師、兼侍中，充同州節度使。丙午，詔復置樞密院。丁未，以侍中桑維翰爲中書令，充樞密使。權開封府尹李周卒，輟朝，贈太師。辛亥，以邢州節度使安叔千爲晉州節度使，加同平章事；以晉州節度使宋彦筠爲陝州節度使；以吏部郎中李穀充樞密直學士。丙辰，滑州河決，漂注曹、單、曹、單，原本作「曹鄆」，今從五代會要改正。（影庫本粘籤）濮、鄆等州之境，案宋史楊昭儉傳：河決數郡，大發丁夫，以本部帥董其役，既而塞之。晉少帝喜，詔立碑紀其事。昭儉表諫曰：「陛下刻石紀功，不若降哀痛之詔；攡華頌美，不若頒罪己之文。」言甚切至，少主嗟賞之，卒罷其事。（舊五代史考異）環梁山合於汶、濟。戊午，升府州爲團練使額。庚申，襄州獻白鵲。甲子，復置翰林學士。乙丑，宰臣等三上表請聽樂，詔允之。戊辰，以門下侍郎王松爲左丞；以右丞王易簡爲吏部侍郎；以右散騎常侍蕭愿爲祕書監；以右諫議大夫王仁裕爲給事中〔二二〕；以給事中李式爲左散騎常侍；以金部郎中、知制誥徐台符爲翰林學士；以禮部郎中李澣本官知制誥，充翰林學士；以刑部郎中劉溫叟改都官郎中，充翰林學士；以主客員外郎范質充翰林學士；御史張宜改倉部員外郎、知制誥。庚午，以前晉州節度使周密爲右龍武統軍〔二三〕，以同州節度使李懷忠爲右羽林統軍〔二四〕。永樂大典卷一萬五千六百四十九。

校勘記

〔一〕進封楚國公　「楚國公」，本書卷八八李從温傳作「趙國公」。按本書卷九〇趙在禮傳記其天福八年四月進封楚國公。

〔二〕左衞上將軍楊思權卒　「左」，原作「右」，據本書卷七六晉高祖紀二、卷八八楊思權傳、新五代史卷四八楊思權傳改。

〔三〕前鳳州防禦使史威爲延州留後　「史威」，原作「杜威」，據本書卷八三晉少帝紀三、卷一二四史懿傳改。按史威本名史匡威，避周太祖諱改爲史匡懿，宋人復諱作史懿。

〔四〕刼刺史翟進宗入青州　「刼」字原闕，據孔本、通鑑卷二八三補。按新五代史卷三三翟進宗傳：「進宗爲淄州刺史……楊光遠反，以騎兵數百脅取……至青州。」

〔五〕趙延昭　册府卷一一八同，通鑑卷二八三、五代會要卷二九、契丹國志卷二、卷一六作「趙延照」。本卷下文同。

〔六〕歐陽史作辛卯契丹屯于元城趙延壽寇南樂殊誤　以上二十字原闕，據舊五代史考異卷三補。

〔七〕與契丹偉王戰於秀容　「偉王」二字原闕，據通曆卷一四、册府卷一一八、新五代史卷九晉本紀補。「秀容」，原作「秀谷」，據劉本、孔本、册府卷一一八、通鑑卷二八三、新五代史卷九晉本紀改。

〔八〕又與楊光遠人使往返引契丹於馬家渡濟河　「人使往返」，原作「潛約光遠」，據孔本、册府卷四四四改。按新五代史卷五一楊光遠傳：「(周)儒果引契丹自馬家渡濟河。」

〔九〕登戚城古臺　「戚城」，册府卷一三六作「戚城南」。

〔一〇〕置酒以勞三將　「三」，册府卷一三六作「二」。

〔一一〕楊光遠率兵圍棣州　「棣州」，原作「冀州」，據殿本、劉本、孔本、通鑑卷二八四改。按本書卷九四李瓊傳：「俄遷棣州刺史。遇楊光遠以青州叛，自統本部兵攻其城。」

〔一二〕以前鄧州節度使何建爲東南面馬步軍都部署　「東南面」，通鑑卷二八四作「東面」。

〔一三〕李守超　册府卷一一八作「李守貞」。按册府卷四四八，李守超係守貞之弟。

〔一四〕斷箭殘鏃交横　「交」字原闕，據册府卷一一八補。

〔一五〕趙延昭　原作「趙德昭」，據殿本、遼史卷四太宗紀下改。

〔一六〕癸巳　原作「己亥」，據殿本、孔本改。影庫本批校：「『癸巳』訛『己亥』。」

〔一七〕以武定爲軍號　「定」字原闕，據殿本、劉本、通曆卷一四、通鑑卷二八四、五代會要卷一二補。

〔一八〕以資軍用　原作「以次軍門」，據殿本、劉本、册府卷一五八改。「軍」字原闕，據殿本、孔本補。

〔一九〕宜速進軍攻之　「之」字原闕，據通鑑卷二八四補。

〔二〇〕以鄧州節度使何建爲貝州永清軍節度使　按本卷上文記何建事作「前鄧州節度使」，又云：「（開運元年正月）以貝州節度使王令温爲鄧州節度使。」則何建時已受代，「鄧州」上疑脱「前」字。

〔二一〕癸卯　原作「辛卯」，據通鑑卷二八四改。按是月辛丑朔，無辛卯，癸卯爲初三。影庫本粘籤：「辛卯，以前後干支計之，當作『癸卯』，今無別本可校，姑仍其舊，附識于此。」

〔二二〕右諫議大夫　「右」，王仁裕神道碑（拓片刊玉堂閒話評注）作「左」。

〔二三〕以前晉州節度使周密爲右龍武統軍　「右」，原作「左」，據本書卷八四晉少帝紀四、卷一二四周密傳改。

〔二四〕以同州節度使李懷忠爲右羽林統軍　「右」，原作「左」，據本書卷八四晉少帝紀四、卷一二四李懷忠傳改。

舊五代史卷八十三

晉書九

少帝紀第三

開運元年秋七月辛未朔，帝御崇元殿，大赦天下，改天福九年爲開運元年。河北諸州曾經契丹蹂踐處，與免今年秋稅。諸軍將士等第各賜優給。諸州率借錢帛，赦書到日，晝時罷徵，出一千貫已上者與免科徭，一萬貫已上者與授本州上佐云。是日宣赦未畢，會大雷雨，匆遽而罷。時都下震死者數百人，明德門内震落石龍之首，識者以爲「石」乃國姓，蓋不祥之甚也。癸酉，以定州節度使馬全節爲鄴都留守，加兼侍中；以昭義節度使安審暉爲邢州節度使，加檢校太師。乙亥，前陝州節度使王周加檢校太尉，改定州節度使；鄴都留守張從恩改鄆州節度使。禮官奏：「天子三年喪畢，祫享於太廟，高祖聖文章武明德孝皇帝今年八月喪終畢，明德，原本缺「德」字，今從歐陽史增入。（影庫本粘籤）合以十月行大祫之禮，冬季祠祭，改薦爲祫。」從之。丁丑，虞部員外郎、知制誥陶穀改倉部郎中、知制誥，大理卿吴德謙改祕書監致仕。辛巳，以左龍武統軍李從敏爲潞州節度使，天策府都護軍、桂州節度使、知朗州軍事馬希杲加檢校太師。壬午，降金州爲防禦州，降萊州爲刺史州。户部侍郎田敏改兵部侍郎；刑部侍郎李詳改尚書右丞〔一〕；以潁州團練使馮玉爲户部侍郎，充端明殿學士；中書舍人趙上交改刑部侍郎。己丑，以樞密使、中書令桑維翰充弘文館大學士，太子太傅、譙國公劉昫爲守司空、兼門下侍郎、平章事、監修國史、判三司。宰臣李崧、和凝進封爵邑。庚寅，宣徽北院使劉繼勳改宣徽南院使，劉繼勳，原本作「斷勳」，今從通鑑改正。（影庫本粘籤）三司使董遇改宣徽北院使。辛卯，以前陝州節度使石贇爲鄧州節度使。同州節度使李承福卒，贈太傅。

八月辛丑朔〔二〕，命十五將以禦契丹，案東都事略范質傳：晉出帝命十五將出征。是夕，質宿直，出帝命諸學士分草制，質曰：「宫城已閉，慮泄機事。」遂獨爲之。歐陽史云：劉知遠爲北面行營都統，杜威爲都招討使，蓋略之也。（舊五代史考異）北京留守劉知遠充北面行營都統，鎮州節度使杜威充北面行營都招討使，鄆州節度使張從恩充馬步軍都監，西京留守景延廣充馬步軍都排陣使，徐州節度使趙在禮充馬步軍都虞候，晉州節度使安叔千充馬步軍左廂排陣使，前兗州節度使安審信充馬步軍右廂排陣使，河中節度使安審琦充馬步軍都指揮使，河陽節度使符彦卿充馬軍左廂都指揮使，滑州節度使皇甫遇充馬軍右廂都指揮使〔三〕，右神武統軍張彦澤充馬軍排陣使，滄州節度使王廷胤充步軍左廂都指揮使，陝州節度使宋彦筠充步軍右廂都指揮使〔四〕，前金州節度使田武充步軍左廂排陣使，左神武統軍潘環充步軍右廂排陣使。案遼史：七月辛卯，晉遣張暉奉表乞和，留暉不遣。蓋其時桑維翰爲相，乞和于契丹，既不見許，遂分命十五將以禦之也。（孔本）壬寅，閩王王延羲爲其下連重遇、朱文進所害，衆推文進知留後事，稱天福年號，間道以聞。甲辰，太子少傅盧文紀改太子太傅，太子少保李鏻改太子太保〔五〕，刑部尚書李懌改户部尚書，給事中司徒詡改右散騎常侍，以府州刺史折從阮爲安北都護，充振武節度使。是夜，熒惑入南斗。乙巳，詔復置明經、童子二科。己酉，以鄧州節度使王令温爲延州節度使。癸丑，以威武軍兵馬留後、權知閩國事朱文進爲檢校太傅、福州威武軍節度使、知閩國事。癸亥，升澶州爲節鎮，以鎮寧爲軍額，割濮州爲屬郡。甲子，以延州節度使史威爲澶州節度使。

九月庚午朔，日有蝕之。乙酉，以户部侍郎韋勳爲太子賓客〔六〕，以前案：原本闕一字。州刺史段希堯爲户部侍郎〔七〕，以光禄卿張仁愿爲大理卿。己丑，禮部侍郎符蒙卒。壬辰，太原奏，代州刺史白文珂破契丹於七里烽，案：通鑑作丙子，契丹寇遂城、樂壽，深州刺史康彦進擊却之，與薛史異。歐陽史、契丹國志並與薛史同。（舊五代史考異）斬首千餘級，生擒將校七十餘人。癸巳，以前隴州防禦使翟光鄴爲宣徽北院使。己亥，以滄州節度使王廷胤卒輟朝，贈中書令。

冬十月壬寅，兩浙節度使、吴越國王錢弘佐加守太尉。吴越國王，原本脱「吴」字，今據歐陽史增入。（影庫本粘籤）庚戌，以徐州節度使、北面行營馬步都虞候趙在禮爲北面行營副都統，鄴都留守馬全節爲北面行營副招討使。甲寅，以起居郎、知制誥賈緯爲户部郎中、知制誥。戊午，詔曰：

朕虔承顧命，獲嗣丕基，常懼顛危，不克負荷，宵分日昃，罔敢怠寧，夕惕晨興，每懷祇畏。但以恩信未著，德教未敷，理道不明，咎徵斯至。

向者，頻年災沴，稼穡不登，萬姓飢荒，道殣相望，上天垂譴，涼德所招。仍屬干戈尚興，邊陲多事。倉廪不足，則輟人之餱食；帑藏不足，則率人之資財；兵士不足，則取人之丁中；戰騎不足，則假人之乘馬。雖事不獲已，而理將若何！訪聞差去使臣，殊乖體認，不能敦於勉諭，而乃臨以威刑，自有所聞，益深愧悼。旋屬守臣叛命，敵騎入邊〔八〕，致使甲兵不暇休息，軍旅有征戰之苦，人民有飛輓之勞，疲瘵未蘇，科徭尚急，言念於兹，寢食何安！　得不省過興懷，側身罪己，載深減損，思召和平？　所宜去無用之資，罷不急之務，棄華取實，惜費省功，一則符先帝慈儉之規，一則慕前王朴素之德〔九〕。

向者，造作軍器，破用稍多，但取堅剛，不須華楚，今後作坊製造器械〔一〇〕，不得更用金銀裝飾。比於遊畋，素非所好，凡諸服御，尤欲去奢，應天下府州不得以珍寶玩好及鷹犬爲貢。在昔聖帝明君，無非惡衣菲食，況予薄德〔一一〕，所合恭行，今後太官常膳〔一二〕，減去多品，衣服帷帳，務去華飾，在禦寒溫而已。峻宇雕牆，昔人所誡，玉杯象箸，前代攸非，今後凡有營繕之處，丹堊雕鏤，不得過度，宮闈之内，有非理費用，一切禁止。

於戲！繼聖承祧，握樞臨極，昧於至道，若履春冰。屬以天災流行，國步多梗，因時致懼，引咎推誠，期於將來，庶幾有補。更賴王公將相、貴戚豪宗，各啓乃心，率由茲道，共臻富庶，以致康寧。凡百臣僚，宜體朕意。

十一月壬申，詔曰：「蕃寇未平，邊陲多事，即日雖無侵軼，亦須廣設隄防。朕將親率虎貔，躬擐甲冑，候聞南牧，即便北征，不須先定日辰，別行告諭。所有供億，宜令三司預行計度，合隨從諸司職員，並宜常備行計」云。己卯，以陳州刺史梁漢璋充侍衛馬軍都指揮使。壬午，以貝州節度使何建爲澶州節度使兼北面行營馬軍右廂排陣使，以澶州節度使史威爲貝州節度使。丙戌，以前金州節度使田武爲滄州節度使兼北面行營步軍右廂都指揮使〔一三〕，以前相州節度使郭謹爲鄜州節度使。

十二月己亥朔，幸皋門，射中白兔〔一四〕。癸丑，福州節度使朱文進加同平章事，封閩國王。丁巳，青州楊光遠降。光遠子承勳等斬觀察判官丘濤，牙將白延祚、楊贍〔一五〕、杜延壽等首級，送於招討使李守貞，乃縱火大譟，劫其父，處於私第，以城納款，遣即墨縣令王德柔貢表待罪。楊光遠亦遣節度判官楊麟奉表請死。詔釋之。

閏月庚午，以楊承信爲右羽林將軍、承祚爲右驍衛將軍〔一六〕，皆光遠之子，先詣闕請罪，故特授是官。癸酉，李守貞奏，楊光遠卒。初，光遠既上表送降，帝以光遠頃歲太原歸命，欲曲全之，議者曰：「豈有反狀滔天而赦之也！」乃命守貞便宜處置，守貞遣人拉殺之，以病卒聞。乙酉，前登州刺史張萬迪削奪官爵處斬，青州節度判官楊麟配流威州，掌書記任邈配流原州，支使徐晏配流武州，縱逢恩赦，不在放還之限，並以楊光遠叛故也。工部尚書、權知貢舉竇貞固奏：「試進士諸科舉人入策，舊例夜試，以三條燭盡爲限，天成二年改令晝試，今欲依舊夜試。」從之。曲赦青州管内罪人，立功將士各賜優給，青州吏民爲楊光遠詿誤者，一切不問。青州行營招討使、兗州節度使兼侍衛都虞候李守貞加同平章事，副招討使、河陽節度使符彥卿改許州節度使。丙戌，降青州爲防禦使額，以萊州刺史楊承勳爲汝州防禦使。己丑，以工部尚書竇貞固爲禮部尚書，太常卿王延爲工部尚書，左丞王松爲太常卿，以前尚書右丞龍敏爲尚書左丞〔一七〕。癸巳，以前安州防禦使李建崇爲河陽兵馬留後〔一八〕，以宣徽使翟光鄴爲青州防禦使，以內客省使李彥韜爲宣徽北院使。甲午，以給事中邊光範爲左散騎常侍，以樞密直學士、吏部郎中李穀爲給事中，依前充職。是月，契丹耶律德光與趙延壽領全軍入寇，圍恒州，分兵陷鼓城、槀城、元氏、高邑、昭慶、寧晉、蒲澤、欒城、柏鄉等縣，案遼史：己卯，圍恒州，下其九縣。歐陽史繫於乙酉之後，疑誤。前鋒至邢州，河北諸州告急。詔張從恩、馬全節、安審琦率師屯邢州，趙在禮屯鄴都。

開運二年春正月戊戌朔，帝不受朝賀，不豫故也。己亥，張從恩部領兵士自邢州退至相州，人情震恐。趙在禮還屯澶州，馬全節歸鄴都，遣右神武統軍張彥澤屯黎陽，詔西京留守景延廣將兵守胡梁渡。契丹寇邢州。侍衞馬軍都指揮使梁漢璋改鄭州防禦使，典軍如故。以齊州防禦使劉在明爲相州留後。癸卯，以客省使孟承誨爲內客省使。滑州奏，今月二日至四日，相州路烽火不至。甲辰，以前汝州防禦使宋光鄴爲左驍衞大將軍。詔青州行營將校，自副兵馬使以上，各賜功臣名號。乙巳，帝復常膳。以左威衞上將軍袁羲爲客省使，上將軍如故。詔滑州節度使皇甫遇率兵赴邢州，馬全節赴相州。契丹寇洺、磁，犯鄴都西北界，所在告急。壬子，王師與契丹相拒於相州北安陽河上，皇甫遇、慕容彥超率前鋒與敵騎戰於榆林店，遇馬中流矢，僅而獲免。案遼史云：皇甫遇與濮州刺史慕容彥超將兵千騎，來覘遼軍。至鄴都，遇遼軍數萬，且戰且却，至榆林店，遼軍繼至，遇與彦超力戰百餘合，遇馬斃步戰，安審琦引騎兵踰水以救，遼軍乃還。與薛史所載，互有詳略。是夜，張從恩引軍退保黎陽，唯留五百人守安陽河橋。既而知州符彦倫與軍校謀曰：「此夜紛紜，人無固志，五百疲兵，安能守橋！」即抽入相州，嬰城爲備。至曙，賊軍萬餘騎已陣於安陽河北，彦倫令城上揚旗鼓譟，賊不之測。至辰時，渡河而南，悉陳甲騎於城下，如攻城之狀。彦倫曰：「此敵將走矣。」乃出甲士五百於城北，張弓弩以待之，契丹果引去。當皇甫遇榆林戰時，至晚敵衆自相驚曰：「晉軍悉至矣。」戎王在邯鄲聞之，即時北遁，官軍亦南保黎陽。甲寅，以河陽留後李建崇爲邢州留後，以鳳州防禦使案：原本下有闕文。爲河陽留後〔一九〕。詔李守貞領兵屯滑州，以宣徽北院使李彦韜權侍衛馬步都虞候。改諸道武定軍爲天威軍。己未，以前許州節度使李從温爲北面行營都招撫使，以鄆州節度使張從恩權東京留守。辛酉，相州奏，契丹抽退，其鄉村避寇百姓，已發遣各歸本家營種。初，帝以不豫初平，未任親御軍旅，既而張從恩、馬全節相次奏賊軍充斥，恒州杜威告事勢危急，帝曰：「此賊未平〔二〇〕，固難安寢，當悉衆一戰，以救朔方生靈，若晏安遲疑，則大河以北，淪爲寇壤矣。」即日命諸將點閲，以定行計。辛酉〔二一〕，下詔親征。誅楊光遠部下指揮使張迴等五人，以戎事方興，慮其扇摇故也。癸亥，以樞密直學士李穀爲三司副使、判留司三司公事。乙丑，車駕發離京師。是月，京城北壕春冰之上有文，若大樹花葉，凡數十株，宛若圖畫，觀者如堵。

二月戊辰朔，車駕次滑州。己巳，渡浮橋，幸黎陽勞軍，至晚還滑州。以滄州節度使田武充東北面行營都部署。甲戌，幸澶州，以景延廣爲隨駕馬步軍都鈐轄。丙子，大閱諸軍于戚城，帝親臨之。戊寅，北面行營副招討使馬全節、行營都監李守貞、右神武統軍張彦澤等以前軍先發。己卯，以許州節度使符彦卿爲北面行營馬軍都指揮使，以左神武統軍潘環爲北面行營步軍都指揮使。辛巳，幸楊村故壘。符彦卿、皇甫遇、李殷率諸軍進發。以左散騎常侍邊光範爲樞密直學士。詔河北諸州，應蕃寇經由之地，吏民遭殺害者，委所在收瘞，量事祭奠。詔恒州杜威與馬全節等會合進軍。丙戌，幸鐵丘閱馬，因幸趙在禮、李從温軍。是日大雪。戊子，安審琦、梁漢璋領兵北征。府州防禦使折從阮奏，部領兵士攻圍契丹勝州，降之，見進兵趨朔州。甲午，以河中節度使安審琦爲北面行營馬步軍都虞候，許州節度使符彦卿充馬步軍左廂都指揮使，滑州節度使皇甫遇充馬步軍右廂都指揮使，侍衛馬軍都指揮使梁漢璋充馬軍左右廂都指揮使，侍衛步軍都指揮使李殷充步軍左右廂都指揮使，右神武統軍張彦澤充馬軍左右廂都排陣使〔二二〕，左神武統軍潘環充步軍左右廂都排陣使〔二三〕。丙申，以端明殿學士、尚書户部侍郎馮玉爲户部尚書，充樞密使。

三月戊戌，契丹陷祁州，祁州，原本作「祈」，今從五代春秋改正。（影庫本粘籤）刺史沈斌死之。乙巳，左補闕袁範先陷契丹，自賊中逃歸。杜威奏，與李守貞、馬全節、安審琦、皇甫遇部領大軍赴定州。易州刺史安審約奏，二月三日夜〔二四〕，差壯丁斫敵營，殺賊千餘人。是日，以符彦卿爲北面行營馬步軍左右廂都排陣使，以皇甫遇爲北面行營馬步軍左廂排陣使，以王周爲馬步軍右廂排陣使。丁未，畋於戚城，還幸景延廣、安審信軍。庚戌，王師攻泰州，刺史晉廷謙以城降〔二五〕。易州奏，郎山寨將孫方簡破契丹千餘人〔二六〕，案：歐陽史作孫方諫。（舊五代史考異）郎山，宋史作狼山，東都事略仍作郎山，蓋地名多用對音字，今仍其舊。（影庫本粘籤）斬蕃將諧里相公〔二七〕，擄其妻以獻。甲寅，杜威奏，收復滿城，獲契丹首領没刺相公〔二八〕，并蕃漢兵士二千人。以前户部尚書李懌爲兵部尚書。乙卯，杜威奏，收復遂城。丙辰奏，大軍自遂城却退至滿城。時賊將趙延壽部曲來降，言：「契丹主昨至古北口，幽州走報漢軍大下，收却泰州。尋下令諸部，令輜重入塞，輕騎却迴。戎王率五萬餘騎，來勢極盛，明日前鋒必至，請爲之備。」杜威、李守貞謀曰：「我師糧運不繼，深入賊疆，而逢大敵，亡之道也。不如退還泰州，覨其兵勢强弱而禦之。」軍士皆以爲然。是日，還滿城。丁巳，至泰州。戊午，契丹前鋒已至。己未，大軍發泰州而南，契丹踵其後。是日，次陽城。庚申，賊騎如牆而來，我步軍爲方陣以禦之，選勁騎擊賊，鬬二十餘合，南行十餘里，賊勢稍却，渡白溝而去。案通鑑：庚申，契丹大至，晉軍與戰，逐北十餘里，契丹踰白溝而去。歐陽史：庚申，杜威及契丹戰于陽城，敗之。俱與薛史同。惟遼史云：己未，重威、守貞引兵南遁，追至陽城，大敗之。復以步卒爲方陣來拒，與戰二十餘合。是遼師未嘗言敗也。蓋當時南北軍俱有掩飾，故紀載不同如此。（舊五代史考異）辛酉，杜威召諸將議曰：「戎首自來，實爲勍敵，若不血戰，吾輩何以求免。」諸將然之。是日，敵騎還逼官軍，相去數里。明日，我軍成列而行，蕃漢轉鬬，殺聲震地，纔行十餘里，軍中人馬飢乏。癸亥，大軍至白團衛村下營，案：歐陽史作衛村，通鑑考異引漢高祖實録作白檀，遼史從薛史。（舊五代史考異）人馬俱渴，營中掘井，及水輒壞，兵士取其泥，絞汁而飲，敵衆圍繞，漸束其營。案宋史藥元福傳：晉師列方陣，設拒馬爲行砦，契丹以奇兵出陣後，斷糧道。（舊五代史考異）是日，東北風猛，揚塵折樹，契丹主坐車中謂衆曰〔二九〕：「漢軍盡來，祇有此耳，今日並可生擒，然後平定天下。」令下馬拔鹿角，飛矢雨集。軍士大呼曰：「招討使何不用軍〔三〇〕，而令士卒虛死！」諸將咸請擊之，杜威曰：「俟風勢稍慢，觀其進退。」守貞曰：「此風助我也，彼衆我寡，黑風之內，莫測多少，若俟風止，我輩無噍類矣。」即呼諸軍齊力擊賊〔三一〕，張彥澤、符彥卿、皇甫遇等率騎奮擊，風勢尤猛，沙塵如夜，敵遂大敗。案宋史符彥卿傳：時晉師居下風，將戰，弓弩莫施。彥卿謂張彥澤、皇甫遇曰：「與其束手就擒，曷若死戰，然未必死。」彥澤然之，遂潛兵尾其後，順風擊之，契丹大敗。又藥元福傳：守貞與元福謀曰：「軍中饑渴已甚，若俟風反出戰，吾屬爲虜矣。彼謂我不能逆風以戰，宜出其不意以擊之，此兵家之奇也。」元福乃率麾下開拒馬出戰，諸將繼至，契丹大敗。（舊五代史考異）時步騎齊進，追襲二十餘里，至陽城東，賊軍稍稍成列，我騎復擊之，乃渡河而去。按：晉師敗契丹于陽城在三月癸亥，遼史與薛史同，歐陽史作庚申，誤。守貞曰：「今日危急極矣，幸諸君奮命，吾事獲濟。兩日以來，人馬渴乏，今喫水之後，脚重難行，速宜收軍定州，保全而還，上策也。」由是諸將整衆而還。是時，契丹主坐車中〔三二〕，及敗走，車行十餘里，追兵既急，獲一槖駞，乘之而走。乙丑，杜威等大軍自定州班師入恒州。

夏四月丙子，以車駕將還京，差官往西京告天地宗廟社稷。辛巳，駕發澶州。甲申，至京師，曲赦在京禁囚。己丑〔三三〕，詔鄴都依舊爲天雄軍。庚寅，河東節度使劉知遠封北平王；恒州節度使杜威加守太傅；徐州趙在禮移鎮兗州；宋州節度使兼侍衛親軍馬步都指揮使高行周移鎮鄆州，侍衛如故；鄴都留守馬全節改天雄軍節度使；兗州節度使兼侍衛都虞候李守貞移鎮宋州，加檢校太師、兼侍衛親軍副都指揮使〔三四〕；河中節度使安審琦加兼侍中，移鎮許州；許州節度使符彥卿加同平章事，移鎮徐州；滑州節度使皇甫遇加同平章事。壬辰，西京留守景延廣加邑封，改功臣。秦州節度使侯益移鎮河中。定州節度使王周加檢校太師。永樂大典卷一萬五千六百四十九。

校勘記

〔一〕李詳　原作「李祥」，據本書卷八一晉少帝紀一、卷八四晉少帝紀四改。

〔二〕八月辛丑朔　「朔」字原闕，據新五代史卷九晉本紀、通鑑卷二八四補。按是月辛丑朔，本書卷九〇趙在禮傳：「開運元年……八月朔，降制命一十五將。」

〔三〕馬軍右廂都指揮使　「馬軍」，原作「馬步軍」，據殿本、孔本、通鑑卷二八四胡注引薛史、册府卷一二〇改。

〔四〕步軍右廂都指揮使　「步軍」，原作「馬軍」，據殿本、孔本、通鑑卷二八四胡注引薛史、册府卷一二〇改。

〔五〕李鏻　原作「李麟」，據劉本、本書卷七六晉高祖紀二、卷一〇〇漢高祖紀下、卷一〇八李鏻傳改。

〔六〕以户部侍郎韋勳爲太子賓客　「以」字原闕，據殿本補。

〔七〕以前州刺史段希堯爲户部侍郎　「州」上殿本、劉本有「棣」字。按宋史卷二七〇段思恭傳記其父希堯天福中爲棣州刺史，疑永樂大典避明成祖諱闕「棣」字。

〔八〕敵騎入邊　册府卷一四五作「戎虜犯邊」。

〔九〕一則慕前王朴素之德　「一則」二字原闕，據册府卷一四五補。

〔一〇〕今後作坊製造器械　「造」字原闕，據册府卷一四五補。

〔一一〕況予薄德　「予」，原作「于」，據册府卷一四五改。

〔一二〕今後太官常膳　「太官常膳」，原作「大官尚膳」，據册府卷一四五改。

〔一三〕以前金州節度使田武爲滄州節度使兼北面行營步軍右廂都指揮使　「金州」，原作「金吾」，據殿本、劉本、邵本校改。按本卷上文：「（開運元年八月）前金州節度使田武充步軍左廂排陣使。」

〔一四〕射中白兔　「白兔」，册府卷一一五作「白鹿」。

〔一五〕楊贍　册府卷一二六同，殿本、劉本、新五代史卷五一楊光遠傳作「楊瞻」。

〔一六〕承祚爲右驍衞將軍　「右驍衞將軍」，原作「右驍騎衞將軍」，據本書卷九七楊光遠傳、宋史卷二五一楊承信傳改。

〔一七〕以前尚書右丞龍敏爲尚書左丞　「右」，本書卷七八晉高祖紀四作「左」。按本書卷一〇八龍敏傳：「遷尚書左丞。丁父憂，服闋，復本官。」

〔一八〕李建崇　原作「李建業」，據本書卷一二九李建崇傳及本卷下文改。

〔一九〕以鳳州防禦使爲河陽留後　按本書卷九四方太傳：「改鳳州防禦使，行至中途，遷河陽留後。」卷八四晉少帝紀四：「以前河陽留後方太爲邢州留後。」「鳳州防禦使」下疑脱「方太」

二字。

〔二〇〕此賊未平　「此」，殿本、劉本作「北」。

〔二一〕辛酉　按本卷上文是月已有辛酉，此處不當復見。通鑑卷二八四繫其事於「壬戌」。按是月戊戌朔，辛酉爲二十四日，壬戌爲二十五日。

〔二二〕右神武統軍　「右」，原作「左」，據本書卷八二晉少帝紀二、册府卷一二〇、通鑑卷二八四及本卷上文改。

〔二三〕左神武統軍潘環充步軍左右廂都排陣使　「左神武統軍」，原作「右神武統軍」，據本書卷八二晉少帝紀二、卷八四晉少帝紀四、卷九四潘環傳、册府卷一二〇及本卷上文改。「都」字原闕，據殿本及本卷上文補。

〔二四〕二月三日夜　「日」字原闕，據殿本、册府卷一一八、卷四三五補。

〔二五〕晉廷謙　原作「晉庭謙」，據册府卷一一八、卷一六六（宋本）、卷四三五、通鑑卷二八四、新五代史卷四七馬全節傳改。

〔二六〕郎山寨將孫方簡破契丹千餘人　「郎山寨」，原作「郎山塞」，據劉本、邵本校、册府卷一一八、卷四三五改。

〔二七〕諧里　原作「轄里」，注云：「舊作『諧里』，今改正。」按此係輯録舊五代史時所改，今恢復原文。

〔二八〕没剌　原作「默埒」，注云：「舊作『没剌』，今改正。」按此係輯録舊五代史時所改，今恢復原文。

〔二九〕契丹主坐車中謂衆曰　「車」，孔本、通鑑卷二八四、新五代史卷七二四夷附録、契丹國志卷三作「奚車」。

〔三〇〕招討使何不用軍　「招討使」，通鑑卷二八四作「都招討使」，遼史卷四太宗紀下作「都招討」。按本卷上文：「（開運元年八月）鎮州節度使杜威充北面行營都招討使。」

〔三一〕即呼諸軍齊力擊賊　「諸軍」，劉本、邵本作「諸將」。

〔三二〕契丹主坐車中　「車」，孔本、册府卷一一八、通鑑卷二八四作「奚車」。

〔三三〕己丑　原作「己亥」，據通鑑卷二八四改。按是月丙寅朔，無己亥，己丑爲二十四日。影庫本粘籤：「己亥，以前後干支推之，當作『丁亥』，今無别本可考，姑仍其舊。」

〔三四〕兼侍衛親軍副都指揮使　「都」字原闕，據本書卷八四晉少帝紀四補。

舊五代史卷八十四

晉書十

少帝紀第四

開運二年夏五月丙申朔，帝御崇元殿受朝，大赦天下。丁酉，以右衛上將軍馬萬爲左金吾上將軍致仕。馬萬，原本誤衍「行」字，今從通鑑删去。（影庫本粘籤）戊戌，陝州節度使宋彦筠移鎮鄧州〔一〕，澶州節度使何建移鎮河陽。以左神武統軍潘環爲澶州節度使，以宣徽北院使李彦韜遥領壽州節度使兼侍衛馬軍都指揮使，以滄州節度使田武遥領夔州節度使兼侍衛步軍都指揮使。辛亥，白虹貫日。壬子，宰臣桑維翰、劉昫、李崧、和凝並加階爵。禮部尚書竇貞固改刑部尚書，太常寺卿王松改工部尚書。以尚書左丞龍敏爲太常卿；以翰林學士承旨、兵部侍郎李慎儀爲尚書左丞；以御史中丞張允爲兵部侍郎、知制誥，充翰林學士承旨；以左諫議大夫顔衎爲御史中丞；案宋史顔衎傳：喪亂之後，朝綱不振，衎執憲頗有風采，嘗上言：「纔除御史者旋授外藩賓佐，復有以私故細事求假外拜，州郡無參謁之儀，出入失風憲之體，漸恐四方得以輕易，百辟無所準繩。請自今藩鎮幕僚，勿得任臺官，雖親王宰相出鎮，亦不得奏充賓佐；非奉制勘事，勿得出京；自餘不令釐雜務。」詔惟辟召入幕如故〔二〕，餘從其請。（舊五代史考異）以兵部侍郎、弘文館學士、判館事田敏爲國子祭酒；以户部侍郎段希堯爲兵部侍郎；以工部侍郎邊蔚爲户部侍郎，依前權知開封府事；以左散騎常侍李式爲工部侍郎；以給事中王仁裕爲左散騎常侍。甲寅，以華州節度使趙瑩爲開封尹，以皇弟開封尹重睿爲秦州節度使，以宣徽南院使劉繼勳爲華州節度使，以前鄆州節度使張從恩爲晉州節度使。丙辰，杜威來朝。定州奏，大風雹，北岳廟殿宇樹木悉摧拔之。

六月乙丑朔，帝御崇元殿，百官入閤。監修國史劉昫、史官張昭遠張昭遠，原本作「張昭」。考宋史張昭傳：昭初名昭遠，漢避高祖諱去「遠」字。薛史晉紀不宜預稱爲「張昭」，當傳寫脱落，今增入。（影庫本粘籤）等以新修唐書紀、志、列傳并目録凡二百三卷上之，案：郡齋讀書志、直齋書録解題並作二百卷，五代會要作二百二卷、目録一卷。（舊五代史考異）賜器帛有差。癸酉，以恒州節度使杜威爲天雄軍節度使，充鄴都留守；以鄴都留守馬全節爲恒州節度使。以翰林學士、金部郎中、知制誥徐台符爲中書舍人；以翰林學士、禮部郎中、知制誥李澣爲中書舍人〔三〕；翰林學士、都官郎中劉温叟加知制誥；翰林學士、主客員外郎范質改比部郎中、知制誥，並依舊充職。祠部員外郎、知制誥張沆本官充學士，以太常少卿陶穀爲中書舍人。案宋史陶穀傳：穀性急率，嘗與兗帥安審信集會，杯酒相失，爲審信所奏，時方姑息武臣，穀坐責授太常少卿。嘗上言：「頃莅西臺，每見臺司詳斷刑獄，少有即時決者。至于閭閻夫婦，小有爭訟，淹滯即時，坊市死亡喪葬，必候臺司判狀，奴婢病亡，亦須檢驗。吏因緣爲姦，而邀求不已，經旬不獲埋瘞，望申條約，以革其弊。」從之。俄拜中書舍人。（舊五代史考異）己亥，己亥，以前後干支推之，當作「乙亥」，今無別本可校，姑仍其舊。（影庫本粘籤）以邠州節度使劉景巖爲陝州節度使。己卯，新授恒州節度使馬全節卒，輟朝，贈中書令。壬午，大理卿張仁愿卒，贈祕書監。遣刑部尚書竇貞固等分詣寺觀禱雨。己丑，以定州節度使王周爲恒州節度使，以前易州刺史安審約爲定州留後。是月，兩京及州郡十五並奏旱。

秋七月乙未朔，以侍衛步軍都指揮使、領夔州節度使田武爲昭義軍節度使。甲寅，左諫議大夫李元龜奏請禁止天下僧尼典買院舍，從之。丙辰，前少府監李鍇貶坊州司户，坐冒請逃死吏人衣糧入己故也。庚申，以前齊州防禦使薛可言爲延州兵馬留後。案遼史云：七月，晉遣孟守中奉表請和，通鑑作張暉，與遼史人名互異。今以遼史前後考之，則張暉請和在開運元年，至二年復遣孟守中也。薛史闕而不載，蓋當時實録爲之諱言。（孔本）

八月甲子朔，日有蝕之。中書舍人陶穀奏，請權廢太常寺二舞郎，從之。丙寅，宰臣和凝罷相，守右僕射。以樞密使馮玉爲中書侍郎、平章事，使如故。乙亥，詔：「諸御史今後除準式請假外，不得以細故小事請假離京；除奉制命差推事及按察外，不得以諸雜細務差出。」丙子，以靈州節度使馮暉爲邠州節度使，加檢校太尉；以前鄜州節度使丁審琪爲左羽林統軍；以前鄜州節度使郭謹爲左神武統軍。西京留司御史臺奏：「新授鄧州節度使宋彥筠於銀沙灘斬廳頭鄭温。」詔鞫之，款云：「彥筠出身軍旅，不知事體，不合專擅行法。」詔釋其罪。以工部尚書王松權知貢舉。丁丑，以前晉州節度使安叔千爲右金吾上將軍；以三司副使、給事中李穀爲磁州刺史，充北面水陸轉運使。分遣使臣於諸道率馬。戊寅，以左金吾上將軍皇甫立爲左衞上將軍，以右羽林統軍李懷忠爲左武衞上將軍。庚辰，新授潞州節度使田武卒，輟朝，贈太尉。戊子〔四〕，湖南奏，靜江軍節度使馬希杲卒。

九月丙申，以西京留守、北面馬步軍都排陣使景延廣爲北面行營副招討使。丁酉，以刑部侍郎趙遠爲户部侍郎，以工部侍郎李式爲刑部侍郎，以中書舍人盧價爲工部侍郎。價久次綸闈，舊例合轉禮部侍郎或御史中丞，宰臣馮玉擬此官，桑維翰以爲資望淺，不署狀。無何，維翰休沐數日，玉獨奏行之，維翰由是不樂，與玉有間矣。己亥，幸繁臺觀馬，案：歐陽史作閱馬于萬龍岡。（舊五代史考異）遂幸李守貞第。庚子，以晉州節度使張從恩爲潞州節度使。吏部侍郎張昭遠加階爵，案宋史張昭遠傳：加金紫階，進爵邑。（舊五代史考異）酬修唐史之勞也。戊申，升曹州爲節鎮，以威信軍爲軍額。詔李守貞率兵屯澶州。己酉，月掩昴宿。以宣徽北院使焦繼勳爲宣徽南院使，以内客省使孟承誨爲宣徽北院使。壬子，以前太子詹事王居敏爲鴻臚卿，李專美爲大理卿，以太子賓客致仕馬裔孫爲太子詹事。甲寅，移泰州理所於滿城縣。乙卯，詔相州節度使張彦澤率兵屯恒州。

冬十月戊寅，戊寅，以長曆推之，當作「戊辰」，今無别本可校，姑仍其舊。（影庫本粘籤）以河陽節度使何建爲涇州節度使，以許州節度使李從温爲河陽節度使，以前鄧州節度使石贇爲曹州節度使〔五〕。庚午，遣使太子賓客羅周岳、使副太子右庶子王延濟册兩浙節度使錢弘佐爲守太尉。辛未，右金吾衞上將軍楊彦詢卒，贈太子太師。丁丑，高麗遣使貢方物。庚辰，以前延州節度使王令温爲靈州節度使。庚寅，以邢州兵馬留後劉在明爲晉州兵馬留後，以前河陽留後方太爲邢州留後。癸巳，升陳州爲節鎮，以鎮安軍爲軍額。

十一月戊戌，以邠州節度使馮暉兼侍衞步軍都指揮使，充北面行營先鋒馬步軍都指揮使。以權知高麗國事王武爲檢校太保、使持節玄菟州都督、充大義軍使，封高麗國王。癸卯，日南至，帝御崇元殿受朝賀。戊申，兩浙奏，順化軍節度使錢鏵卒。甲寅〔六〕，以壽州節度使、侍衞馬軍都指揮使李彦韜爲陳州節度使，典軍如故。丙辰〔七〕，前商州刺史李俊除名，李俊，歐陽史作重俊，蓋少帝時避御名，故去「重」字，今仍其舊。（影庫本粘籤）坐受財枉法也。

十二月乙丑，以兩浙節度使、吴越國王錢弘佐兼東南面兵馬都元帥。丙寅，以吴越國金馬左廂都指揮使、湖州刺史胡進思遥領虔州昭信軍節度使〔八〕，以吴越國金馬右廂都指揮使、明州刺史闞璠遥領宣州寧國軍節度使，並典軍如故。左羽林統軍丁審琪卒，贈太尉。辛未，以工部侍郎盧價爲禮部侍郎，以右散騎常侍、集賢殿學士、判院事司徒詡爲工部侍郎，依前充職。以前中書舍人殷鵬爲給事中，充樞密直學士；以給事中劉知新爲右散騎常侍。乙亥，陝府節度使劉景巖來朝。丁丑，狩於近郊，臘也〔九〕。己卯，光禄卿致仕陳玄卒於太原。庚辰，命使册高麗國王王武。癸未，以前兖州節度使安審信爲華州節度使。丁亥，以樞密使、中書令桑維翰爲開封尹；以司空、門下侍郎、平章事劉昫判三司；以左僕射、門下侍郎、平章事李崧爲守侍中，充樞密使；以開封尹趙瑩爲中書令、弘文館大學士；以宣徽南院使焦繼勳知陝州軍州事。案宋史焦繼勳傳：西人寇邊，朝議發師致討，繼勳抗疏請行，拜秦州觀察使兼諸蕃水陸轉運使。既至，推恩信，設方略，招誘諸部，相率奉玉帛牛酒乞盟，邊境以安。俄徙知陝州。（舊五代史考異）己丑，邠州節度使馮暉準詔來朝。

是歲，帝每遇四方進獻器皿，多以銀於外府易金而入，案宋史劉濤傳：少帝奢侈，常以銀易金，廣其器皿。李崧判三司，令上庫金之數。及崧以原簿校之，少數千鎰。崧責曰：「帑庫通式，一日不受虚數，毫釐則有重典。」濤曰：「帑司常有報不盡數，以備宣索。」崧令有司劾濤，濤事迫，以情告樞密使桑維翰，乃止罰一月俸。（舊五代史考異）謂左右曰：「金者貴而且輕，便於人力。」識者以爲北遷之兆也。

開運三年春正月癸巳朔，帝御崇元殿受朝賀，仗衞如式。詔改鑄天下合同印、書詔印、御前印〔一〇〕，並以黃金爲之。己亥，貝州梁漢璋奏，蕃寇屯聚，將謀入寇。詔符彥卿屯荆州口。案宋史符彥卿傳：再出河朔，彥卿不與，易其行伍，配以羸師數千戍荆州口。（舊五代史考異）癸卯，以前華州節度使劉繼勳爲同州節度使，以陝州節度使劉景巖爲鄧州節度使。丙午，以宣徽南院使、知陝州事焦繼勳爲陝州留後。丁未，刑部員外郎王涓賜私家自盡〔一一〕，坐私用官錢經營求利故也〔一二〕。右司郎中李知損貶均州司户、員外置，馳驛發遣，坐前任度支判官日與解縣榷鹽使王景遇交游借貸故也。己酉，詔侍衞親軍副都指揮使李守貞率師巡撫北邊。辛亥，以皇弟秦州節度使重睿爲許州節度使，以許州節度使安審琦爲兗州節度使，以兗州節度使趙在禮爲晉昌軍節度使。癸丑，以涇州節度使何建爲秦州節度使，以前貝州節度使史威爲涇州節度使。乙卯，定州奏，契丹入寇。己未，二王後、守太僕少卿、襲酅國公楊延壽除名配流威州，終身勿齒。延壽奉命於磁州檢苗，受贓二百餘匹，準律當絞，有司以二王後入議，故貸其死。

二月壬戌朔，日有蝕之。詔滑州皇甫遇率兵援糧入易、定等州。甲子，以滄州留後王景爲本州節度使。右僕射和凝逐月别給錢五萬、傔糧芻粟等，優舊相也。辛未，魯國大長公主史氏薨，輟朝三日。丙子，光禄卿致仕王弘贄卒，贈太常卿。迴鶻遣使貢方物。升桂州全義縣爲溥州，仍隸桂州，其全義縣改爲德昌縣，從湖南馬希範所請也。壬午，以前晉昌軍節度使安彦威充北面行營副都統，以宣徽北院使兼太府卿孟承誨爲右武衛大將軍充職。是日幸南莊，命臣僚泛舟飲酒，因幸杜威園，醉方歸内。甲申，河陽節度使李從温薨，輟朝，贈太師。

三月壬辰朔，以權知河西節度事張遵古爲河西留後。乙未，以御史中丞顔衎爲户部侍郎，以户部侍郎趙遠爲御史中丞。丙申，以邠州節度使兼侍衛步軍都指揮使馮暉爲河陽節度使，以前涇州節度使李德琉爲邠州節度使。李守貞奏，大軍至衡水。己亥，奏獲鄚州刺史趙思恭〔一三〕。癸卯，奏大軍迴至冀州。户部侍郎顔衎上表，以母老乞解官就養，從之。戊申，以皇子齊州防禦使延煦爲澶州節度使。辛亥，密州上言，飢民殍者一千五百。庚申，以瓜州刺史曹元忠爲沙州留後。

夏四月辛酉朔，李守貞自北班師到闕〔一四〕。太原奏，吐渾白可久奔歸契丹，諸侯咸有異志。乙亥〔一五〕，宰臣詣寺觀禱雨。曹州奏，部民相次餓死凡三千人。時河南、河北大飢，殍殕甚衆，沂、密、兗、鄆寇盜羣起，所在屯聚，剽劫縣邑，吏不能禁。兗州節度使安審琦出兵捕逐，爲賊所敗。戊寅，幸相國寺禱雨。皇子延煦與晉昌軍節度使趙在禮結婚，案：皇子延煦娶趙在禮女，通鑑作三月庚申，與薛史作四月戊寅異。（舊五代史考異）命宗正卿石光贊主之。

五月庚寅朔，以兵部郎中劉皞爲太府卿。戊戌，以前同州節度使馮道爲鄧州節度使。定州奏，部民相次擄殺流移，約五千餘户。青州奏，全家殍死者一百一十二户。沂州奏，淮南遣海州刺史領兵一千五百人，應接賊頭常知及，詔兗州安審琦領兵捕逐。甲辰，以前太子賓客韋勳爲太子賓客。兗州安審琦奏，淮賊抽退，賊頭常知及與其次首領武約等並乞歸命。丁未〔一六〕，幸大年莊，游船習射。帝醉甚，賜羣官器帛有差〔一七〕，夜分方歸内。戊申，以鄜州留後李殷爲定州節度使。辛亥，詔皇甫遇爲北面行營都部署，張彦澤爲副，李殷爲都監，領兵赴易、定等州，尋止其行。甲寅，以貝州留後梁漢璋爲貝州節度使，以左神武統軍郭謹爲鄜州節度使。

六月庚申朔，登州奏，文登縣部内有銅佛像四、瓷佛像十，自地踴出。狼山招收指揮使孫方簡叛，據狼山歸契丹。案遼史：五月庚戌，晉易州戍將孫方簡請内附。蓋方簡歸契丹自在五月，至六月晉人始奏聞也。歐陽史從薛史作六月。乙丑，詔諸道不得横薦官僚，如本處幕府有闕，即得奏薦。丙寅，以前昭義軍節度使李從敏爲河陽節度使，以河陽節度使兼侍衞步軍都指揮使馮暉爲靈州節度使。壬午，以鄆州節度使兼侍衞親軍都指揮使高行周爲宋州節度使，加兼中書令，充北面行營副都統；以宋州節度使、侍衞親軍副都指揮使〔一八〕。案：以下原本有闕文。定州奏，蕃寇壓境。詔李守貞爲北面行營都部署，滑州皇甫遇爲副，相州張彦澤充馬軍都指揮使，定州李殷充步軍都指揮使。

七月壬辰，以禮部尚書王延爲刑部尚書，以工部尚書王松爲禮部尚書，以太常卿龍敏爲工部尚書，以左丞李愼儀爲太常卿，以吏部侍郎張昭遠爲左丞，以右丞李詳爲吏部侍郎，以前義州刺史李玘爲右丞。前晉昌軍節度使安彦威薨，輟朝，贈太師。丙申，兩浙節度使、吴越國王錢弘佐加守太師，北京留守、河東節度使、北平王劉知遠加守太尉。滄州奏，蕃寇攻饒安縣。楊劉口河決西岸，水闊四十里。以前鄧州節度使劉景巖爲太子太師致仕。辛亥，宋州穀熟縣河水雨水一概東流，漂没秋稼。丁巳，大理卿李專美卒。戊午，詔僞清泰朝經削奪官爵朱弘昭、馮贇、康義誠、王思同、藥彦稠等，並復其官爵。自夏初至是，河南、河北諸州郡餓死者數萬人，羣盜蜂起，剽略縣鎮，霖雨不止，川澤汎漲，損害秋稼。

八月己未朔，以左諫議大夫裴羽爲給事中。庚申，李守貞、皇甫遇駐軍定州。辛酉，幸南莊，召從臣宴樂，至暮還宫。詔潞州運糧十三萬赴恒州。癸亥，以右散騎常侍張煦爲青州刺史。李守貞奏，大軍至望都縣，相次至長城北，遇敵千餘騎，轉鬬四十里，斬蕃將解里相公〔一九〕。丁卯，詔班師。庚午，以前亳州防禦使邊蔚爲户部侍郎；以刑部侍郎李式爲户部侍郎，充三司副使；以禮部侍郎盧價爲刑部侍郎；以樞密直學士、左散騎常侍邊光範爲禮部侍郎充職。案宋史邊光範傳：少帝以光範藩邸舊僚，待遇尤厚。因遊宴，見光範位翰林學士下，即日拜尚書禮部侍郎、知制誥，充翰林學士，仍直樞密院。（舊五代史考異）辛未，以右龍武統軍周密爲延州節度使。癸酉，河東節度使劉知遠奏，誅吐渾大首領白承福、白鐵匱、赫連海龍等，并夷其族凡四百口，蓋利其孳畜財寶也，人皆冤之。甲戌，以大理少卿劇可久爲大理卿。棣州刺史慕容彦超削奪在身官爵，房州安置，坐前任濮州擅出省倉麥及私賣官麴，準法處死，太原節度使劉知遠上表救之，故貸其死。丙戌，靈州馮暉奏，與威州刺史藥元福於威州土橋西一百里遇吐蕃七千餘人，藥元福，原本作「元補」，今從錦繡萬花谷所引薛史改正。（影庫本粘籤）大破之，斬首千餘級。是月，秦州雨，兩旬不止；鄴都雨水一丈；洛京、鄭州、貝州大水。鄴都夏津臨清兩縣，餓死民凡三千三百。盜入臨濮、費縣。

秋九月壬辰，鄆州節度使、侍衛親軍都指揮使李守貞加兼侍中，滑州節度使皇甫遇進封邠國公，相州節度使張彦澤加檢校太尉。甲午，以權知威武軍節度使李弘達爲檢校太尉、同平章事，充福建節度使、知閩國事。乙未，前商州刺史李俊賜自盡，坐與親妹姦及行劍斫殺女使，又殺部曲孫漢榮，强姦其妻，準法棄市，詔賜死於家〔二〇〕。己亥，張彦澤奏，破蕃賊於定州界，案：歐陽史作辛丑，張彦澤及契丹戰于新興，敗之。（舊五代史考異）斬首二千餘級，追襲百餘里，生擒蕃將四人，摘得金耳環二副進呈。案遼史云：八月，趙延壽與晉張彦澤戰於定州，敗之。與薛史異。通鑑作張彦澤奏，敗契丹於定州北，又敗之於泰州，斬首二千級。與薛史符合。（孔本）癸卯，太原奏，破契丹於陽武谷〔二一〕，殺七千餘人。甲辰，以天策上將軍、江南諸道都統、楚王馬希範兼諸道兵馬都元帥。詔開封府，以霖雨不止，應京城公私僦舍錢放一月。乙巳，詔安審琦率兵赴鄴都、皇甫遇赴相州。丙午，以太子少保楊凝式爲太子少傅，以刑部尚書王延爲太子少保，前潁州團練使竇貞固爲刑部尚書。是月，河南、河北、關西諸州奏，大水霖雨不止，溝河泛溢〔二二〕，水入城郭及損害秋稼。是月，契丹瀛州刺史詐爲書與樂壽監軍王巒〔二三〕，願以本城歸順，案：瀛州刺史下疑脱「劉延祚」三字。通鑑考異云：歐陽史作高牟翰。案陷蕃記前云「延祚詐輸誠款」，後云「大軍至瀛州，偵知蕃將高牟翰潛師而出」，蓋延祚爲刺史，牟翰乃戍將耳。（舊五代史考異）且言城中蕃軍不滿千人，請朝廷發軍襲取之，已爲內應。又云：「今秋苦雨，川澤漲溢，自瓦橋已北，水勢無際。戎王已歸本國，若聞南夏有變，地遠阻水，雖欲奔命，無能及也。」又巒繼有密奏，苦言瀛、鄚可取之狀。先是，前歲中車駕駐於河上，曾遣邊將遺書於幽州趙延壽，勸令歸國，延壽尋有報命，依違而已。是歲三月，復遣鄴都杜威致書於延壽，且述朝旨，啖以厚利，仍遣洺州軍將趙行實齎書而往，潛申款密。行實曾事延壽，故遣之。案：遼史作晉主遣延壽族人趙延實以書來招。（孔本）七月，行實自燕迴，得延壽書，且言：「久陷邊廷，願歸中國，乞發大軍應接，即拔身南去。」敍致懇切，辭旨綿密，時朝廷欣然信之，復遣趙行實計會延壽大軍應接之所。又有瀛州大將遣所親齎蠟書至闕下〔二四〕，告云欲謀翻變，以本城歸命。未幾，會彼有告變者，事不果就。至是，瀛州守將劉延祚受戎王之命，詐輸誠款，以誘我軍，國家深以爲信，遂有出師之議。永樂大典卷一萬五千六百四十九。

校勘記

〔一〕陝州節度使宋彥筠移鎮鄧州　「鄧州」，原作「鄭州」，據本書卷一二三宋彥筠傳、宋彥筠墓誌（拓片刊北京圖書館藏中國歷代石刻拓本匯編第三十六册）及本卷下文改。

〔二〕詔惟辟召入幕如故　「如故」二字原闕，據宋史卷二七〇顏衎傳補。

〔三〕李澣　原作「李瀚」，據殿本、劉本、邵本校、本書卷八二晉少帝紀二、宋史卷二六二李澣傳改。

〔四〕戊子　句下原有「朔」字，據殿本、孔本删。按是月甲子朔，戊子爲二十五日。影庫本粘籤：

「戊子朔，疑衍『朔』字，或上下有脱文，今無别本可校，姑仍其舊。」

〔五〕以前鄧州節度使石贇爲曹州節度使　「鄧州」，原作「鄭州」，據本書卷八三晉少帝紀三改。按新五代史卷一七晉家人傳：「開運元年七月，復出爲威勝軍節度使。」威勝軍治鄧州。

〔六〕甲寅　原作「甲申」，據殿本、劉本、孔本改。按是月甲午朔，無甲申，甲寅爲二十一日。影庫本粘籤：「甲申，以長曆推之，當作『甲寅』，今無别本可校，姑仍其舊。」

〔七〕丙辰　原作「丙申」，據殿本、劉本、孔本改。按是月甲午朔，丙申不當在戊申後，丙辰爲二十三日。影庫本粘籤：「又丙申，以長曆推之，當作『丙辰』，今亦仍其舊。」

〔八〕胡進思　原作「胡思進」，據本書卷一三三錢鏐傳、册府卷四三六、新五代史卷六七吴越世家、通鑑卷二八三、吴越備史卷三改。按寶刻叢編卷一四有吴越胡進思造傳大士像塔記。影庫本粘籤：「胡思進，十國春秋作進思，據九國志與薛史同，今仍其舊。」今檢九國志卷五作「胡進思」。

〔九〕臘也　「臘」，原作「獵」，影庫本批校：「『獵』應作『臘』。」據改。

〔一〇〕御前印　「印」字原闕，據册府卷六一補。

〔一一〕刑部員外郎王涓賜私家自盡　「郎」字原闕，據殿本補。「王涓」，殿本作「王淯」。

〔一二〕坐私用官錢經營求利故也　「故」字原闕，據殿本、劉本補。

〔一三〕奏獲鄭州刺史趙思恭　「鄭州」，原作「鄭州」，據殿本、劉本、本書卷一〇九李守貞傳改。

〔一四〕李守貞自北班師到闕　「闕」，原作「關」，據殿本、劉本、邵本校改。

〔一五〕乙亥　原作「乙未」，據殿本改。按是月辛酉朔，無乙未，乙亥爲十五日。影庫本粘籤：「乙未，以長曆推之，當作『乙亥』，今無別本可校，姑仍其舊。」

〔一六〕丁未　原作「辛未」，據殿本、孔本、册府卷一一四改。按是月庚寅朔，無辛未，丁未爲十八日。影庫本粘籤：「辛未，以長曆推之，當作『丁未』，今無別本可校，姑仍其舊。」

〔一七〕賜羣官器帛有差　「有」，原作「過」，據殿本、劉本、册府卷一一四改。

〔一八〕侍衛親軍副都指揮使　「副」字原闕，據本書卷八三晉少帝紀三及本卷上文補。按本書卷八三晉少帝紀三：「（開運二年四月）兗州節度使兼侍衛都虞候李守貞移鎮宋州，加檢校太師、兼侍衛親軍副都指揮使。」本卷下文：「秋九月壬辰，鄆州節度使、侍衛親軍都指揮使李守貞加兼侍中。」張其凡五代禁軍初探謂此處疑闕「李守貞爲鄆州節度使充侍衛親軍都指揮使」十八字。

〔一九〕解里　原作「嘉哩」，注云：「舊作『解里』，今改正。」按此係輯録舊五代史時所改，今恢復原文。

〔二〇〕詔賜死於家　「賜」字原闕，據殿本、劉本、孔本、本書卷八八李重俊傳補。

〔二一〕破契丹於陽武谷　「於」字原闕，據殿本、孔本、册府卷四三五補。「陽」，原作「楊」，據本書卷九九漢高祖紀上、通鑑卷二八〇考異引薛史、册府卷四三五改。「谷」，原作「穀」，據殿本、劉本、孔本、本書卷九九漢高祖紀上、通鑑卷二八〇考異引薛史、册府卷四三五改。

〔三〕溝河泛溢　「泛溢」，原作「泛濫」，據殿本、劉本、孔本、邵本改。

〔三〕契丹瀛州刺史詐爲書與樂壽監軍王巒　「監軍」，原作「將軍」，據本書卷一三七契丹傳、通曆卷一四、册府卷九九八、通鑑卷二八五改。劉本作「軍監」。

〔亖〕又有瀛州大將遣所親齎蠟書至闕下　「又」字原闕，據册府卷九九八補。

舊五代史卷八十五

晉書十一

少帝紀第五

開運三年冬十月甲子，正衙命使册皇太妃安氏。乙丑，以樞密直學士、禮部侍郎邊光範爲翰林學士，以給事中邊歸讜爲左散騎常侍，以翰林學士、祠部員外郎、知制誥張沆爲右諫議大夫。辛未，以鄴都留守杜威爲北面行營都招討使，案：通鑑載當時敕牓曰：先取瀛、鄚，安定關南；次復幽、燕，盪平塞北。蓋狃於陽城之役而驟驕也。（舊五代史考異）以侍衞親軍都指揮使、鄆州節度使李守貞爲兵馬都監，兗州安審琦爲左右廂都指揮使，徐州符彥卿爲馬軍左廂都指揮使，滑州皇甫遇爲馬軍右廂都指揮使，貝州梁漢璋爲馬軍都排陣使，前鄧州案：原本有闕文。宋彥筠爲步軍左廂都指揮使，奉國左廂都指揮使王饒爲步軍右廂都指揮使，洺州團練使薛懷讓爲先鋒都指揮使。癸酉，册吴國夫人馮氏爲皇后。乙亥，以侍衞馬軍都指揮使李彥韜權知侍衞司事。丙戌，鳳翔節度使秦王李從曮薨，輟朝，贈尚書令。丁亥，邠州節度使李德玧卒，輟朝，贈太尉。

十一月戊子朔，以給事中盧撰爲右散騎常侍，以尚書兵部郎中兼侍御史知雜事陳觀爲左諫議大夫〔一〕。觀以祖諱「義」，乞改官，尋授給事中。庚寅，樞密使、中書侍郎兼户部尚書、平章事馮玉加尚書右僕射。以皇子鎮寧軍節度使延煦爲陝州節度使，以陝州留後焦繼勳爲鳳翔留後，以前定州留後安審琦爲邠州留後〔二〕。以右僕射和凝爲左僕射。甲午，兩浙節度使吴越國王錢弘佐起復舊任。丁酉，詔李守貞知幽州行府事。戊申，日南至，御崇元殿受朝賀。是月，北面行營招討使杜威率諸將領大軍自鄴北征，師次瀛州城下，貝州節度使梁漢璋戰死。杜威等以漢璋之敗，遂收軍而退。行次武强，聞戎王入寇，欲取直路，自冀、貝而南。會張彦澤領騎自鎮、定至，且言契丹可破之狀，於是大軍西趨鎮州。

十二月丁巳朔，案：以下有闕文。據通鑑云：丁巳朔，李穀自書密奏，且言大軍危急之勢，請車駕幸滑州，遣高行周、符彦卿扈從，及發兵守澶州、河陽，以備敵之奔衝。遣軍將關勳走馬上之。（舊五代史考異）己未，杜威奏，駐軍於中渡橋。案通鑑云：甲寅，杜威等至中渡橋。十二月己未，帝始聞大軍屯中渡。胡三省注云：强寇深入，諸軍孤危，而驛報七日始達，晉之爲兵可知矣。歐陽史作己未，杜威軍于中渡，蓋以奏聞之日爲駐軍之日。（舊五代史考異）庚申，以前司農卿儲延英爲太子賓客。詔徐州符彥卿屯澶州。辛酉，詔澤潞、鄴都、邢洺、河陽運糧赴中渡，杜威遣人口奏軍前事宜，勢迫故也。壬戌，又遣高行周屯澶州、景延廣守河陽。博野縣都監張鵬入奏蕃軍事勢。丙寅，定州李殷奏，前月二十八日夜，領捉生四百人往曲陽嘉山下，逢賊軍車帳，殺千餘人，獲馬二百匹。詔宋州高行周充北面行營都部署，符彥卿充副，邢州方太充都虞候，領後軍駐於河上，以備敵騎之奔衝也。時契丹游騎涉滹水而南〔三〕，至欒城縣。自是中渡寨爲蕃軍隔絶，探報不通，朝廷大恐，故委行周等繼領大師守扼津要，且以張其勢也。己巳，邢州方太奏，此月六日，契丹與王師戰於中渡，王師不利，奉國都指揮使王清戰死。案遼史云：杜威、張彥澤引兵據中渡橋，趙延壽以步兵前擊，高彥温以騎兵乘之，追奔逐北。殭屍數萬，斬其將王清，宋彥筠墮水死，重威等退保中渡寨，義武軍節度使李殷以城降。遂進兵，夾滹沱而營，去中渡寨三里，分兵圍之，夜則列騎環守，晝則出兵抄掠。復命趙延壽分兵圍守，自將騎卒夜渡河出其後，攻下欒城，降騎卒數千，分遣將士據其要害。下令軍中預備軍食，三日不得舉煙火，但獲晉人即黥而縱之，諸餽運見者皆棄而走。於是晉兵內外隔絶，食盡勢窮。考遼史所載與通鑑大略相同，惟宋彥筠墮水死，通鑑作彥筠浮水抵岸得免。自將騎卒，通鑑作潛遣其將蕭翰、通事劉重進將百騎及羸卒並西山，出晉軍之後。稍有異同，可資互證云。（孔本）庚午，幸沙臺射兔。壬申，始聞杜威、李守貞等以此月十日率諸軍降於契丹。案遼史：杜重威等降於遼，在十二月丙寅〔四〕，與薛史同。歐陽史作壬戌，疑誤。考歐紀，壬戌之日，自紀滹沱戰敗，而杜威等之降上不繫日，觀杜重威傳明著十二月丙寅，于薛史未嘗不合也。（劉本）是夜，相州節度使張彥澤受契丹命，率先鋒二千人〔五〕，自封丘門斬關而入。癸酉旦，張彥澤頓兵於明德門外，京城大擾。前曹州節度使石贇死，帝之堂叔也。時自中渡寨隔絕之後，帝與大臣端坐憂危，國之衛兵，悉在北面，計無所出。十六日，聞滹水之降，是夜，偵知張彥澤已至滑州，召李崧、馮玉、李彥韜入內計事，方議詔河東劉知遠起兵赴難，至五鼓初，張彥澤引蕃騎入京。宮中相次火起，帝自攜劍驅擁后妃已下十數人，將同赴火，爲親校薛超所持，俄自寬仁門遞入契丹主與皇太后書，帝乃止，旋令撲滅煙火。大內都點檢康福全在寬仁門宿衛，登樓覘賊，彥澤呼而下之。

癸酉，帝奉表於戎主曰：

孫臣某言：今月十七日寅時，相州節度使張彥澤、都監傅住兒部領大軍入京〔六〕，齎到翁皇帝賜太后書，示諭於滹沱河降下杜重威一行馬步兵士〔七〕，見領蕃漢步騎來幸汴州者。

往者，唐運告終，中原失馭，數窮否極，天缺地傾。先人有田一成，有衆一旅，兵連禍結，力屈勢孤。翁皇帝救患摧剛，興利除害，躬擐甲冑，深入寇場。犯露蒙霜，度鴈門之險；馳風掣電，行中冀之誅。黃鉞一麾，天下大定，勢凌宇宙，義感神明，功成不居，遂興晉祚，則翁皇帝有大造於石氏也。旋屬天降鞠凶，先君即世，臣遵承遺旨，纘紹前基，諒闇之初，荒迷失次，凡有軍國重事，皆委將相大臣。至於擅繼宗祧，既非禀命；輕發文字，輒敢抗尊。自啓釁端，果貽赫怒，禍至神惑，運盡天亡。十萬師徒，皆望風而束手；億兆黎庶，悉延頸以歸心。臣負義包羞，貪生忍恥，自貽顛覆，上累祖宗，偷度朝昏，苟存視息。翁皇帝若惠顧疇昔，稍霽雷霆，未賜靈誅，不絶先祀，則百口荷更生之德，一門銜無報之恩，雖所愿焉，非敢望也。臣與太后并妻馮氏及舉家戚屬，見於郊野面縛俟罪次。所有國寶一面、金印三面，今遣長子陝府節度使延煦、次子曹州節度使延寶管押進納，并奉表請罪，陳謝以聞。

甲戌，張彦澤遷帝與太后及諸宫屬於開封府〔八〕，遣控鶴指揮使李榮將兵監守。是夜，開封尹桑維翰、宣徽使孟承誨皆遇害。帝以契丹主將至，欲與太后出迎，彦澤先表之，禀契丹主之旨報云：「比欲許爾朝覲上國，臣僚奏言，豈有兩箇天子道路相見！今賜所佩刀子，以慰爾心。」己卯，皇子延煦、延寶自帳中迴，得僞詔慰撫，帝表謝之。時契丹主以所送傳國寶製造非工，與載籍所述者異，使人來問。帝進狀曰：「頃以僞主王從珂於洛京大内自焚之後，其真傳國寶不知所在，必是當時焚之。先帝受命，旋製此寶，在位臣僚，備知其事，臣至今日，敢有隱藏」云。時移内庫至府，帝使人取帛數段，主者不與，謂使者曰：「此非我所有也。」又使人詣李崧求酒，崧曰：「臣有酒非敢愛惜，慮陛下杯酌之後憂躁，所作別有不測之事，臣以此不敢奉進。」丙戌晦，百官宿封禪寺。

明年正月朔，契丹主次東京城北，百官列班，遥辭帝于寺，詣北郊以迎契丹主。帝舉族出封丘門〔九〕，肩轝至野，契丹主不與之見，遣泊封禪寺。文武百官素服紗帽，迎謁契丹主於郊次，俯伏俟罪，契丹主命起之，親自慰撫。契丹主遂入大内，至昏出宮，是夜宿於赤堈。僞詔應晉朝臣僚一切仍舊，朝廷儀制並用漢禮。戊子，殺鄭州防禦使楊承勳，案遼史云：以其弟承信爲平盧軍節度使，襲父爵。（舊五代史考異）責以背父之罪，令左右臠割而死。己丑，斬張彦澤於市，以其剽劫京城，恣行屠害也。案遼史云：以張彦澤擅徙重貴開封，殺桑維翰，縱兵大掠，不道，斬于市。（舊五代史考異）庚寅，洛京留守景延廣自扼吭而死。辛卯，契丹制〔一〇〕，降帝爲光禄大夫、案：遼史避諱作崇禄。（舊五代史考異）檢校太尉，封負義侯，黄龍府安置，其地在渤海國界。癸巳，遷帝於封禪寺，遣蕃大將崔廷勳將兵守之。癸卯，帝與皇太后李氏、皇太妃安氏、皇后馮氏、皇弟重睿、皇子延煦延寶俱北行，以宮嬪五十人、内官三十人、案：遼史作内官三人。（舊五代史考異）東西班五十人、醫官一人、控鶴官四人、御廚七人、茶酒司三人〔一一〕、儀鸞司三人、軍健二十人從行。案：遼史作健卒十人。（舊五代史考異）宰臣趙瑩、樞密使馮玉、侍衛馬軍都指揮使李彦韜隨帝入蕃，契丹主遣三百騎援送而去。所經州郡，長吏迎奉，皆爲契丹主阻絶，案宋史李穀傳：少帝蒙塵而北，舊臣無敢候謁者，穀獨拜迎于路，君臣相對泣下。穀曰：「臣無狀，負陛下。」因傾囊以獻。（舊五代史考異）有所供饋亦不通。嘗一日，帝與太后不能得食，乃殺畜而啖之。帝過中渡橋，閲杜重威營寨之迹〔一二〕，慨然憤歎，謂左右曰：「我家何負，爲此賊所破。天乎！天乎！」於是號慟而去。至幽州，傾城士庶迎看於路，案宣政雜録云：徽宗北狩，經薊縣梁魚務，有還鄉橋，石少帝所命名也，里人至今呼之。（舊五代史考異）見帝慘沮，無不嗟嘆。駐留旬餘，州將承契丹命，犒帝於府署，趙延壽母以食饌來獻。自范陽行數十程，過薊州、平州，至榆關沙塞之地，略無供給，每至宿頓，無非路次，一行乏食，宫女、從官但採木實野蔬，以救飢弊。又行七八日至錦州，契丹迫帝與妃后往拜阿保機遺像，帝不勝屈辱，泣曰：「薛超誤我，不令我死，以至今日也！」又行數十程，渡遼水，至黄龍府，此即戎王所命安置之地也。

六月，契丹國母召帝一行往懷密州，州在黄龍府西北千餘里。行至遼陽，皇后馮氏以帝陷蕃，過受艱苦，令内官潛求毒藥，將自飲之，并以進帝，不果而止。又行二百里，會國母爲永康王所執，永康王請帝却往遼陽城駐泊，帝遣使奉表於永康，且賀克捷，自是帝一行稍得供給。

漢乾祐元年四月，永康王至遼陽，帝與太后並詣帳中，帝御白衣紗帽，永康止之，以常服謁見。帝伏地雨泣，自陳過咎，永康使左右扶帝上殿，慰勞久之，因命設樂行酒，從容而罷。永康帳下從官及教坊內人望見故主，不勝悲咽，內人皆以衣帛藥餌獻遺於帝。及永康發離遼陽，取內官十五人、東西班十五人及皇子延煦，並令隨帳上陘，陘即蕃王避暑之地也。有禪奴舍利者〔一三〕，即永康之妻兄也，知帝有小公主在室，詣帝求之，帝辭以年幼不可。又有東西班數輩善於歌唱，禪奴又請之，帝乃與之。後數日，永康王馳取帝幼女而去，以賜禪奴。至八月，永康王下陘，太后馳至霸州，詣永康，求於漢兒城寨側近賜養種之地，永康許諾，令太后於建州住泊。

漢乾祐二年二月，帝自遼陽城發赴建州。行至中路，太妃安氏得疾而薨，乃焚之，載其燼骨而行。帝自遼陽行十數日，過儀州、霸州〔一四〕，遂至建州。節度使趙延暉盡禮奉迎，館帝於衙署中。其後割寨地五十餘頃，其地至建州數十里，帝乃令一行人員於寨地內築室分耕，給食於帝。是歲，述律王子遣契丹數騎詣帝〔一五〕，取內人趙氏、聶氏疾馳而去，趙、聶者，帝之寵姬也，及其被奪，不勝悲憤。

漢乾祐三年八月，太后薨。周顯德初，有漢人自塞北而至者，言帝與后及諸子俱無恙，猶在建州，案郡齋讀書志云：晉朝陷蕃記，范質撰。質，石晉末在翰林，爲出帝草降表，知其事爲詳。記少帝初遷于黃龍府，後居于建州，凡十八年而卒。案：契丹丙午歲入汴，順數至甲子歲爲十八年，實太祖乾德二年也。（舊五代史考異）其隨從職官役使人輩，自蕃中亡歸、物故者大半矣。永樂大典卷一萬五千六百四十九。 五代史補：少主之嗣位也，契丹以不俟命而擅立，又景延廣辱其使，契丹怒，舉國南侵。以駙馬都尉杜重威等領駕下精兵甲禦之于中渡河橋。既而契丹之衆已深入，而重威等奏報未到朝廷。時桑維翰罷相，爲開封府尹，謂僚佐曰：「事急矣，非大臣鉗口之時。」乃叩內閤求見，欲請車駕親征，以固將士之心。而少主方在後苑調鷹，至暮竟不召。維翰退而歎曰：「國家阽危如此，草澤逋客亦宜下問，況大臣求見而不召耶！事亦可知矣。」未幾，杜重威之徒降于契丹，少主遂北遷。

史臣曰：少帝以中人之才，嗣將墜之業，屬上天不祐，仍歲大飢，尚或絕强敵之歡盟，鄙輔臣之謀略。奢淫自縱，謂有泰山之安；委託非人，坐受平陽之辱。族行萬里，身老窮荒，自古亡國之醜者，無如帝之甚也。千載之後，其如恥何，傷哉！永樂大典卷一萬五千六百四十九。

校勘記

〔一〕左諫議大夫　「左」，册府卷八六三作「右」。

〔二〕以前定州留後安審琦爲邠州留後　本書卷八四晉少帝紀四：「（開運二年六月）以前易州刺史安審約爲定州留後。」卷一〇二漢隱帝紀中：「（乾祐二年五月）以前邠州節度使安審約爲左神武統軍。」又本卷上文方敍「（十月乙丑）兗州安審琦爲左右廂都指揮使」，疑「安審琦」爲「安審約」之訛。

〔三〕時契丹游騎涉滹水而南　「涉」，原作「步」，據殿本、孔本改。影庫本批校：「涉滹水而南，『涉』訛『步』。」

〔四〕在十二月丙寅　「十二月」，原作「四月」，據遼史卷四太宗紀下改。

〔五〕率先鋒二千人　「先鋒」下通曆卷一四有「虜騎」二字。

〔六〕傅住兒　原作「富珠哩」，注云：「舊作『傅住兒』，今改正。」按此係輯録舊五代史時所改，今恢復原文。

〔七〕示諭於滹沱河降下杜重威一行馬步兵士　「諭」字原闕，據通曆卷一四補。

〔八〕張彦澤遷帝與太后及諸宮屬於開封府　「宮」字原闕，據殿本、孔本補。

〔九〕帝舉族出封丘門　「舉」字原闕，據殿本、通曆卷一四補。影庫本批校：「帝舉族出封丘門，脱『舉』字。」

〔一〇〕契丹制　「契丹」下通曆卷一四有「以僞」二字。

〔一一〕茶酒司三人　「司」字原闕，據新五代史卷一七晉家人傳、遼史卷四太宗紀下、契丹國志卷三補。

〔一二〕閱杜重威營寨之迹　「閱」下殿本有「前」字。

〔一三〕禪奴舍利　原作「綽諾錫里」，注云：「舊作『禪奴舍利』，今改正。」按此係輯録舊五代史時所改，今恢復原文。

〔一四〕霸州　原作「灞州」，據殿本、劉本、通鑑卷二八八胡注引薛史改。

〔一五〕述律　原作「舒嚕」，注云：「舊作『述律』，今改正。」按此係輯録舊五代史時所改，今恢復原文。

舊五代史卷八十六

晉書十二

后妃列傳第一

高祖皇后李氏　太妃安氏　少帝皇后張氏　皇后馮氏

案：薛史晉后妃傳，永樂大典已佚，今取歐陽史晉家人傳與五代會要諸書互校，則事多舛誤。如李太后在長興中進封魏國公主，清泰二年改封晉國長公主，而歐陽史則云清泰二年封魏國長公主。少帝册故妃張氏爲皇后，而歐陽史不載其姓氏。蓋歐陽史以文章自負，祇取薛史原文任意删削，未嘗考其事之本末也。今采五代會要、通鑑、契丹國志、文獻通考所載晉后妃事，分注互綴，以補薛史之闕，且以備歐陽史之考證焉。

高祖皇后李氏。案五代會要云：高祖皇后李氏，唐明宗第五女〔一〕，天成三年四月，封永寧公主，長興四年九月，進封魏國公主，清泰二年三月〔二〕，改封晉國長公主，案：五代會要，后在長興中進封魏國公主，清泰二年改封晉國長公主。歐陽史作清泰二年，封魏國長公主，誤。（殿本考證）至天福六年十一月，尊爲皇后，七年六月，尊爲皇太后，開運四年三月，與少帝同遷于契丹之黃龍府，漢乾祐三年八月二十五日，崩於蕃中之建州〔三〕。文獻通考云：天福二年，有司請立皇后，帝以宗廟未立，謙抑未遑。帝崩，出帝即位，乃尊爲皇太后。契丹國志載晉出帝降表云：「孫男臣重貴言：頃者，唐運告終，中原失柄，數窮否極，天陷地傾。先人有田一成，有衆一旅，兵連禍結，力屈勢孤。翁皇帝救難摧鋒，興利除害，躬擐甲冑，深入寇場。犯露蒙霜，度鴈門之險；馳風擊電〔四〕，行中冀之誅。黃鉞一麾，天下大定，勢凌宇宙，義感神明，功成不居，遂興晉祚，則翁皇帝大有造于石氏也。旋屬天降鞠凶，先君即世，臣仰承遺旨，得紹前基，諒闇之初，荒迷失次，凡有軍國重事，皆委將相大臣。至於擅繼宗祧，既非稟命；輕發文字，輒敢抗尊。自起釁端，果貽赫怒，禍至神惑，運盡天亡。十萬兵徒，望風束手；億兆黎庶，延頸歸心。臣負義包羞，貪生忍恥，自貽顛覆，上累祖宗，偷度晨昏，苟存視息。翁皇帝若惠顧疇昔，稍霽雷霆，未賜顯誅，不絕先祀，則百口荷更生之德，一門銜罔報之恩，雖所願焉，非敢望也。臣與太后、妻馮氏於郊野面縛俟命。」皇太后降表云：「晉室皇太后媳婦李氏妾言：張彥澤、傅住兒等至，伏蒙皇帝阿翁降書安撫者。妾伏念先皇帝頃在并汾，適逢屯難，危同累卵，急若倒懸，智勇俱窮，朝夕不保。皇帝阿翁發自冀北，親抵河東，跋履山川，踰越險阻，立平巨孽，遂定中原，救石氏之覆亡，立晉朝之社稷。不幸先帝厭代，嗣子承祧，不能繼好息民，而反虧恩辜義，兵戈屢動，駟馬難追，戚實自貽，咎將誰執。今穹旻震怒，中外攜離，上將牽羊，六師解甲。妾舉宗負釁，視景偷生，惶惑之中，撫問斯至，明宣恩旨，曲賜含容，慰諭丁寧，神爽飛越，豈謂已垂之命，忽蒙更生之恩，省罪責躬，九死未報。今遣孫男延煦、延寶奉表請罪，陳謝以聞。」又帝紀云：會同十一年正月朔，出帝、太后迎遼帝于封丘門外，帝辭不見，館於封禪寺，遣其將崔延勳以兵守之。是時，雨雪連旬，外無供億，上下凍餒。太后使人謂寺僧曰：「吾嘗於此飯僧數萬，今日豈不相憫耶？」僧辭以遼帝之意難測，不敢獻食。少帝陰祈守者，乃稍得食。遼降少帝爲光祿大夫、檢校太尉，封負義侯，遷于黃龍府，即慕容氏和龍城也。帝使人謂太后曰：「吾聞爾子重貴，不從母教而至於此，可求自便，勿與俱行。」太后答曰：「重貴事妾謹慎，所失者違先君之志，絶兩國之歡。然重貴此去，幸蒙大惠，全身保家，母不隨子，欲何所歸？」于是太后與馮后、皇弟重睿、子延煦延寶，舉族從晉侯而北。天祿元年四月，帝至遼陽，晉侯白衣紗帽與太后、皇后上謁于帳中。五月，帝上陘，取晉侯所從宦者十五人、東西班十五人及皇子延煦而去。八月，帝下陘，太后自馳至霸州謁帝，求于漢兒城側賜地耕牧以爲生，許之。帝以太后自從〔五〕，行十餘日，遣與延煦俱還遼陽。二年，徙晉侯、太后于建州。三年秋八月，晉李太后病，無醫藥，仰天號泣，戟手罵杜重威、李守貞曰：「吾死不置汝。」病亟，謂晉侯曰：「吾死，焚其骨送范陽佛寺，無使吾爲邊地鬼也。」

太妃安氏。案文獻通考云：安太妃，代北人，不知其世家。生出帝，帝立，尊爲皇太妃。契丹國志云：天禄二年春二月，徙晉侯、太后于建州，中途安太妃卒，遺命晉侯曰：「焚骨爲灰，南向颺之，庶幾遺魂得返中國也。」

少帝皇后張氏。案五代會要云：天福八年十月追册。考薛史少帝紀云：追册故妃張氏爲皇后。張從訓傳亦云〔六〕，高祖鎮太原，爲少帝娶從訓長女爲妃。是薛史當有張皇后傳，歐陽史削而不書，殊爲疏矣。

皇后馮氏。案五代會要云：開運三年十月册。通鑑云：天福八年冬十月戊申，立吴國夫人馮氏爲皇后。初，高帝愛少弟重胤，養以爲子。及留守鄴都，娶副留守馮濛女爲其婦。重胤早卒，馮夫人寡居，有美色，帝見而悦之。高祖崩，梓宫在殯，帝遂納之。羣臣皆賀，帝謂馮道等曰：「皇太后之命，與卿等不任大慶。」羣臣出，帝與夫人酣飲，過梓宫前，醊而告曰：「皇太后之命，與先帝不任大慶。」左右失笑，帝亦自笑，謂左右曰：「我今日作新婿何如？」夫人與左右皆大笑。太后雖恚，而無如之何。既正位中宮，頗預政事。后兄玉，時爲禮部郎中、鹽鐵判官，帝驟擢用至端明殿學士、户部侍郎，與議政事。文獻通考云：契丹入京師，后隨帝北遷，不知所終。又案五代會要載晉內職云：高祖潁川郡夫人蔡氏，天福三年八月敕。少帝竇省李氏封隴西郡夫人；張氏封春宫夫人，充皇后宫尚宫，並天福八年十二月二日敕。前左御正齊國夫人吴氏進封燕國夫人，書省魏國夫人崔氏進封梁國夫人，前右御正天水郡夫人趙氏封衞國夫人，司簿孟氏封汧國夫人，前司簿李氏封隴西郡夫人，弟子院使齊氏、大使郭氏、副使賈氏，並封本縣君，太后宫尚宫陳留郡夫人何氏進封鄭國夫人，河南郡夫人元氏進封齊國夫人，蕃知客出使夫人石氏封武威郡夫人〔七〕，春宫姚氏、常氏、焦氏、王氏、陶氏、魏氏、趙氏七人，並超封郡夫人，竇省婉美趙氏封天水郡夫人，武氏以下十一人，並授春宫，天福八年十一月敕。清河郡夫人張氏、彭城郡夫人劉氏，並充太后宫司竇；南陽郡夫人路氏、出使夫人趙氏白氏，並充皇后宫司賓，開運二年八月敕。又按薛史不載外戚傳，據五代會要云：晉高祖長女長安公主降楊承祚，天福二年五月封，至六年五月卒，追封秦國公主，至七年九月，又追封梁國長公主。從長女高平縣主、第二女新平縣主、第三女千乘縣主、孫女永慶縣主，並天福七年五月封。今附識于此。

校勘記

〔一〕唐明宗第五女　「五」，原作「三」，據五代會要卷一改。

〔二〕清泰二年三月　「三月」，原作「九月」，據五代會要卷一改。

〔三〕建州　原作「建丘」，據殿本、劉本、舊五代史考異卷三、五代會要卷一改。

〔四〕馳風擊電　「擊」，原作「掣」，據契丹國志卷二〇改。

〔五〕帝以太后自從　「從」字原闕，據契丹國志卷四補。

〔六〕張從訓　原作「張知訓」，據殿本、舊五代史考異卷三、本書卷九一張從訓傳改。

〔七〕蕃知客出使夫人石氏封武威郡夫人　「蕃」字原闕，據五代會要卷一補。

舊五代史卷八十七

宗室列傳第二

廣王敬威 弟贇 韓王暉 郯王重胤 虢王重英 楚王重信

壽王重乂 夔王重進 陳王重杲 重睿 延煦 延寶

案：晉宗室列傳，永樂大典僅存四篇，餘多殘闕。（舊五代史考異）

廣王敬威，字奉信，高祖之從父弟也。父萬詮，贈太尉，追封趙王。敬威少善騎射，事後唐莊宗，以從戰有功，累歷軍職。明宗即位，擢爲奉聖指揮使。奉聖，原本作「奏聖」，今從歐陽史改正。（影庫本粘籤）天成、應順中，凡十改軍額，累官至檢校工部尚書，賜忠順保義功臣〔一〕。清泰中，加兵部尚書、彰聖都指揮使，遥領常州刺史。及高祖建義於太原，敬威時在洛下，知禍必及，召所親謂曰：「夫人生而有死，理之常也。我兄方圖大舉，余固不可偷生待辱，取笑一時。」乃自殺於私邸，人甚壯之。天福二年，册贈太傅，葬於河南縣。六年〔二〕，追封廣王。

子訓嗣，官至左武衞將軍。敬威弟贇。永樂大典卷六千七百六十。案歐陽史：高祖有兄敬儒，弟敬德、敬殷，薛史不爲立傳，疑有闕文。又贇，歐陽史作敬贇。（舊五代史考異）

贇，字德和，案：以下有闕文。爲陝州節度使。少帝即位，加同平章事。贇性驕慢，每使者至，必問曰：「小姪安否？」恣爲暴虐，陝人苦之〔三〕。案：以下闕。薛史少帝紀：開運三年十二月，前曹州節度使石贇死，帝之堂叔也。歐陽史作墮沙濠溺死〔四〕。（舊五代史考異）

韓王暉，案：歐陽史作敬暉。（舊五代史考異）字德昭，睿祖孝平皇帝之孫，高祖之從弟也〔五〕。父萬友，追封秦王。暉生而龐厚，剛毅雄直，有器局，行不由徑，臨事多智，故高祖於宗族之中獨厚遇之。初，張敬達之圍晉陽也，高祖署暉爲突騎都將，常引所部，出敵之不意，深入力戰，雖夷傷流血，矢鏃貫骨，而辭氣益厲，高祖壯之。天福二年，遙授濠州刺史，充皇城都部署。四年，加檢校司徒，授曹州防禦使，加檢校太保。其涖任也，涖任，原本作「鼇仕」，今據文改正。（影庫本粘籤）廉愛恤下，不營財利，不好伎樂，部人安之。歲餘，以疾終於官，歸葬太原。八年，册贈太師，案：歐陽史作贈太傅，加贈太師。（舊五代史考異）追封韓王。

子曦嗣。永樂大典卷六千七百六十。 案宋史石曦傳：天福中，以曦爲右神武將軍。歷漢至周，爲右武衞、左神武二將軍。恭帝即位，初爲左衞將軍，會高麗王昭加恩命，曦副左驍衞大將軍戴交充使〔六〕。淳化四年卒。（舊五代史考異）

郯王重胤〔七〕。案：郯王以下諸王傳，永樂大典原闕。歐陽史云：重胤，高祖弟也，亦不知其爲親疏，然高祖愛之，養以爲子，故于名加「重」而下齒諸子。通鑑齊王紀同。重胤婦馮氏，後爲少帝后，歐陽史載契丹入京師，暴少帝之惡于天下，曰：「納叔母于宫中，亂人倫之大典。」是重胤實爲高祖弟也。五代會要作高祖第三子重胤，天福七年四月，追封郯王。考郯王，歐陽史作鄭王，封爵亦異。又案薛史唐紀，清泰三年，誅皇城副使石重裔，敬瑭之子也。考會要載高祖諸子，無別名重裔者，重裔疑即重胤，史氏避宋太祖諱，故作「裔」。然通鑑高祖紀作敬瑭之子重胤，齊王紀又作高祖少弟重胤早卒，似兩紀實有兩人，姑存之以備考。（舊五代史考異）

號王重英〔八〕。案：號王傳，永樂大典原闕。考五代會要云：重英，高祖長子，天福七年四月追封〔九〕。是書唐紀，清泰三年七月己丑，誅右衛上將軍石重英。（殿本）案五代會要云：重英，高祖長子，天福七年四月追封。薛史唐紀，清泰三年七月己丑，誅右衛上將軍石重英。通鑑考異引廢帝實録作姪男供奉官重英。又廣本「英」作「殷」。（舊五代史考異）

楚王重信，字守孚，高祖第二子，案：五代會要作第四子。（舊五代史考異）後唐明宗之外孫也。少敏悟，有智思。天成中，始授銀青光禄大夫、檢校左散騎常侍，俄加檢校刑部尚書、守相州長史。未幾，遷金紫光禄大夫，超拜檢校司徒、守左金吾衛大將軍。重信歷事唐明宗及閔帝、末帝，不恃貴戚，能克己復禮，常恂恂如也，甚爲時論所稱。高祖即位，出鎮孟津，到任踰月，去民病十餘事，朝廷有詔褒之。是歲，范延光叛命於鄴，詔遣前靈武節度使張從賓發河橋屯兵數千人，東討延光。既而從賓與延光合謀爲亂，遂害重信於理所，時年二十，遠近聞者，爲之嘆惜。詔贈太尉。時執事奏曰：「兩漢子弟，生死無歷三公位者。」高祖曰：「此兒爲善被禍，予甚愍之，自我作古，寧有例乎。」遂行册命。以其年十月，葬河南萬安山。天福七年，追封沂王，少帝嗣位，改封楚王。妃南陽白氏，昭信軍節度使奉進之女也。重信有子二人，皆幼，長於公宫，及少帝北遷，不知其所終。永樂大典卷六千七百六十。

壽王重乂，字弘理，高祖第三子也。案：五代會要作第二子，通鑑考異作姪男。（舊五代史考異）幼岐嶷，好儒書，亦通兵法，高祖素所鍾愛。及即位，自北京皇城使拜左驍衛大將軍。車駕幸浚郊，浚郊，原本作「浚效」，今據册府元龜改正。（影庫本粘籤）加檢校司空，權東都留守。未幾，鄴都范延光叛，朝廷遣楊光遠討之〔一〇〕，詔前靈武節度使、洛都巡檢使張從賓發盟津屯兵赴鄴下。會從賓密通延光，與婁繼英等先劫河橋，次亂洛邑，因害重乂於河南府，時年十九。從賓敗，高祖發哀於便殿，輟視朝三日，詔贈太傅。是歲冬十月，詔遣莊宅使張穎監護喪事，葬於河南府萬安山。天福中，追封壽王。妃李氏，汾州刺史玘之女也。重乂無子，妃後落髮爲尼，開運中，卒於京師。永樂大典卷六千七百六十。案：晉宗室傳，原本多闕佚，今姑仍原文。

夔王重進〔一一〕。案五代會要云：重進，高祖第五子，天福七年四月追封。（舊五代史考異）

陳王重杲〔一二〕。案歐陽史云：高祖少子曰馮六，未名而卒，贈太傅，追封陳王，賜名重杲。舊説以重睿爲幼子，非也。今考五代會要作高祖第六子重杲，第七子重睿，與歐陽史異。（舊五代史考異）

重睿〔一三〕。案契丹國志云：高祖憂悒成疾，一旦馮道獨對，高祖命幼子重睿出拜之，又令宦者抱置道懷中，蓋欲馮道輔立之。高祖崩，道與侍衞馬步都虞候景延廣議，以國家多難，宜立長君，乃奉齊王重貴爲嗣。五代會要云：重睿，高祖第七子，許州節度使，未封王。歐陽史云：從出帝北遷，不知其所終。（舊五代史考異）

史考異）

延煦〔一四〕。按五代會要云：延煦，少帝長子，遥領陝府節度使〔一五〕。通鑑云：趙在禮家貲爲諸帥之最，帝利其富，爲皇子鎮寧節度使延煦娶其女。在禮自費緡錢十萬，縣官之費，數倍過之。（舊五代史考異）

延寶〔一六〕。案五代會要云：延寶，少帝次子，遥領曹州節度使〔一七〕。通鑑云：延煦及弟延寶皆高祖諸孫，帝養以爲子。會要引實録亦云皆帝之從子，養以爲子。歐陽史云：延煦等從帝北遷，後不知其所終。（舊五代史考異）

校勘記

〔一〕賜忠順保義功臣　「忠」，原作「中」，據殿本、劉本改。

〔二〕六年　本書卷八〇晉高祖紀六、新五代史卷一七晉家人傳繫其事於天福七年。

〔三〕贇字德和……陝人苦之　以上四十八字原闕，據殿本補。

〔四〕歐陽史作墮沙濠溺死　「濠」字原闕，據新五代史卷一七晉家人傳補。

〔五〕高祖之從弟也　「從弟」，原作「從兄」，據本書卷七九晉高祖紀五、册府卷二七一、卷二八一改。

〔六〕曦副左驍衛大將軍戴交充使　「大」字原闕，據宋史卷二七一石曦傳補。

〔七〕郯王重胤　以上四字原闕，據殿本、劉本補。「郯王」，殿本、劉本原作「剡王」，據本書卷八〇晉高祖紀六、卷八一晉少帝紀一、册府卷二九六、舊五代史考異卷三改。

〔八〕虢王重英　以上四字原闕，據殿本補。

〔九〕天福七年四月追封　「七年」，原作「四年」，據五代會要卷二改。本卷注文下一處同。

〔一〇〕朝廷遣楊光遠討之　「楊」字原闕，據殿本、劉本補。

〔一一〕夔王重進　以上四字原闕，據殿本、劉本補。

〔一二〕陳王重杲　以上四字原闕，據殿本、劉本補。

〔一三〕重睿　以上二字原闕，據殿本、劉本補。

〔一四〕延煦　以上二字原闕，據殿本、劉本補。

〔一五〕遥領陝府節度使　「陝府」，原作「陝西」，據五代會要卷二改。

〔一六〕延寶　以上二字原闕，據殿本、劉本補。

〔一七〕遥領曹州節度使　「曹州」，原作「魯州」，據五代會要卷二改。

舊五代史卷八十八

晉書十四

列傳第三

景延廣　李彥韜　張希崇　王廷胤　史匡翰　梁漢顒
楊思權　尹暉　李從璋 子重俊　李從温　張萬進

景延廣，字航川〔一〕，陝州人也。父建，累贈太尉。延廣少習射，以挽强見稱。梁開平中，邵王朱友誨節制於陝，邵王朱友誨，原本作「郡王諸友謀」，今從歐陽史改正。（影庫本粘籤）召置麾下，友誨坐謀亂，延廣竄而獲免。後事華州連帥尹皓，皓引薦列校，隸于汴軍，從王彥章拒莊宗於河上。及中都之敗，彥章見擒，而延廣被數創，歸於汴。

唐天成中，明宗幸夷門，會朱守殷拒命，尋平之，延廣以軍校連坐，將棄市。高祖時爲六軍副使，掌其事，見而惜之，乃密遣遁去，尋收爲客將。及張敬達之圍晉陽，高祖付以戎事，甚有干城之功。高祖即位，授侍衞步軍都指揮使、檢校司徒，遥領果州團練使，轉檢校太保，領夔州節度使。四年，出鎮滑臺。五年，加檢校太傅，移鎮陜府。六年，召爲侍衞馬步都虞候，移鎮河陽。七年，轉侍衞親軍都指揮使、檢校太尉。

其年夏，高祖晏駕，延廣與宰臣馮道等承顧命，以少帝爲嗣。既發喪，都人不得偶語，百官赴臨，未及内門，皆令下馬，由是有驕暴之失。少帝既嗣位，延廣獨以爲己功，尋加同平章事，彌有矜伐之色。始朝廷遣使告哀契丹〔二〕，無表致書，去臣稱孫。契丹怒，遣使來讓，延廣乃奏令契丹迴圖使喬榮〔三〕案：歐陽史作喬瑩，遼史同薛史。契丹國志云：先是，河陽牙將喬榮從趙延壽入遼，遼帝以爲回圖使，置邸大梁。至是，景延廣説帝囚榮于獄，凡遼國販易在晉境者皆殺之，奪其貨。大臣皆言遼國不可負，乃釋榮，慰賜而遣之〔四〕。告戎王曰：「先帝則北朝所立，今上則中國自策，爲鄰爲孫則可，無稱臣之理〔五〕。」且言：「晉朝有十萬口横磨劍，翁若要戰則早來，他日不禁孫子，則取笑天下，當成後悔矣。」由是與契丹立敵，干戈日尋。初，高祖在位時，宣借楊光遠騎兵數百，延廣請下詔追還〔六〕，光遠由此怨延廣、怨朝廷，遣間使汎海搆釁〔七〕。

天福八年十二月，契丹乃南牧。九年正月，陷甘陵，河北儲蓄悉在其郡。少帝大駭，親率六師，進駐澶淵，延廣爲上將，凡六師進退，皆出胸臆，少帝亦不能制，衆咸憚而忌之。

契丹既至城下，使人宣言曰：「景延廣喚我來相殺，何不急戰！」一日，高行周與蕃軍相遇於近郊，以衆寡不敵，急請濟師，延廣勒兵不出，是日行周幸而獲免。及契丹退，延廣猶閉栅自固，士大夫曰：「昔與契丹絶好，言何勇也；今契丹至若是，氣何憊也。」案：契丹國志云：遼帝帳中有小校亡去，云：「遼帝已傳木書，收軍北去。」景延廣疑有詐，閉壁不敢追。遼帝北歸，所過焚掠，民物殆盡。（孔本）時延廣在軍，母凶問至，自澶淵津北移於津南，不信宿而復莅戎事，曾無戚容，下俚之士亦聞而惡之。時有太常丞王緒者，因使德州迴，與延廣有隙，因誣奏與楊光遠通謀，遣吏縶於麾下，鍛成其事。判官盧億累勸解不從，尋有詔棄市，時甚冤之。少帝還京，嘗幸其第，進獻錫賚，有如酬酢〔八〕，權寵恩渥，爲一朝之冠。俄與宰臣桑維翰不協，少帝亦憚其難制，遂罷兵權，出爲洛都留守、兼侍中。由是鬱鬱不得志，亦意契丹强盛，國家不濟，身將危矣，但縱長夜飲，無復以夾輔爲意。案宋史盧多遜傳：父億。景延廣鎮天平，表億掌書記，留守西洛，又爲判官。時國用窘乏，取民財以助軍，河南府計出二十萬緡，延廣欲並緣以圖羨利，增爲三十七萬緡。億諫曰：「公位兼將相，既富且貴，今國帑空竭，不得已而取資於民，公何忍利之乎！」延廣慚而止。（舊五代史考異）

開運三年冬，契丹渡滹水，詔遣屯孟津，將戒途，由府署正門而出，所乘馬騰立不進，幾墜於地，乃易乘而行，時以爲不祥之甚。及王師降契丹，延廣狼狽而還。時契丹主至安陽，遣別部隊長率騎士數千，與晉兵相雜，趨河橋入洛，以取延廣，戒曰：「如延廣奔吴走蜀，便當追而致之。」時延廣顧慮其家，未能引決。案東都事略昝居潤傳：昝居潤嘗爲樞密院小吏〔九〕，景延廣留守西京，補爲右職。契丹犯京師，以兵圍延廣家，故吏悉避去，居潤爲全護其家。時論稱之。（舊五代史考異）案宋史昝居潤傳：晉室將亡，景延廣委其族，自洛赴難，與是書異。（殿本）契丹既奄至，乃與從事閻丕輕騎謁契丹主於封丘，與丕俱見縶焉。案遼史：將軍康祥執景延廣來獻。（舊五代史考異）延廣曰：「丕，臣之從事也，以職相隨，何罪而亦爲縲囚？」契丹釋之，因責延廣曰：「致南北失歡，良由爾也。」乃召喬榮質證前事，凡有十焉。始榮將入蕃時，給延廣云：「某恐忽忘所達之語，請紀於翰墨。」延廣信之，乃命吏備記其事。榮亦憸巧善事人者也，慮他日見詰，則執之以取信，因匿其文於衣中。至是，延廣始以他語抗對，榮乃出其文以質之，延廣頓爲所屈。每服一事，則受牙籌一莖，此契丹法也。延廣受至八莖，但以面伏地，契丹遂咄之，命鎖延廣臂，將送之北土。是日，至於陳橋民家草舍，延廣懼燔灼之害，至夜分伺守者怠，則引手自扼其吭，尋卒焉。雖事已窮頓，人亦壯之，時年五十六。漢高祖登極，詔贈中書令。案：歐陽史作贈侍中。據薛史，延廣出爲洛都留守，已兼侍中矣，贈官當是中書令〔一〇〕。

延廣少時，嘗泛洞庭湖，中流阻風，帆裂桅折〔一一〕，衆大恐。頃之，舟人指波中曰：「賢聖來護，此必有貴人矣。」尋獲濟焉。竟位至將相，非偶然也。永樂大典卷一萬八千一百三十一。

李彥韜，太原人也。少事邢州節度使閻寶爲皂隸，寶卒，高祖收於帳下。及起義，以少帝留守北京，因留彥韜爲腹心，歷客將、牙門都校，以纖巧故，厚承委用。及少帝嗣位，授蔡州刺史，入爲內客省使、宣徽南院使〔二二〕。未幾，遥領壽州節度使〔二三〕，充侍衞馬軍都指揮使、檢校太保，俄改陳州節度使，典軍如故。每在帝側，升除將相，但與宦官近臣締結，致外情不通，陷君於危亡之地。嘗謂人曰：「朝廷所設文官將何用也。」且欲澄汰而除廢之，則可知其輔弼之道也。及契丹犯闕，遷少帝於開封府。一日，少帝遣人急召彥韜，將與計事，彥韜辭不赴命，少帝怏恨久之，其負國辜君也如是。及少帝北遷，戎王遣彥韜從行，洎至蕃中，隸於國母帳下。永康王舉兵攻國母，以偉王爲前鋒，國母發兵拒之，以彥韜爲排陣使，彥韜降於偉王，偉王置之帳下，其後卒於幽州。永樂大典卷一萬三百八十九。

張希崇，字德峯，幽州薊縣人也。父行簡，假薊州玉田令。希崇少通左氏春秋，復癖於吟詠。天祐中，劉守光爲燕帥，性慘酷，不喜儒士〔一四〕，希崇乃擲筆以自效，守光納之，漸升爲裨將。俄而守光敗，唐莊宗命周德威鎮其地，希崇以舊籍列於麾下，尋遣率偏師守平州。案：歐陽史作劉守光不喜儒士，希崇因事軍中爲偏將，將兵守平州。是守光未敗即守平州，非爲德威所遣也，與薛史異。（舊五代史考異）

阿保機南攻，陷其城，掠希崇而去。阿保機詢希崇，乃知其儒人也，因授元帥府判官，後遷盧龍軍行軍司馬，繼改蕃漢都提舉使。天成初，僞平州節度使盧文進南歸，契丹以希崇繼其任，遣腹心總邊騎三百以監之。希崇蒞事數歲，契丹主漸加寵信。一日，登郡樓私自計曰：「昔班仲升西戍，不敢擅還，以承詔故也。我今入關，斷在胸臆，何恬安於不測之地而自滯耶！」乃召漢人部曲之翹楚者，謂曰：「我陷身此地，飲酪被毛，生不見其所親，死爲窮荒之鬼，南望山川，度日如歲，爾輩得無思鄉者乎！」部曲皆泣下沾衣，且曰：「明公欲全部曲南去，善則善矣，如敵衆何？」案：歐陽史作麾下皆言兵多，不可俱亡，因勸希崇獨去。（舊五代史考異）希崇曰：「俟明日首領至牙帳，則先擒之，契丹無統領，其黨必散。且平州去王帳千餘里，待報至徵兵，踰旬方及此，則我等已入漢界深矣，何用以衆少爲病！」衆大喜。是日，希崇於郡齋之側坎隙地，貯以石灰〔一五〕。明旦，首領與羣從至，希崇飲以醇酎數鍾，既醉，悉投於灰穽中斃焉。其徒營於北郭，遣人攻之，皆潰圍奔去，希崇遂以管内生口二萬餘南歸。案遼史：天顯元年七月，盧龍行軍司馬張崇叛奔唐，疑希崇在遼祇名崇，歸唐後始加「希」字也。然希崇歸唐在遼太宗時，而遼史繫于太祖紀，又希崇本繼盧文進〔一六〕，而遼史書其降在盧國用歸唐之前，年月皆舛誤。（舊五代史考異）唐明宗嘉之，授汝州防禦使。

希崇既之任，遣人迎母赴郡，母及境，希崇親肩板輿行三十里，觀者無不稱歎。歷二年〔一七〕，遷靈州兩使留後。先是，靈州戍兵歲運糧經五百里〔一八〕，有剽攘之患。希崇乃告諭邊士，廣務屯田，歲餘，軍食大濟。璽書褒之，因正授旄節。清泰中，希崇厭其雜俗，頻表請覲，詔許之。至闕未久，朝廷以安邊有聞，議内地處之，改邠州節度使。及高祖入洛，與契丹方有要盟，慮其爲所取，乃復除靈武。案通鑑：帝與契丹修好，慮其復取靈武。（舊五代史考異）希崇歎曰：「我應老於邊城，賦分無所逃也。」因鬱鬱不得志，久而成疾，卒於任，時年五十二。希崇自小校累官至開府儀同三司、檢校太尉，三歷方面，封清河郡公，食邑二千户，賜清邊奉國忠義功臣，亦人生之榮盛者也。案：歐陽史作贈太師。

希崇素樸厚，尤嗜書，蒞事之餘，手不釋卷，不好酒樂，不蓄姬僕，祁寒盛暑，必儼其衣冠，厮養之輩，未嘗聞褻慢之言。事母至謹，每食必侍立，俟盥漱畢方退，物議高之。性雖仁恕，或遇姦惡，則嫉之若仇。在邠州日，有民與郭氏爲義子，自孩提以至成人，因乖戾不受訓，遣之。郭氏夫婦相次俱死，郭氏有嫡子，已長，時郭氏諸親與義子相約，云是親子，欲分其財物，助而訟之，前後數政不能理，遂成疑獄。希崇覽其訴，判云：「父在已離，母死不至。止稱假子，孤二十年撫養之恩；儻曰親兒，犯三千條悖逆之罪。頗爲傷害名教，安敢理認田園！其生涯並付親子，所訟人與朋姦者，委法官以律定刑。」聞者服其明。希崇亦善觀象，在靈州日，見月掩畢口大星，經月復爾，乃歎曰：「畢口大星，邊將也，月再掩之，吾其終歟！」果卒於郡。

子仁謙爲嗣，歷引進副使。永樂大典卷六千三百五十一。

王廷胤〔一九〕，字紹基，其先安人也〔二〇〕。案：「安」字上有脱文。歐陽史王處直傳作京兆萬年人，疑是長安。祖處存，定州節度使。父鄴，晉州節度使。廷胤，唐莊宗之内表也。性勇剽狡捷，鷹瞬隼視，喑嗚眦睚，則挺劍而不顧。少爲晉陽軍校，以攻城野戰爲務，暑不息嘉樹之陰，寒不處密室之下，與軍伍食不異味，居不異適，故莊宗於親族之中獨加禮遇。莊宗、明宗朝，累歷貝、忻、密、澶、隰、相六州刺史。案：歐陽史不載相州。國初，范延光據鄴稱亂，高祖以廷胤累朝宿將，詔爲魏府行營中軍使兼貝州防禦使。城降賞勞，授相州節度使，尋移鎮定州。先是，契丹欲以王處直之子威爲定州節度使，處直則廷胤之叔祖也。處直爲養子都所篡，時威北走契丹，契丹納之。至是契丹遣使諭高祖云：「欲使王威襲先人土地，如我蕃中之制。」高祖答以：「中國將校自刺史、團練、防禦使序遷，方授旄節，請遣威至此任用，漸令升進，乃合中土舊規。」戎王深怒其見拒，使人復報曰：「爾自諸侯爲天子，有何階級耶？」高祖畏其滋蔓，則厚賂力拒其命，契丹怒稍息，遂連升廷胤，俾鎮中山，且欲塞其意也。少帝嗣位，改滄州節度使，累官至檢校太尉。開運元年秋，卒於位，年五十四。贈中書令。

有子五人，長曰昭敏，仕至金吾將軍，卒。永樂大典卷一萬八千一百三十一。

史匡翰，字元輔，鴈門人也。父建瑭，事莊宗爲先鋒將，敵人畏之，謂之「史先鋒」，累立戰功，唐書有傳。匡翰起家襲九府都督，歷代州遼州副使、檢校太子賓客。同光初，爲嵐憲朔等州都游奕使，改天雄軍牢城都指揮使，再加檢校户部尚書，領潯州刺史。天成中，授天雄軍步軍都指揮使，歲餘，遷侍衛彰聖馬軍都指揮使。高祖有天下也，授檢校司空、懷州刺史。其妻魯國長公主，即高祖之妹也。尋轉控鶴都指揮使、兼和州刺史、駙馬都尉，俄授檢校司徒、鄭州防禦使，未幾，遷義成軍節度、滑濮等州觀察處置、管内河隄等使。丁母憂，尋起復本鎮。案：陶穀撰匡翰碑文云：「圃田待理，漢殿掄才，功臣旌佐國之名，出守奉專城之寄。」蓋鄭州即在義成軍管内，匡翰雖遷官，不離本鎮也。

匡翰剛毅，有謀略，御軍嚴整，接下以禮，與部曲語，未嘗稱名[二一]，歷數郡皆有政聲。案：陶穀撰碑文云：「齋壇峻而金鼓嚴，麻案宣而油幢出。控梁苑之西郊，殷乎威望；撫國僑之遺俗，綽有政聲。」與薛史合。尤好春秋左氏傳，每視政之暇，延學者講說，躬自執卷受業焉，時發難問，窮於隱奥，流輩或戲爲「史三傳」。戲爲，原本作「覰爲」，今從册府元龜改正。（影庫本粘籤）既自端謹，不喜人醉。幕客有關徹者[二二]，狂率酣醟，一日使酒，怒謂匡翰曰：「明公昔刺覃懷，與徹主客道至，「道至」二字原文疑有舛誤。考册府元龜所引薛史與永樂大典同，今姑仍其舊。（影庫本粘籤）事無不可，今領節鉞，數不相容。且書記趙礪，險詖之人也，脅肩謟笑，黷貨無厭，而明公待之甚厚，徹今請死。近聞張彦澤臠張式，未聞史匡翰斬關徹[二三]，恐天下談者未有比類[二四]。」匡翰不怒，引滿自罰而慰勉之，其寬厚如此。天福六年，白馬河決，匡翰祭之，見一犬有角，浮於水心，甚惡之，後數月遘疾而卒于鎮，年四十。詔贈太保。

子彦容，歷宫苑使、湊單宿三州刺史。永樂大典卷一萬一百八十三。

梁漢顒，太原人也。少事後唐武皇，初爲軍中小校，善騎射，勇於格戰。莊宗之破劉仁恭、王德明，及與梁軍對壘於德勝，皆預其戰，累功至龍武指揮使、檢校司空。梁平，授檢校司徒、濮州刺史。同光三年，魏王繼岌統軍伐蜀，以漢顒爲魏王中軍馬步都虞候。天成初，授許州兵馬留後、檢校太保，尋爲邠州節度使。歲餘，加檢校太傅，充威勝軍節度、唐鄧等州觀察處置等使。在鎮二年，移鎮洋州〔二五〕。長興四年夏，以眼疾授太子少師致仕。高祖素與漢顒有舊，及即位之初，漢顒進謁，再希任使，除左威衞上將軍。天福七年冬，以疾卒於洛陽，年七十餘。贈太子太保〔二六〕。永樂大典卷六千六百十四。

楊思權，邠州新平人也。梁乾化初爲軍校，貞明二年，轉弓箭指揮使、檢校左僕射，累遷控鶴右第一軍使。唐莊宗平梁，補右廂夾馬都指揮使。天成初，遷右威衞將軍〔二七〕，加檢校司空。

會秦王從榮鎮太原，明宗乃以馮贇爲副留守、以思權爲北京步軍都指揮使以佐佑之。從榮幼驕狠，不親公務，明宗乃遣紀綱一人素善從榮者，與之游處，俾從容諷導之。嘗私謂從榮曰：「河南相公恭謹好善，親禮端士，有老成之風，相公處長，更宜自勵，勿致聲問在河南之下。」從榮不悦，因告思權曰：「朝廷人皆推從厚，共非短我，吾將廢棄矣。」思權曰：「請相公勿憂，萬一有變，但思權在處有兵甲，足以濟事。」乃勸從榮招置部曲，調弓礪矢，陰爲之備。思權又謂使者曰：「朝廷教君伴相公，終日言弟賢兄弱，何也？吾輩苟在，豈不能與相公爲主耶？」使者懼，告馮贇，乃密奏之，明宗乃詔思權赴京師，以秦王之故，亦弗之罪也。長興末，爲右羽林都指揮使，遣戍興元。

閔帝嗣位，奉詔從張虔釗討鳳翔，洎至岐下，思權首倡倒戈以攻虔釗。尋領部下軍率先入城，謂唐末帝曰：「臣既赤心奉殿下，俟京城平定，與臣一鎮，勿置在防禦、團練使内。」乃懷中出紙一幅，謂末帝曰：「願殿下親書臣姓名以志之。」末帝命筆，書「可邠寧節度使」。及即位，授推誠奉國保乂功臣、静難軍節度、邠寧慶衍等州觀察處置等使、檢校太保。清泰三年，入爲右龍武軍統軍。高祖即位，除左衛上將軍，進封開國公。天福八年，以疾卒，年六十九。贈太傅。永樂大典卷六千五十二。

尹暉，魏州人也。少以勇健事魏帥楊師厚爲軍士，唐莊宗入魏，擢爲小校，從征河上，每於馬前步鬭有功。莊宗即位，連改諸軍指揮使。天成、長興中，領數郡刺史，累遷嚴衞都指揮使。唐應順中，王師討末帝於岐下，暉與楊思權首歸，末帝約以鄴都授之。末帝即位，高祖入洛，嘗遇暉於通衢，暉馬上横鞭以揖高祖。高祖忿之，後因謁謂末帝曰：「尹暉常才，以歸命稱先，陛下欲令出鎮名藩，外論皆云不當。」末帝乃授暉應州節度使。高祖即位，改右衞大將軍。時范延光據鄴謀叛，以暉失意，密使人齎蠟彈〔一八〕，以榮利啖之。暉得延光文字，懼而思竄〔一九〕，欲沿汴水奔於淮南。高祖聞之，尋降詔招喚，未出王畿，爲人所殺。

子勳，事皇朝，累歷軍職，遷内外馬步都軍頭，見爲郢州防禦使。永樂大典卷一萬八千一百三十一。

李從璋，字子良，後唐明宗皇帝之猶子也。少善騎射，從明宗歷戰河上，有平梁之功。唐同光末，魏之亂軍迎明宗爲帝，從璋時引軍自常山過邢，邢人以從璋爲留後。踰月，明宗即位，受詔領捧聖左廂都指揮使，時天成元年五月也。八月，改大内皇城使。加檢校司徒、彰國軍節度使，賜竭忠建策興復功臣。旋以達靼諸部入寇，從璋率麾下出討，一鼓而破，有詔褒之。

三年四月，移鎮滑臺。滑臺，原本作「體臺」，今從通鑑改正。（影庫本粘籤）時明宗駐蹕於大梁，從璋嘗召幕客謀曰：「車駕省方，藩臣咸有進獻，吾爲臣爲子，安得後焉。欲取倉廩羨餘，以助其用，諸君以爲何如？」內有賓介白曰：「聖上寬而難犯，行宫在近，忽致上達，則一幕俱罹其罪。」從璋怒，翌日，欲引弓射所言者，朝廷知之，改授右驍衞上將軍。

長興元年十月，出鎮陝州。二年五月，遷河中節度使。三年，就加檢校太傅，案：從璋爲河中節度，以代安重誨也。五代史闕文：從璋見重誨，拜于庭下，重誨驚曰：「太傅過禮。」據此傳，從璋至三年始加檢校太傅，從鎮河中時，不應先稱爲太傅。（舊五代史考異）賜忠勤靜理崇義功臣。四年五月，制封洋王。是歲，明宗厭代，閔帝嗣位，尋受命代潞王於岐下，會潞王舉兵入洛，事遂寢。高祖即位之元年十二月，授威勝軍節度使，降封隴西郡公。二年九月，終於任，年五十一。鄧人爲之罷市，思遺愛也。詔贈太師。

從璋性貪黷，懼明宗嚴正，自滑帥入居環衞之後，以除拜差跌，心稍悛悟，後歷數鎮，與故時幕客不足者相遇，無所憾焉。蒲、陝之日，政有善譽，改賜「忠勤靜理」之號，良以此也。及高祖在位，愈畏其法，故歿於南陽，人甚惜之，亦明宗宗室之白眉也。子重俊。永樂大典卷一萬八千一百二十〔三〇〕。

重俊，唐長興、清泰中，歷諸衛將軍。高祖即位，遙領池州刺史。少帝嗣位，授虢州刺史。性貪鄙，常爲郡人所訟，下御史臺，抵贓至重，太后以猶子之故救之，乃歸罪於判官高獻，止罷其郡。未幾，復居環列，出典商州。商民素貧，重俊臨之，割剥幾盡。復御家不法，其奴僕若履湯蹈火，忤其意者，或鞭之，或刃之。又殺從人孫漢榮，掠其妻，及受代歸洛，漢榮母燕氏獲其子婦，以訴於府尹景延廣。牙將張守英謂燕曰：「重俊前朝枝葉，今上中表，河南尹其何以理？不若邀其金帛，私自和解，策之上也。」燕從其言，授三百緡而止。後以青衣趙滿師因不勝楚毒，踰垣訴景延廣，云重俊與妹私姦及前後不法事，延廣奏之。詔遣刑部郎中王瑜鞫之，（王瑜，原本作「王踰」，今從通鑑改正。（影庫本粘籤））盡得其實，併以穢跡彰露，而賜死於家。永樂大典卷一萬三百八十九。

李從温，字德基，代州崞縣人，後唐明宗之猶子也。明宗微時，從温執僕御之役，後養爲己子，及歷諸藩，署爲牙校，命典廐庫。唐同光中，奏授銀青光禄大夫、檢校右散騎常侍，累加檢校司空，充北京副留守。明宗即位，授安國節度使、檢校司徒。長興元年四月，入爲右武衛上將軍〔三一〕。是歲，復出鎮許田。明年，移北京留守，加太傅。四年正月，改天平軍節度使〔三二〕。五月，制封兗王。十一月，移鎮定州，兼北面行營副招討使，尋又移鎮常山。清泰中，加同平章事，改鎮彭門。高祖即位之明年，就加侍中。七年，加兼中書令。八年，再爲許州節度使、開府儀同三司，封趙國公，累加食邑一萬户，實食封一千二百户。開運二年，改河陽三城節度使。三年二月，卒于任，年六十三。贈太師，追封隴西郡王。

從温始以明宗本枝，歷居藩翰，無文武才略資濟代之用，凡臨民以貨利爲急。在常山日，覩牙署池潭凡十餘頃，皆立木爲岸，而以脩篁環之，從温曰：「此何用爲？」悉命伐竹取木，鬻於列肆，獲其直以實用帑焉。高祖即位，從温時在兗州，多創乘輿器服，爲宗族切戒，從温弗聽。其妻關氏，素耿介，一日厲聲於牙門云：「李從温欲爲亂，擅造天子法物。」從温敬謝，悉命焚之，家無敗累，關氏之力也。後以多畜駝馬，縱牧近郊，民有訴其害稼者，從温曰：「若從爾之意，則我産畜何歸乎？」其昏愚多此類也。高祖性至察，知而不問。少帝嗣位，太后教曰：「吾只有此兄，慎勿繩之。」故愈加姑息，以致年逾耳順，終于牖下，乃天幸也。永樂大典卷一萬二百八十九。

張萬進，突厥南鄙人也。祖拽斤，父臘。萬進白晳美髯，少而無賴。事唐武皇，以騎射著名，攻城野戰，奮不顧命。嘗與梁軍對陣，持鋭首短刀，躍馬獨進，及兵刃既刓，則易以大鎚，左右奮擊，出没進退，無敢當者。唐莊宗、明宗素憐其雄勇，復獎其戰功，故累典大郡。天成、長興中，歷威勝、保大兩鎮節制。

高祖有天下，命爲彰義軍節度使，所至不治，政由羣下。洎至涇原日，涇原，原本作「陘厚」，今從册府元龜改正。（影庫本粘籤）凶恣彌甚，每日於公庭列大鼎，烹肥羜，割胾方寸以噉賓佐，皆流涙不能大嚼，俟其他顧，則致袂中。又命巨觶行酒，訴則辱之，乃有持杯僞飲，褰領裱而納之者。既沉湎無節，唯婦言是用，其妻與幕吏張光載干預公政，納錢數萬，補一豪民爲捕賊將，領兵數百人入新平郡境〔三三〕，邠帥以其事上奏，有詔詰之，光載坐流罪，配于登州。

天福四年三月，萬進疾篤，月餘，州兵將亂，乃召副使萬庭圭委其符印〔三四〕。記室李昇素憾凌虐，知其將亡，謂庭圭曰：「氣息將奄，不保晨暮，促移就第，豈不宜乎！」庭圭從之，萬進尋卒，遂以籃轝祕屍而出〔三五〕，即馳騎而奏之，詔命既至，而後發喪。其妻素狠戾，謂長子彦球曰：「萬庭圭逼迫危病，驚擾而死，不手戮之，奚爲生也！」庭圭聞之，不敢往弔。萬進假殯於精舍之下，至轜車東轅，凡數月之間，郡民數萬，無一饋奠者。爲不善者，衆必棄之，信矣夫！永樂大典卷六千三百五十一。

史臣曰：延廣功扶二帝，任掌六師，亦可謂晉之勳臣矣。然而昧經國之遠圖，肆狂言於强敵，卒使邦家蕩覆，宇縣丘墟，書所謂「唯口起羞」者，其斯人之謂歟！彦韜既負且乘，任重才微，盜斯奪之，固其宜矣。希崇蔚有雄幹，老於塞垣，未盡其才，良亦可惜。楊、尹二將，因倒戈而仗鉞，豈義士之所爲。其餘蓋以勳以親，咸分屏翰，唯萬進之醜德，又何暇於譏焉！永樂大典卷六千三百五十一。

校勘記

〔一〕字航川　三字原闕，據殿本、劉本補。按新五代史卷二九景延廣傳記其字航川。

〔二〕始朝廷遣使告哀契丹　「始」字原闕，據册府卷四四六、卷九三五補。

〔三〕延廣乃奏令契丹迴圖使喬榮　「迴圖使」，原作「迴國使」，據彭校、册府卷四四六、卷九七二、契丹國志卷二改。按通鑑卷二八三：「初，河陽牙將喬榮從趙延壽入契丹，契丹以爲迴圖使。」胡注：「凡外國與中國貿易者，置迴圖務，猶今之迴易場也。」

〔四〕契丹國志……遼帝以爲回圖使……而遣之　以上七十三字原闕，據舊五代史考異卷三補。

「回圖使」，舊五代史考異原作「回國使」，據契丹國志卷二改。

〔五〕無稱臣之理　「稱」字原闕，據册府卷四四六、卷九三五補。

〔六〕延廣請下詔追還　「追」，原作「遣」，據劉本、册府卷四四六、卷九三五改。

〔七〕遣間使汎海搆釁　「間」字原闕，據册府卷四四六、卷九三五補。「釁」，册府卷四四六、卷九三五作「虜」。

〔八〕有如酬酢　「有如」，原作「如有」，據殿本、邵本校、永樂大典卷一六二一八引五代史晉景延廣傳、册府卷四五四乙正。

〔九〕明居潤嘗爲樞密院小吏　以上十字原闕，據殿本、劉本、孔本補。

〔一〇〕據薛史……當是中書令　以上二十三字原闕，據舊五代史考異卷三補。

〔一一〕帆裂桅折　「折」，原作「拆」，據殿本、劉本、邵本校改。

〔一二〕宣徽南院使　本書卷八三晉少帝紀三作「宣徽北院使」。按通鑑卷二八四有「宣徽北院使、權侍衞馬步都虞候太原李彥韜」。

〔一三〕遥領壽州節度使　「使」字原闕，據劉本、邵本補。

〔一四〕不喜儒士　「儒士」，册府卷九〇〇作「文士」。

〔一五〕貯以石灰　「以」字原闕，據册府卷四〇五、卷八七九補。

〔一六〕盧文進　原作「盧文勝」，據本卷正文改。

〔一七〕歷二年　據本書卷三九唐明宗紀五、卷四二唐明宗紀八，張希崇天成三年授汝州防禦使，長興二年爲靈州兩使留後，其間歷三年。

〔一八〕靈州戍兵歲運糧經五百里　「運」，原作「軍」，據殿本、彭校、册府卷五〇三改。

〔一九〕王廷胤　原作「王庭胤」，永樂大典卷六八五一引五代薛史、本書各卷作「廷」、「庭」、「延」不一，今據王廷胤墓誌（拓片刊北京圖書館藏中國歷代石刻拓本匯編第三十六册）改。本書各處同。

〔二〇〕其先安人也　「安」上殿本、永樂大典卷六八五一引五代薛史有「長」字。

〔二一〕未嘗稱名　册府卷三八八作「未嘗不稱名」，新五代史卷二五史匡翰傳作「未嘗不名」。

〔二二〕關徹　册府卷四三一、卷九一四（明本）同，新五代史卷二五史匡翰傳、册府卷九一四（宋本）、卷九一八作「關澈」。本卷下文同。

〔二三〕未聞史匡翰斬關徹　「史」字原闕，據劉本、册府卷四三一、卷九一四、卷九一八（宋本）、新五代史卷二五史匡翰傳補。

〔二四〕恐天下談者未有比類　「類」字原闕，據殿本、孔本、彭校、册府卷四三一、卷九一四、卷九一八補。影庫本批校：「未有比類，脱『類』字。」

〔二五〕移鎮洋州　「洋州」，原作「許州」，本書卷四四唐明宗紀十：「前洋州節度使梁漢顒以太子少傅致仕。」知其嘗歷洋州。影庫本粘籤：「許州，原本作『詳州』，今從通鑑改正。」今檢通鑑無此事，「詳州」係「洋州」之訛，據改。又梁漢顒墓誌（拓片刊洛陽出土歷代墓誌輯繩）記其自鄧州節度任上「秩滿歸京，官復環衛」，未記嘗歷許州或洋州。

〔二六〕贈太子太保　梁漢顒墓誌作「贈太子太師」。

〔二七〕遷右威衛將軍　「將軍」，原作「軍將」，據殿本、劉本、孔本乙正。

〔二八〕密使人齎蠟彈　「蠟彈」，原作「臘彈」，據殿本、劉本、彭校、册府卷四三八改。

〔二九〕懼而思竄　「思」，册府卷四三八作「私」。

〔三〇〕永樂大典卷一萬八千一百二十　檢永樂大典目録，卷一八一二〇爲「將」字韻「唐將十二」，與本則内容不符，恐有誤記。陳垣舊五代史輯本引書卷數多誤例謂應作卷一八一三〇「將」字韻「後晉將一」。

〔三一〕入爲右武衛上將軍　「右」，本書卷四一唐明宗紀七作「左」。

〔三二〕改天平軍節度使　「天平軍」，原作「太平軍」，據劉本、邵本校、彭本改。按本書卷四四唐明宗紀十：「以前河東節度使李從温爲鄆州節度使。」天平軍治鄆州。

〔三三〕領兵數百人入新平郡境　句上册府卷四五四有「後」字。

〔三四〕乃召副使萬庭圭委其符印　「召」，原作「詔」，據册府卷四四八、卷四五四改。「萬庭圭」，册府卷四四八作「萬廷圭」，卷四五四作「萬廷珪」。

〔三五〕遂以籃轝祕屍而出　「籃」，原作「藍」，據殿本、劉本、邵本校、册府卷四四八、卷四五四改。

舊五代史卷八十九

晉書十五

列傳第四

桑維翰　趙瑩　劉昫　馮玉　殷鵬

桑維翰，字國僑，洛陽人也。父珙〔一〕，事河南尹張全義爲客將。維翰身短面廣，殆非常人，既壯，每對鑑自歎曰：「七尺之身，安如一尺之面！」由是慨然有公輔之望。案三楚新録云：馬希範入覲，途經淮上，時桑維翰旅遊楚泗間，知其來，遽謁之曰：「僕聞楚之爲國，挾天子而令諸侯，其勢不可謂卑也；加以利盡南海，公室大富。足下之來也，非傾府庫之半，則不足以供芻粟之費。今僕貧者，敢以萬金爲請，惟足下濟之。」希範輕薄公子，覩維翰形短而腰長，語魯而且醜，不覺絶倒而笑。既而與數百縑，維翰大怒，拂衣而去。（舊五代史考異）性明惠，善詞賦。案春渚記聞云：桑維翰試進士，有司嫌其姓，黜之。或勸勿試，維翰持鐵硯示人曰：「鐵硯穿，乃改業。」著日出扶桑賦以見志。（舊五代史考異）

唐同光中，登進士第。案張齊賢張齊王全義外傳云：桑魏公將應舉，父乘間告王云：「某男粗有文性，今被同人相率取解，俟王旨。」齊王曰：「有男應舉，好事，將卷軸來，可令秀才來。」桑相之父趨下再拜。既歸，令子侵早投書啓，獻文字數軸。王令請桑秀才，其父教之趨階，王曰：「不可，既應舉便是貢士。」以客禮見，王一見奇之，禮待頗厚。是年，王力言于當時儒臣，且推薦之，由是擢上第。（舊五代史考異）高祖領河陽，辟爲掌書記，歷數鎮皆從，及建義太原，首預其謀。復遣爲書求援於契丹，果應之。俄以趙德鈞發使聘契丹，趙德鈞，原本作「得均」，今從歐陽史改正。（影庫本粘籤）高祖懼其改謀，命維翰詣幕帳，述其始終利害之義，其約乃定〔二〕。案通鑑云：趙德鈞以金帛賂契丹主，云：「若立己爲帝，請即以見兵南平洛陽，與契丹爲兄弟之國，仍許石氏常鎮河東。」契丹主自以深入敵境，晉安未下，德鈞兵尚强，范延光在其東，又恐山北諸州邀其歸路，欲許德鈞之請。帝聞之大懼，亟使維翰見契丹主，説之曰：「大國舉義兵以救孤危，一戰而唐兵瓦解，退守一栅，食盡力窮。趙北平父子不忠不信，畏大國之强，且素蓄異志，按兵觀變，非以死徇國之人，何足可畏，而信其誕妄之辭，貪毫末之利，棄垂成之功乎！且使晉得天下，將竭中國之財以奉大國，豈此小利之比乎！」契丹主曰：「爾見捕鼠者乎，不備之，猶或齧傷其手，況大敵乎！」對曰：「今大國已扼其喉，安能齧人乎！」契丹主曰：「吾非有渝前約也，但兵家權謀，不得不爾。」對曰：「皇帝以信義救人之急，四海之人俱屬耳目，奈何二三其命，使大義不終，臣竊爲皇帝不取也。」跪于帳前，自旦之暮，涕泣爭之。契丹主乃從之〔三〕，指帳前石謂德鈞使者曰：「我已許石郎，此石爛，可改矣。」（舊五代史考異）及高祖建號，制授翰林學士、禮部侍郎，知樞密院事，尋改中書侍郎、平章事、集賢殿大學士，充樞密院使。高祖幸夷門，范延光據鄴叛，張從賓復自河洛舉兵向闕，人心恟恟。時有人候於維翰者，維翰從容談論，怡怡如也，時皆服其度量。

及楊光遠平鄴，朝廷慮兵驕難制，維翰請速散其衆，尋移光遠鎮洛陽，光遠由是怏怏，上疏論維翰去公狥私，除改不當，復營邸肆於兩都之下，與民爭利。高祖方姑息外將，事不獲已，因授維翰檢校司空、兼侍中，出爲相州節度使，時天福四年七月也〔四〕。先是，相州管内所獲盜賊，皆籍没其財產，云是河朔舊例。及維翰作鎮，以律無明文，具事以奏之。詔曰：「桑維翰佐命功全，臨戎寄重，舉一方之往事，合四海之通規。況賊盜之徒，律令具載，比爲撫萬姓而安萬國，豈忍罪一夫而破一家。聞將相之善言，成國家之美事，既資王道，實契人心。今後凡有賊人，准格律定罪，不得没納家貲，天下諸州皆准此處分。」自是劫賊之家，皆免籍没，維翰之力也。歲餘，移鎮兖州。

時吐渾都督白承福爲契丹所迫，舉衆内附，高祖方通好於契丹，拒而不納。鎮州節度使安重榮患契丹之强，欲謀攻襲，戎使往返路出於真定者〔五〕，皆潛害之，密與吐渾深相結，至是納焉，而致於朝。既而安重榮抗表請討契丹，且言吐渾之請。是時，安重榮握强兵，據重鎮，恃其驍勇，有飛揚跋扈之志。晉祖覽表，猶豫未決。維翰知重榮已畜奸謀，且懼朝廷違其意，乃密上疏曰：

竊以防未萌之禍亂，立不拔之基扃，上繫聖謀，動符天意，非臣淺陋所可窺圖。然臣逢世休明，致位通顯，無功報國，省己愧心，其或事繫安危，理關家國，苟猶緘默，實負君親，是以區區之心，不能自已。

近者，相次得進奏院狀報：吐渾首領白承福已下舉衆内附，鎮州節度使安重榮上表請討契丹。臣方遥隔朝闕〔六〕，未測端倪，竊思陛下頃在并汾，初罹屯難，師少糧匱，援絶計窮，勢若綴旒，困同懸磬。契丹控弦玉塞，躍馬龍城，直度陰山，徑絶大漠，萬里赴難，一戰夷凶，救陛下累卵之危，成陛下覆盂之業。覆盂，原本作「復于」，今從通鑑改正。（影庫本粘籤）皇朝受命，於此六年，彼此通歡〔七〕，亭障無事。雖卑辭降節，屈萬乘之尊，而庇國息民，實數世之利。今者，安重榮表契丹之罪，方恃勇以請行；白承福畏契丹之强，將假手以報怨。恐非遠慮，有惑聖聰。

方今契丹未可與爭者，有其七焉：契丹數年來最强盛，侵伐鄰國，吞滅諸蕃，救援河東，功成師克。山後之名藩大郡，盡入封疆；中華之精甲利兵，悉歸廬帳〔八〕。即今土地廣而人民衆，戎器備而戰馬多。此未可與爭者一也〔九〕。契丹自告捷之後，鋒鋭氣雄；南軍因敗衄已來，心沮膽怯。況今秋夏雖稔，而帑廩無餘；黎庶雖安，而貧弊益甚；戈甲雖備，而鍛礪未精；士馬雖多，而訓練未至。此未可與爭者二也。契丹與國家，恩義非輕，信誓甚篤，雖多求取，未至侵淩，豈可先發釁端，自爲戎首。縱使因茲大克，則後患仍存；其或偶失沈機，則追悔何及。兵者凶器也，戰者危事也，苟議輕舉，安得萬全。此未可與爭者三也〔一〇〕。王者用兵，觀釁而動。是以漢宣帝得志於匈奴，因單于之爭立；唐太宗立功於突厥，由頡利之不道。方今契丹主抱雄武之量〔一一〕，有戰伐之機，部族輯睦，蕃國畏伏，土地無災，孳畜繁庶，蕃漢雜用，國無釁隙。此未可與爭者四也。引弓之民，遷徙鳥舉，行逐水草，軍無饋運，居無竈幕，住無營柵〔一二〕，便苦澀，任勞役，不畏風霜，不顧饑渴，皆華人之所不能。此未可與爭者五也。戎人皆騎士，利在坦途；中國用徒兵，喜於隘險。趙魏之北，燕薊之南，千里之間，地平如砥，步騎之便，較然可知。國家若與契丹相持，則必屯兵邊上。少則懼强敵之衆〔一三〕，固須堅壁以自全；多則患飛輓之勞，必須逐寇而速返。我歸而彼至，我出而彼迴，則禁衛之驍雄，疲於奔命，鎮、定之封境，略無遺民。此未可與爭者六也。議者以陛下於契丹有所供億，謂之耗蠹，有所卑遜，謂之屈辱，微臣所見，則曰不然。且以漢祖英雄，猶輸貨於冒頓；神堯武略，尚稱臣於可汗。此謂達於權變，善於屈伸，所損者微，所利者大。必若因茲交構，遂成釁隙，自此則歲歲徵發，日日轉輸，困天下之生靈，空國家之府藏，此謂耗蠹，不亦甚乎！兵戈既起，將帥擅權，武吏功臣，過求姑息，邊藩遠郡，得以驕矜，外剛内柔，上凌下僭，此爲屈辱，又非多乎！此未可與爭者七也。

願陛下思社稷之大計，采將相之善謀，勿聽樊噲之空言，宜納婁敬之逆耳。然後訓撫士卒，養育黔黎，積穀聚人，勸農習戰，以俟國有九年之積，兵有十倍之强，主無内憂，民有餘力〔一四〕，便可以觀彼之變，待彼之衰，用己之長，攻彼之短，舉無不克，動必成功。此計之上者也，惟陛下熟思之。

臣又以鄴都襟帶山河，表裏形勝，原田沃衍，户賦殷繁，乃河朔之名藩，實國家之巨屏。即今主帥赴闕，軍府無人，臣竊思慢藏誨盜之言，恐非勇夫重閉之意，愿迴深慮，免起奸謀。欲希陛下暫整和鑾，略謀巡幸。雖櫛風沐雨，上勞於聖躬；而杜漸防微，實資於睿略。省方展義，今也其時。臣受主恩深，憂國情切，智小謀大，理淺詞繁，俯伏惟懼於僭踰，裨補或希於萬一，謹冒死以聞。

疏奏，留中不出。高祖召使人於内寢，傳密旨於維翰曰：「朕比以北面事之〔一五〕，煩懣不快，今省所奏，釋然如醒，朕計已決，卿可無憂。」

七年夏，高祖駕在鄴都，維翰自鎮來朝，改授晉昌軍節度使。少帝嗣位，徵拜侍中、監修國史，頻上言請與契丹和，爲上將景延廣所否。明年，楊光遠搆契丹，有澶淵之役，凡制敵下令，皆出於延廣，維翰與諸相無所與之。及契丹退，維翰使親黨受寵於少帝者密致自薦，曰：「陛下欲制北戎以安天下，非維翰不可。」案：歐陽史作維翰陰使人説帝，與薛史同。通鑑作或謂帝曰：「欲安天下，非桑維翰不可。」與薛史異。（舊五代史考異）少帝乃出延廣守洛，以維翰守中書令，再爲樞密使、弘文館大學士，繼封魏國公。事無巨細，一以委之，數月之間，百度寖理。然權位既重，而四方賂遺，咸湊其門，故仍歲之間，積貨鉅萬，由是澆競輩得以興謗。未幾，内客省使李彦韜、端明殿學士馮玉皆以親舊用事，與維翰不協，間言稍入，維翰漸見疏忌，將加黜退，賴宰相劉昫、李崧奏云：「維翰元勳，且無顯過，不宜輕有進退。」少帝乃止。尋以馮玉爲樞密使，以分維翰之權。

後因少帝微有不豫，維翰曾密遣中使達意於太后，請爲皇弟重睿擇師傅以教道之，少帝以此疑其有他。俄而馮玉作相，與維翰同在中書，會舍人盧價秩滿，盧價，原本作「盧侍」，今從歐陽史改正。（影庫本粘籤）玉乃下筆除價爲工部侍郎，維翰曰：「詞臣除此官稍慢，恐外有所議。」因不署名。屬維翰休假，玉竟除之，自此維翰與玉尤不相協。俄因少帝以重睿擇師傅言於玉，玉遂以詞激帝，帝尋出維翰爲開封府尹。維翰稱足疾，罕預朝謁，不接賓客。

是歲，秋霖經月不歇。一日，維翰出府門，由西街入内，至國子監門〔一六〕，馬忽驚逸，御者不能制，維翰落水，久而方蘇。或言私邸亦多怪異，親黨咸憂之。及戎王至中渡橋，維翰以國家安危繫在朝夕，迺詣執政異其議，又求見帝，復不得對。維翰退而謂所親曰：「若以社稷之靈，天命未改，非所能知也；若以人事言之，晉氏將不血食矣！」

開運三年十二月十日，王師既降契丹，十六日，張彦澤以前鋒騎軍陷都城，戎王遣使遺太后書云：「可先使桑維翰、景延廣遠來相接，甚是好事。」是日凌旦，都下軍亂，宫中火發。維翰時在府署，左右勸使逃避，維翰曰：「吾國家大臣，何所逃乎？」即坐以俟命。時少帝已受戎王撫慰之命，乃謀自全之計，因思維翰在相時，累貢謀畫，請與契丹和，慮戎王到京窮究其事，則顯彰己過，故欲殺維翰以滅其口，因令圖之。張彦澤既受少帝密旨，案通鑑考異云：彦澤既降契丹，豈肯復受少帝之命，當係彦澤自以私怨殺維翰，非受命于少帝也。（舊五代史考異）復利維翰家財，乃稱少帝命召維翰。維翰束帶乘馬，行及天街，與李崧相遇，交談之次，有軍吏於馬前揖維翰赴侍衛司，維翰知其不可，顧謂崧曰：「侍中當國，今日國亡，翻令維翰死之，何也？」崧甚有愧色。是日，彦澤遣兵守之，十八日夜，爲彦澤所害，時年四十九。即以衣帶加頸，報戎王云維翰自經而死。戎王報曰：「我本無心害維翰，維翰不合自剄。」戎王至闕，使人驗其狀，令殯於私第，厚撫其家，所有田園邸第〔一七〕，並令賜之。案：歐陽史作以尸賜其家，而貲財悉爲彦澤所掠。（舊五代史考異）及漢高祖登極，詔贈尚書令。

維翰少時所居，恒有魑魅，家人咸畏之，維翰往往被竊其衣，攝其巾櫛，而未嘗改容。當兩朝秉政，出上將楊光遠、景延廣俱爲洛川守；又嘗一制除節將十五人，各領軍職，無不屈而服之。理安陽除民弊二十餘事，在兗海擒豪賊過千人，亦寇恂、尹翁歸之流也。開運中，朝廷以長子坦爲屯田員外郎，次子塤爲祕書郎。維翰謂同列曰：「漢代三公之子爲郎，廢已久矣，近或行之，甚諠外議。」乃抗表固讓不受，尋改坦爲大理司直，塤爲祕書省正字，議者美之。

初，高祖在位時，詔廢翰林學士院，由是併内外制皆歸閣下，命舍人直内廷，數年之間，尤重其選。及維翰再居宥密，不信宿，奏復置學士院，凡署職者，皆其親舊。時議者以維翰相業素高，公望所屬，雖除授或黨，亦弗之咎也。永樂大典卷七千三百三十九。五代史補：桑維翰形貌甚怪，往往見之者失次。張彦澤素以驍勇稱，每謁候，雖冬月未嘗不雨汗。及中渡變生，彦澤引蕃部至，欲逞其威，乃領衆突入開封府，弓矢亂發，且問：「桑維翰安在？」維翰聞之，乃厲聲曰：「吾爲大臣，使國家如此，其死宜矣。張彦澤安得無禮！」乃升廳安坐，數之曰：「汝有何功，帶使相已臨方面，當國家危急，不能盡犬馬之力以爲報効，一旦背叛，助契丹作威爲賊，汝心安乎？」彦澤覩其詞氣慨然，股慄不敢仰視，退曰：「吾不知桑維翰何人，今日之下，威稜猶如此，其再可見耶！」是夜，令壯士就府縊殺之。當維翰之縊也，猶瞋目直視，噓其氣再三，每一噓皆有火出，其光赫然，三噓之外，火盡滅，就視則奄然矣。

趙瑩，字玄輝〔一八〕，華陰人也。華陰，原本作「華夏」，今從歐陽史改正。（影庫本粘籤）曾祖溥，江陵縣丞。祖孺，祕書正字。父居晦，爲農。瑩風儀美秀，性復純謹。梁龍德中，始解褐爲康延孝從事。後唐同光中，延孝鎮陝州，會莊宗伐蜀，命延孝爲騎將。將行，留瑩監修金天神祠。功既集，忽夢神召於前亭，待以優禮，謂瑩曰：「公富有前程，所宜自愛。」因遺一劍一笏，覺而駭異。明宗即位，以高祖爲陝府兩使留後，瑩時在郡，以前官謁之，一見如舊相識，即奏署管記。高祖歷諸鎮皆從之，累使闕下，官至御史大夫，賜金紫。高祖再鎮并州，位至節度判官。高祖建號，授瑩翰林學士承旨、金紫光禄大夫、户部侍郎、知太原府事，尋遷門下侍郎、同平章事、監修國史。車駕入洛，使持聘謝契丹，及還，加光禄大夫、兼吏部尚書、判户部。

初，瑩爲從事，丁母憂，高祖不許歸華下，以麤縗隨幕，人或短之。及入相，以敦讓汲引爲務。監修國史日，以唐代故事殘缺，署能者居職，纂補實録及修正史二百卷行於時，瑩首有力焉。少帝嗣位，拜守中書令。明年，檢校太尉，本官出爲晉昌軍節度使。是時，天下大蝗，境内捕蝗者獲蝗一斗，給粟一斗，使飢者獲濟，遠近嘉之。未幾，移鎮華州，歲餘，入爲開封尹。

開運末，馮玉、李彦韜用事，以桑維翰才望素重，而瑩柔而可制，因共稱之，乃出維翰，復瑩相位，加弘文館大學士。及李崧、馮玉議出兵應接趙延壽，而以杜重威爲招討都部署〔一九〕，瑩私謂馮、李曰：「杜中令國之懿親，所求未愜，心恒怏怏，安可更與兵權？若有事邊陲，只李守貞將之可也。」

及契丹陷京城，契丹主遷少帝於北塞，瑩與馮玉、李彦韜俱從。李彦韜，原本脱「彦」字，今從通鑑增入。（影庫本粘籤）契丹永康王代立，授瑩太子太保。案：遼史作太子太傅。（舊五代史考異）周廣順初，遣尚書左丞田敏報命於契丹，遇瑩於幽州。瑩得見華人，悲悵不已，謂田敏曰：「老身漂零，寄命於此〔二〇〕，近聞室家喪逝，弱子無恙，蒙中朝皇帝倍加存恤，東京舊第本屬公家，亦聞優恩特給善價，老夫至死無以報效。」於是南望稽首，涕泗横流。先是，漢高祖以入蕃將相第宅徧賜隨駕大臣，故以瑩第賜周太祖。太祖時爲樞密副使，召瑩子前刑部郎中易則告之曰：「所賜第，除素屬版籍外，如有別契券爲己所置者，可歸本直。」即以千餘緡遺易則。易則惶恐辭讓，周太祖堅與之方受，故瑩言及之。未幾，瑩卒於幽州，時年六十七。

瑩初被疾，遣人祈告於契丹主，願歸骨於南朝，使羈魂幸復鄉里，契丹主閔而許之。及卒，遣其子易從、家人數輩護喪而還，仍遣大將送至京師。周太祖感歎久之，詔贈太傅，仍賜其子絹五百疋，以備喪事，令歸葬於華陰故里。永樂大典卷一萬六千九百九十一。

劉昫，字耀遠〔二〕，涿州歸義人也。祖乘，幽府左司馬。父因，幽州巡官。昫神彩秀拔，文學優贍，與兄暄、弟皞，俱有鄉曲之譽。唐天祐中，契丹陷其郡，昫被俘至新州，逃而獲免。後隱居上谷大寧山〔三〕，與呂夢奇、張麟結庵共處，以吟誦自娱。

會定州連帥王處直以其子都爲易州刺史，署昫爲軍事衙推。及都去任，乞假還鄉，都招昫至中山。會其兄暄自本郡至，都薦於其父，尋署爲節度衙推，不踰歲，命爲觀察推官。歷二年，都篡父位。時都有客和少微素嫉暄，搆而殺之，昫越境而去，寓居浮陽，節度使李存審辟爲從事。莊宗即位，授太常博士，尋擢爲翰林學士，繼改膳部員外郎，賜緋，比部郎中，賜紫。丁母憂，服闋，授庫部郎中，依舊充職。明宗即位，拜中書舍人，歷户部侍郎、案歐陽史作兵部侍郎。案：薛史唐明宗紀作兵部侍郎，與此傳異。歐陽史從薛史本紀。（舊五代史考異）端明殿學士。明宗重其風儀，愛其温厚，長興中，拜中書侍郎兼刑部尚書、平章事。時昫入謝，遇大祠，明宗不御中興殿，閤門使白[二三]：「舊禮，宰相謝恩，須於正殿通喚[二四]，請候來日。」樞密使趙延壽曰：「命相之制，下已數日，中謝無宜後時。」因即奏之，遂謝於端明殿。昫自端明殿學士拜相，而謝於本殿，士子榮之。

清泰初，兼判三司，加吏部尚書、門下侍郎、監修國史。時與同列李愚不協，動至忿爭，時論非之。未幾，俱罷知政事，昫守右僕射，以張延朗代判三司。初，唐末帝自鳳翔至，切於軍用，時王玫判三司，詔問錢穀，玫具奏其數，及命賞軍，甚愆於素。案通鑑云：帝問王玫以府庫之實，對有數百萬在。既而閱實，金帛不過三萬兩匹。（舊五代史考異）末帝怒，用昫代玫，昫乃搜索簿書，命判官高延賞計窮詰勾，及積年殘租，或場務販負，皆虛係賬籍，條奏其事，請可徵者急督之，無以償官者蠲除之。案通鑑：清泰元年八月[二五]，免諸道逋租三百三十八萬。（舊五代史考異）吏民相與歌詠，唯主典怨沮。及罷相之日，羣吏相賀，昫歸，無一人從之者，蓋憎其太察故也。

天福初，張從賓作亂於洛陽，害皇子重乂，詔爲東都留守、判河南府事，尋以本官判鹽鐵。未幾，奉使入契丹，還，遷太子太保兼左僕射，封譙國公，俄改太子太傅。開運初，授司空、平章事、監修國史，復判三司。契丹主至，不改其職。昫以眼疾乞休致，契丹主降僞命授昫守太保。案：歐陽史作罷爲太保。（舊五代史考異）契丹主北去，留於東京。其年夏，以病卒，年六十。漢高祖登極，贈太保。

初，昫避難河朔，匿於北山蘭若，有賈少瑜者爲僧，輟衾袍以温燠之。及昫官達，致少瑜進士及第，拜監察御史，聞者義之。永樂大典卷九千九十八。

馮玉。案：以下有闕文。歐陽史云：字景臣，定州人。（舊五代史考異）馮玉傳，永樂大典闕全篇。其散見各韻者，尚存三條，今排比前後，以存大概。（影庫本粘籤）少帝嗣位，納馮后於中宮，后即玉之妹也。玉既聯戚里，恩寵彌厚，俄自知制誥、中書舍人出爲潁州團練使，還端明殿學士、户部侍郎，尋加右僕射，軍國大政，一以委之。永樂大典卷一萬三百三十。案：以下有闕文。通鑑云：玉每喜承迎帝意，由是益有寵。嘗有疾在家，帝謂諸宰相曰：「自刺史而上，俟馮玉出，乃得除。」其倚任如此。玉乘勢弄權，四方賂遺，輻輳其門，由是朝政日壞。（舊五代史考異）張彥澤陷京城，軍士爭湊其第，家財巨萬，一夕罄空。翌日，玉假蓋而出，猶繞指以諂彥澤，且請令引送玉璽於契丹主，將利其復用。永樂大典卷一萬三百三十。玉從少帝北遷，契丹命爲太子少保。至周太祖廣順三年〔二六〕，其子傑自幽州不告父而亡歸〔二七〕，玉懼譴責，尋以憂恚卒於蕃中。永樂大典卷一萬七千一百九十五。五代史補：馮玉嘗爲樞密使，有朝使馬承翰素有口辨，一旦持刺來謁玉，玉覽刺輒戲曰：「馬既有汗，宜卸下鞍。」承翰應聲曰：「明公姓馮，可謂死囚逢獄。」玉自以言失，遽延而謝之。

殷鵬，字大舉，大名人也。以雋秀爲鄉曲所稱，弱冠擢進士第。唐閔帝之鎮魏州，聞其名，辟爲從事。及即位，命爲右拾遺，歷左補闕、考功員外郎，充史館修撰，遷刑部郎中。鵬姿顏若婦人，而性巧媚。天福中，擢拜中書舍人，與馮玉同職。玉本非代言之才，所得除目，多託鵬爲之。玉嘗以「姑息」字問於人，人則以「辜負」字教之，玉乃然之，當時以爲笑端。鵬之才比玉雖優，其纖佞過之。後玉出郡，借第以處之，分祿食之。及玉爲樞密使，擢爲本院學士，每有庶僚秉鞹謁玉，故事，宰臣以履見之，鵬多在玉所，見客亦然。有丞郎王易簡退而有言，鵬銜之。及契丹入汴，有人獲玉與鵬有箋記字，皆朝廷上列有不得志欲左授者，則易簡是其首焉。玉既北行，鵬亦尋以病卒。永樂大典卷二千一百六〔二八〕。

史臣曰：維翰之輔晉室也，罄弼諧之志，參締搆之功，觀其効忠，亦可謂社稷臣矣。況和戎之策，固非誤計，及國之亡也，彼以滅口爲謀，此掇殁身之禍，則畫策之難也，豈期如是哉！是以韓非慨慷而著説難者，當爲此也，悲夫！趙瑩際會風雲，優游藩輔，雖易簀於絶域，終歸柩於故園，蓋仁信之行通於遐邇故也。劉昫有真相之才，克全嘉譽；馮玉乘君子之器，終殁窮荒，其優劣可知矣。永樂大典卷三千二百六。

校勘記

〔一〕父珙　「珙」，原作「拱」，據殿本、册府卷一五四、卷七七二改。按本書卷九六張繼祚傳：「宰臣桑維翰以父珙早事齊王，奏欲雪之。」

〔二〕其約乃定　「其約」，册府卷六五五作「虜心」。

〔三〕契丹主乃從之　「主」字原闕，據孔本、通鑑卷二八〇補。

〔四〕時天福四年七月也　本書卷七八晉高祖紀四、通鑑卷二八一考異引晉高祖實録繫其事於天福四年閏七月。

〔五〕戎使往返路出於真定者　「使」，原作「師」，據册府卷九九四、通鑑卷二八二、契丹國志卷二改。

〔六〕臣方遥隔朝闕　「隔」字原闕，據册府卷九九四補。

〔七〕彼此通歡　「彼此」，册府卷九九四作「夷夏」。

〔八〕悉歸廬帳　「廬帳」，册府卷九九四作「虜北」。

〔九〕此未可與爭者一也　「者」字原闕，據殿本、册府卷九九四及本卷下文補。

〔一〇〕此未可與爭者三也　「此」字原闕，據殿本、册府卷九九四及本卷上下文補。

〔一一〕方今契丹主抱雄武之量　「主」，原作「王」，據殿本、劉本、邵本校、彭本改。

〔一二〕住無營柵　「住」，原作「往」，據殿本、劉本、册府卷九九四改。

〔一三〕少則懼强敵之衆　「强敵」，册府卷九九四作「夷狄」。

〔一四〕民有餘力　「有」，原作「無」，據殿本、劉本、邵本校、册府卷九九四改。

〔一五〕朕比以北面事之　「事之」，册府卷九九四、新五代史卷二九桑維翰傳作「之事」。

〔一六〕至國子監門　「監」字原闕，據册府卷九五一補。

〔一七〕所有田園邸第　「田園」，邵本作「田宅」。

〔一八〕字玄輝　「玄輝」，册府卷八九三作「玄暉」。趙瑩墓誌（拓片刊大唐西市博物館藏墓誌）云其字光圖。

〔一九〕而以杜重威爲招討都部署　「招討都部署」，原作「都督部署」，據殿本改。

〔二〇〕寄命於此　「命」字原闕，據册府卷九四〇、九五三補。

〔一一〕字耀遠　「耀遠」，册府卷七八三作「輝達」。

〔一二〕後隱居上谷大寧山　「隱」字原闕，據册府卷七二九、卷八八二、卷九四九補。「上谷」，原作「上國」，據册府卷七二九、卷八八二、卷九四九改。

〔一三〕閤門使白　「使」字原闕，據册府卷七八二補。

〔一四〕須於正殿通喚　「於」字原闕，據册府卷七八二補。

〔一五〕清泰元年八月　「元年」，原作「二年」，據通鑑卷二七九改。

〔一六〕至周太祖廣順三年　「三年」，原作「二年」，據册府（宋本）卷九二三、新五代史卷五六馮玉傳改。

〔一七〕其子傑自幽州不告父而亡歸　「其子」二字原闕，據殿本、劉本補。影庫本粘籤：「『二年』下，以文義推之，當有『其子』二字，今原文脱落，未敢以意增補，姑仍其舊，附識于此。」

〔一八〕永樂大典卷二千二百六　檢永樂大典目録，卷二二〇六爲「盧」字韻，與本則内容不符，恐有誤記。陳垣舊五代史輯本引書卷數多誤例謂應作卷三二〇六「殷」字韻。

舊五代史卷九十　晉書十六

列傳第五

趙在禮　馬全節　張筠 弟籛　華温琪　安崇阮　楊彦詢
李承約　陸思鐸　安元信　張朗　李德琉　田武　李承福
相里金

趙在禮，字幹臣，涿州人也。曾祖景裕，祖士廉，皆不仕。父元德，盧臺軍使。在禮始事燕帥劉仁恭爲小校，唐光化末，仁恭遣其子守文逐浮陽節度使盧彦威，據其城，升在禮爲軍使，以佐守文。及守文死，事其子。延祚爲守光所害，守光子繼威復爲部將張萬進所殺，在禮遂事萬進。萬進奔梁，在禮乃與滄州留後毛璋歸太原。同光末，爲效節指揮使，屯於貝州。會軍士皇甫暉等作亂，推指揮使楊晸爲帥〔一〕，按：歐陽史作楊仁晸。晸不從，爲衆所害，攜聶首以脅在禮。在禮知其不可拒，遂從之，以四年二月六日引衆入鄴，在禮自稱留後。案宋史張錫傳：趙在禮舉兵于鄴，瀕河諸州多搆亂，錫權知棣州事，即出省錢賞軍，皆大悦，一郡獨全，棣人賴之。（舊五代史考異）唐莊宗遣明宗率師討之，會城下軍亂，在禮迎明宗入城，事具唐書。

天成元年五月，授滑州節度使、檢校太保。制下，在禮密奏軍情未欲除移，且乞更伺少頃，尋就改天雄軍兵馬留後、鄴都留守、興唐尹。既而在禮將皇甫暉、趙進等相次除郡赴任，案歐陽史皇甫暉傳：明宗即位，暉自軍卒擢拜陳州刺史。九國志趙進傳：天成初，除貝州刺史、鄴都衙内指揮使。（舊五代史考異）在禮乃上表乞移旌節。十二月，授滄州節度使。二年七月，移鎮兗州。長興元年，入爲左驍衛上將軍，俄改同州節度使。會高祖受明宗命統大軍伐蜀，以在禮充西川行營步軍都指揮使，收劍州而還。四年，移鎮襄州。清泰三年〔二〕，授宋州節度使，加檢校太尉、同平章事。高祖登極，移鎮鄆州，加檢校太師、兼侍中，封衛國公。天福六年七月，授許州節度使。八年四月，移鎮徐州，進封楚國公。

開運元年，以契丹爲患，少帝議北征。八月朔，降制命一十五將，以在禮爲北面行營馬步都虞候。十一月，改行營副都統，都虞候如故。受詔屯澶州，再除兗州節度使，依前副都統。三年正月，授晉昌軍節度使。時少帝爲其子延煦娶在禮女爲妻，禮會之日，其儀甚盛，京師以爲榮觀。五月，進封秦國公，累食邑至一萬三千户，實封一千五百户。在宋州日，值天下飛蝗爲害，在禮使比户張幡幟，鳴鼙鼓，蝗皆越境而去，人亦服其智焉。凡聚斂所得，唯以奉權豪、崇釋氏而已。及契丹入汴，自鎮赴闕，時契丹首領奚王拽剌等在洛下，在禮望塵致敬，首領等倨受其禮，加之淩辱，邀索貨財，在禮不勝其憤。行至鄭州，泊於逆旅，聞同州劉繼勳爲契丹所鎖，大驚。丁未歲正月二十五日夜，以衣帶就馬櫪自絞而卒，年六十六。案：歐陽史作六十二。漢高祖即位，贈中書令。

在禮凡四子，雖歷内職，皆早卒。孫延勳，仕皇朝，歷岳、蜀二州刺史。永樂大典卷一萬八千一百三十。

五代史補：趙在禮之在宋州也，所爲不法，百姓苦之。一旦下制移鎮永興，百姓欣然相賀，曰：「此人若去，可爲眼中拔釘子，何快哉！」在禮聞之怒，欲報「拔釘」之謗，遽上表更求宋州一年，時朝廷姑息勳臣，詔許之。在禮於是命吏籍管内户口，不論主客，每歲一千，納之於家，號曰「拔釘錢」，莫不公行督責，有不如約，則加之鞭朴，雖租賦之不若也。是歲獲錢百萬。

馬全節，字大雅，魏郡元城人也。父文操，本府軍校，官至檢校尚書左僕射，以全節之貴，累贈太師。全節少從軍旅，同光末，爲捉生指揮使。趙在禮之據魏州也，爲鄴都馬步軍都指揮使。唐明宗即位，授檢校司空，歷博、單二州刺史。天成三年，賜竭忠建策興復功臣，移刺鄆州。長興初，就加檢校司徒，在郡有政聲，俄授河西節度使。時明宗命高祖伐蜀，師次岐山，全節赴任及之，具軍容謁於轅門，高祖以地理隔越，乃奏還焉，移沂州刺史。

清泰初，爲金州防禦使。案：歐陽史作明宗時，爲金州防禦使，與薛史先後互異。（舊五代史考異）會蜀軍攻其城，州兵纔及千人，案：歐陽史作州兵纔數百。（舊五代史考異）兵馬都監陳隱懼，託以他事出城，領三百人順流而逸〔三〕。賊既盛，人情憂沮，全節悉家財以給士，復出奇拒戰，以死繼之。賊退，朝廷嘉其功，詔赴闕，將議賞典。時劉延朗爲樞密副使，邀其厚賄，全節無以賂之，謂全節曰：「絳州闕人，請事行計。」全節不樂，告其同輩，由是衆口諠然，以爲不當，皇子重美爲河南尹，聞而奏焉。清泰帝召全節謂曰：「滄州乏帥，欲命卿制置。」翼日，授橫海軍兩使留後。

高祖即位，加檢校太保，正授旌節。天福五年，授檢校太傅，移鎮安州。時李金全據州叛，引淮軍爲援，因命全節將兵討平之，以功加檢校太尉，改昭義軍節度、澤潞遼沁等州觀察處置等使。六年秋，移鎮邢州，加同中書門下平章事。安重榮之叛也，授鎮州行營副招討兼排陣使，與重榮戰於宗城，大敗之。鎮州平，加開府儀同三司，充義武軍節度、易定祁等州觀察處置、北平軍等使。八年秋，丁母憂，尋起復焉。屬契丹侵寇，加之蝗旱，國家有所徵發，全節朝受命而夕行，治生餘財，必充貢奉。

開運元年秋，授鄴都留守、檢校太師、兼侍中、廣晉尹、幽州道行營馬步軍都虞候，尋加天雄軍節度使〔四〕、北面行營副招討使，陽城之戰，甚有力焉。全節始拜鄴都，以元城是桑梓之邑，具白襴詣縣庭謁拜縣令沈遘，遘逡巡避之〔五〕，不敢當禮。全節曰：「父母之鄉，自合致敬，勿讓之也。」州里榮之。二年，授順國軍節度使，未赴鎮卒，年五十五。贈中書令。

全節事母王氏至孝，位歷方鎮，溫凊面告，畢盡其敬。政事動與幕客謀議，故鮮有敗事。鎮中山日，杜重威爲恒州，奏括境内民家粟，時軍吏引重威例，堅請行之，全節曰：「邊民遇蝗旱，而家食方困，官司復擾之，則不堪其命矣。我爲廉察，安忍效尤。」百姓稱其德。

先是，全節自上黨攜歌妓一人之中山，館於外舍，有人以讒言中之，全節害之。及詔除恒陽，遇疾，數見其妓，厭之復來。妓曰：「我已得請，要公俱行。」全節具告家人，數日而卒。

子令威，歷隰、陳、懷三州刺史，卒。永樂大典卷一萬八千一百三十。

張筠，海州人也。父傳古，世爲郡之大商，唐乾符末，屬江淮俶擾，遂徙家彭門。時彭門連帥時溥爲東南面招討使，據有數郡之地，擢筠爲偏將，累有軍功，奏授宿州刺史。後溥與梁祖不協，梁人進攻宿州，下之，獲筠以歸。梁方圖霸業，以筠言貌辨秀，命爲四鎮客將，久之，轉長直軍使。梁革唐命，遷右龍武統軍，歷客省使、宣徽使，出爲復、商二州刺史，復爲宣徽使。梁室割相、衞爲昭德軍，案：梁割相、澶、衞三州爲昭德軍，原本作相、衞，疑有脱誤。命筠爲兩使留後。

唐莊宗入魏，筠委城南歸，授右衞上將軍〔六〕。會雍州康懷英以病告，詔筠往代之，比至，懷英已卒，因除筠爲永平軍節度使、大安尹。懷英在長安日，家財甚厚，筠盡奪之，復於大内掘地，繼獲金玉。時有涇陽鎮將侯莫威，案：歐陽史作侯莫陳威。前與温韜同剽唐氏諸陵，大貯瓌異之物，筠乃殺威而籍其家，遂蓄積巨萬。然性好施，每出，遇貧民於路，則給與口食衣物，境内除省賦外，未嘗聚斂，遂致百姓不撓，十年小康，秦民懷惠，呼爲「佛子」。

同光中，從郭崇韜爲劍南安撫使，蜀平歸洛，權領河南尹，俄鎮興元，所治之地〔七〕，上下安之。筠時有疾，軍州官吏久不得見，副使符彥琳等面請問疾，筠又不諾，彥琳等疑其已死，慮左右有謀，遂請權交牌印，筠命左右收彥琳下獄，以叛聞。詔取彥琳等至洛，釋而不問，因授筠西京留守，誘離興元。及至長安，守兵閉門不內，筠東朝於洛，詔遣歸第。

案：歐陽史作以爲左驍衛上將軍。

筠前爲京兆尹，奉詔殺僞蜀主王衍，衍之妓樂寶貨，悉私藏於家。及罷歸之後，第宅宏敞，花竹深邃，聲樂飲饍，恣其所欲，十年之內，人謂「地仙」。天福二年，上表乞歸長安，俄而洛下張從賓之亂，筠獨免其難，人咸謂筠有五福之具美焉。是歲，卒於家。贈太子太師。案：歐陽史作贈少師。弟籛。永樂大典卷六千二百五十。

籛，字慕彭。少嗜酒無節，爲鄉里所鄙。唐天復中，兄筠爲大梁四鎮客將，籛自海州省兄，兄薦於兗州連帥王瓚，用爲裨校。籛性桀黠，善事人，累遷軍職。後唐莊宗都洛，筠鎮長安，自衙內指揮使授檢校司空、右千牛衛將軍同正，領饒州刺史、西京管內三白渠營田制置使。

同光末，筠隨魏王繼岌伐蜀，奏籛權知西京留守事。蜀平，王衍挈族入朝，至秦川驛，莊宗遣中使向延嗣乘驛騎盡戮王衍之族，所有奇貨，盡歸於延嗣。俄聞莊宗遇内難，繼岌軍次興平，鏻乃斷咸陽浮橋，繼岌浮渡至渭南死之，一行金寶妓樂，鏻悉獲之。俄而明宗使人誅延嗣，延嗣暗遁，案九國志：明宗即位，忿閹豎輩怙勢擅權，先朝使四方及逃遁不出者〔八〕，皆擒戮之，死者殆盡。（舊五代史考異）衍之行裝復爲鏻有，因爲富家，積白金萬鎰，藏於窟室。明宗即位，鏻進王衍犀玉帶各二，馬一百五十匹，魏王打毬馬七十匹〔九〕，旋除沂州刺史，入爲西衛將軍。

高祖即位之明年，加檢校太保，出典密州，未幾，復居環衛。時湖南馬希範與鏻有舊，奏朝廷請命鏻爲使，允之。鏻密齎蜀之奇貨往售，又獲十餘萬緡以歸。鏻出入以庖者十餘人從行，食皆水陸之珍鮮，厚自奉養，無與爲比。少帝嗣位，詔遣往西蕃，及迴，以其馬劣，爲有司所糾，復當路有不足者，遂有詔徵其舊價。鏻上言請貨故京田業，許之，因憤惋成病而卒。

鏻始在雍州，因春景舒和，出遊近郊，憩於大塚之上，忽有黄雀銜一銅錢置於前而去。未幾，復於衙院晝卧，見二鸛相鬬畢，各銜一錢落於鏻首。前後所獲三錢，嘗秘於巾箱，識者以爲大富之徵。其後家雖厚積，性實鄙吝，未嘗與士大夫遊處。及令市馬，利在私門，不省咎以輸其直，鬱鬱致死，愚之甚耶！永樂大典卷六千二百五十。

華温琪，字德潤，宋州下邑人也。祖楚，以農爲業。父敬忠，後以温琪貴，官至檢校尚書。温琪長七尺餘，唐廣明中，從黄巢爲紀綱，巢陷長安，僞署温琪爲供奉都知。巢敗，奔至滑臺，以形貌魁岸，懼不自容，乃投白馬河下流，俄而浮至淺處，會行人救免；又登桑自經，枝折，墜地不死。夜至胙縣界，有田父見温琪非常人，遂匿於家。經歲餘，會梁將朱友裕爲濮州刺史〔一〇〕，召募勇士，温琪往依之，友裕署爲小校，漸升爲馬軍都將。從友裕擊秦宗權於曹南有功，奏加檢校太子賓客，梁祖擢爲開道指揮使，加檢校工部尚書，出屯鄜畤。會延州胡璋叛命〔一一〕，來寇郡境，温琪擊退之。尋奉詔營長安，以功遷絳州刺史。歲餘，刺棣州。温琪以州城每年爲河水所壞，居人不堪其苦，表請移於便地，朝廷許之。板築既畢，賜立紀功碑，仍加檢校尚書左僕射，繼遷齊州、晉州節度使〔一二〕。

温琪在平陽日，唐莊宗嘗引兵攻之，踰月不下，梁人賞之，升晉州爲定昌軍，以温琪爲節度使，加檢校太保。既而温琪臨民失政，嘗掠人之妻，爲其夫所訴，罷，入爲金吾大將軍。時梁末帝方姑息諸侯，重難其命，故責詞云：「若便行峻典，謂予不念功勳；若全廢舊章，謂我不安黎庶。爲人君者，不亦難乎！」温琪大有愧色。俄轉右監門衛上將軍、右龍武統軍。會河中朱友謙叛，權授温琪汝州防禦使、河中行營排陣使，尋爲耀州觀察留後。

莊宗入洛，温琪來覲，詔改耀州爲順義軍，復以温琪鎮之，加推忠向義功臣〔一三〕。同光末，西蜀既平，命温琪爲秦州節度使。明宗即位，因入朝，願留闕下〔一四〕，明宗嘉而許之，除左驍衛上將軍，逐月別賜錢粟，以豐其家。踰歲，明宗謂樞密使安重誨曰：「温琪舊人，宜選一重鎮處之。」重誨奏以天下無闕。他日又言之，重誨素强愎，對曰：「臣累奏未有闕處，可替者，唯樞密院使而已。」明宗曰：「可。」重誨不能答。温琪聞其事，懼爲權臣所怒，幾致成疾，由是數月不出。俄拜華州節度使，依前光禄大夫、檢校太傅，進封平原郡開國公，累加食邑至三千户。温琪至任，以己俸補葺祠廟廨舍凡千餘間，復於郵亭創待客之具，華而且固，往來稱之。清泰中，上表乞骸骨歸宋城，制以太子少保致仕。案：歐史作以太子太保致仕，卒，贈太子太傅。天福元年十二月，終於家，年七十五。詔贈太子太保。永樂大典卷一萬八千一百三十。

安崇阮〔一五〕，字晉臣，潞州上黨人也。少倜儻，有詞辯，善騎射。父文祐，初爲牙門將〔一六〕。唐光啓中，潞州軍校劉廣逐節度使高潯〔一七〕，據其城，僖宗詔文祐平之，既殺劉廣，召赴行在，授邛州刺史。其後孟方立據邢洺，率兵攻上黨，朝廷以文祐本潞人也，授昭義節度使，令討方立。自蜀至澤州，與方立戰，敗歿於陣。昭宗朝，宰臣崔魏公以文祐歿於王事，薦崇阮於朝，自是累任諸衞將軍。

梁氏革命，以崇阮明辯，遣使吴越，迴以所獲橐裝，悉充貢奉，梁祖嘉之，故每歲乘軺於江浙間，及迴，貢獻皆如初。梁末帝嗣位，授客省使，知齊州事。時梁軍與莊宗對壘於河上，冀王友謙以河中叛，末帝使段凝領軍經略蒲晉，詔崇阮監軍，又知華、雍軍府事。期年，授青州兵馬留後，入爲諸衞上將軍。唐天成中，授黔南節度使、檢校太保，尋移鎮夔州。以蜀寇侵逼，棄城歸闕，改晉州節度使，復爲諸衞上將軍。高祖登極之二年，詔葬梁末帝，以崇阮梁之舊臣，令主葬事。崇阮盡哀致禮，以襄其事，時人義之。五年，以老病請告，授右衞上將軍致仕。開運元年九月，卒於西京。贈太傅。永樂大典卷一萬八千三百三十一〔一八〕。

楊彦詢，字成章，河中寶鼎人。父規，累贈少師。彦詢年十三，事青帥王師範，有書萬卷，以彦詢聰悟，使掌之。及長，益加親信，常委監護郡兵。及梁將楊師厚降下青州，彦詢隨師範歸命。洎師範見殺，楊師厚領鄴，召置麾下，俾掌賓客。唐莊宗入魏，復事焉。同光元年冬，從平大梁，升爲引進副使，將命西川及淮南稱旨，累遷内職。明宗時，爲客省使、檢校司徒，使兩浙迴，授德州刺史。

末帝即位，改羽林將軍。時高祖鎮太原，朝廷疑貳，以彦詢沉厚，擇充北京副留守。清泰末，以宋審虔爲北京留守，高祖深懷不足，以情告彦詢。彦詢恐高祖失臣節，乃曰：「不知太原兵甲芻粟幾何，可敵大國否？請明公反覆慮之。」蓋欲迴其意也。高祖曰：「我不忿小人相代，方寸決矣。」彦詢知其不可諫，遂止。左右欲害之，高祖曰：「唯副使一人我自保明，爾勿復言也。」及即位，授齊州防禦使、檢校太保，旋改宣徽使。從高祖入洛，加左驍衛上將軍兼職。案：歐史作太原節度副使。

天福二年秋，出爲鄧州節度使，歲餘，入爲宣徽使。四年〔一九〕，使於契丹。六年春〔二〇〕，授邢州節度使、檢校太傅。時鎮州安重榮有不臣之狀，彦詢憂其窺伺，會車駕幸鄴，表求入覲。高祖慮契丹怒安重榮之殺行人也，移兵犯境，復命彦詢使焉，仍恐重榮要之，由滄州路以入蕃。戎王果怒重榮，彦詢具言非高祖本意，蓋如人家惡子，無如之何。尋聞重榮犯闕，乃放還。七年春，授華州節度使、檢校太尉。在任二年，屬部内蝗旱，道殣相望，彦詢以官粟假貸，州民賴之存濟者甚衆。開運初，以風痺授右金吾衞上將軍，俄卒於官，年七十四。贈太子太師。永樂大典卷一萬八千一百三十。

李承約，字德儉，薊州人也。曾祖瓊，薊州別駕，贈工部尚書。祖安仁，檀州刺史，贈太子太保。父君操，平州刺史，贈太子少師。承約性剛健篤實，少習武事，弱冠爲幽州牙門校，遷山後八軍巡檢使。屬劉守光囚殺父兄，名儒宿將經事其父兄者多無辜被戮〔一一〕，承約自以握兵在外〔一二〕，心不自安。時屬唐武皇召募英豪，方開霸業，乃以所部二千騎歸於并州〔一三〕，即補匡霸都指揮使、檢校右僕射，兼領貝州刺史。從破夾寨，及與梁人戰於臨清有功，再遷洺、汾二州。莊宗即位，授檢校司空、慈州刺史〔一四〕，爲治平直，移授潁州團練使。天成中，以邠州節度使毛璋將圖不軌，乃命爲涇州節度副使〔一五〕，且承密旨往偵之。既至，以善言諭之，璋乃受代。明宗賞其能，加檢校太保，拜黔南節度使。數年之間，巴邛蠻蜑不敢犯境，外勸農桑，內興學校，凶邪盡去，民皆感之，故父老數輩重趼詣闕，言其政化。又聽留周歲，徵爲左衞上將軍，自左龍武統軍加特進、檢校太傅，充昭義軍節度使，賜推忠奉節翊戴功臣。歲餘歸朝，復爲左龍武統軍。高祖御宇之二年，授左驍衞上將軍，進封開國公。累上表請老，尋以病卒，時年七十五。贈太子太師。永樂大典卷二萬四百二十〔二六〕。

陸思鐸，澶州臨黄人。父再端，贈光禄卿。思鐸有武幹，梁太祖領四鎮，隸於麾下。及即位，授廣武都指揮使，歷突陣、拱辰軍使，積前後戰勳，累官至檢校司徒、拱辰左廂都指揮使，遥領恩州刺史〔二七〕。初，梁軍與莊宗對壘於河上，思鐸以善射，日預其戰。嘗於箭笴之上自鏤其姓名，一日射中莊宗之馬鞍，莊宗拔箭視之，覩思鐸姓名，因而記之。及莊宗平梁，思鐸隨衆來降〔二八〕，莊宗出箭以視之，思鐸伏地待罪，莊宗慰而釋之。尋授龍武右廂都指揮使，加檢校太保。天成中，爲深州刺史，改雄捷右廂馬軍都指揮使。會南伐荆門，思鐸亦預其行。時高季興以舟兵拒王師，思鐸每發矢中敵，則洞胸達掖，由是賊鋒稍挫，不敢輕進，諸軍咸壯之。高祖革命，拜陳州刺史，秩滿，歷左神武、羽林二統軍〔二九〕，出爲蔡州刺史，遇代歸朝。天福八年，以疾卒，時年五十四。思鐸典陳郡日，甚有惠政，常戒諸子曰：「我死則藏骨於宛丘，使我棲魂於所治之地。」及卒，乃葬於陳，從其志也。永樂大典卷一萬八千一百三十一。

安元信，朔州馬邑人也。少善騎射。後唐莊宗爲晉王時，元信詣軍門求自效。尋隸明宗麾下，累從明宗征討有功。明宗即位，擢爲捧聖軍使，加檢校兵部尚書。清泰三年，遷雄義都指揮使，受詔屯於代州，太守張朗遇之甚厚，元信亦以兄事之。是歲五月，高祖建義於太原，俄聞契丹有約赴難，元信入説朗曰：「張敬達雖圍太原，而兵尚未合，代郡當鴈門之衝，敵至其何以禦？僕觀石令公素長者，舉必成事，若使人道意歸款，俟其兩端，亦求全之上策也。」朗不納，元信悔以誠言之，反相猜忌。尋聞安重榮、安審信相次以騎兵赴太原，元信遂率部曲以歸高祖。案通鑑云：元信謀殺朗，不克，帥其衆奔審信，審信遂帥麾下數百騎，與元信掠百井奔晉陽。（舊五代史考異）高祖見之喜，謂元信曰：「爾覩何利害，背强歸弱？」元信曰：「某非知星識氣，唯以人事斷之。夫帝王者，出語行令，示人以信。嘗聞主上許令公河東一生，今遽改之，是自欺也。且令公國之密親，親尚不能保，肯保天下之心乎！以斯而言，見其亡也，何得爲强也。」高祖知其誠，因開懷納之，委以戎事。高祖即位之元年，授耀州團練使，加檢校太保。四年，入爲右神武統軍，其年八月，復出牧洺州。少帝嗣位，尋遷宿州，九年，罷任來朝。開運初，授復州防禦使。三年，卒於任，年六十三。

贈太傅。永樂大典卷一萬八千一百三十一。

張朗，徐州蕭縣人。父楚，贈工部尚書。朗年十八，善射，膂力過人，鄉里敬憚之，梁祖聞其名，就補蕭縣鎮使，充吾縣都案：「吾縣」二字疑有舛誤。遊奕使，時朗年纔二十三。歲餘，補宣武軍內衙都將，歷洺州步軍、曹州開武、汴州十內衙、鄆州都指揮使。梁末，從招討使段凝襲衞州，下之，遂授衞州刺史。事梁僅三十年，凡有征討，無不預之。同光三年，從魏王繼岌伐蜀，爲先鋒橋道使。明宗朝，歷興、忠、登三州刺史。清泰初，以契丹犯邊，補西北面行營步軍都指揮使，從高祖屯軍於代北，俄兼代州刺史，又改行營諸軍馬步都虞候。高祖建義於太原，遣使以書諭之，朗曰：「爲人臣而有二心可乎！」乃斬其使。案通鑑云：帝以晉安已降，遣使諭諸州，代州刺史張朗斬其使。蓋晉祖初起，安元信勸朗歸順，不從，至是復斬其使也。（舊五代史考異）洎高祖入洛，領全師朝覲，授貝州防禦使，在任數載。天福五年，除左羽林統軍。六年，授光禄大夫、檢校太傅、慶州刺史。在官二年卒，年七十四。永樂大典卷六千二百五十。

李德琉，應州金城人。祖晟，父宗元，皆爲邊將。德琉少善騎射，事後唐武皇爲偏校。及從莊宗戰潞州、柏鄉、德勝渡，繼有軍功，累加檢校尚書左僕射，遥食郡俸。天成中，檢校司空，領蔚州刺史。長興元年，授雄武軍節度、秦成階觀察處置等使，加檢校司徒。二年六月，移鎮定州，充北面副招討使。高祖即位，改鎮涇原，及受代歸闕，會高祖幸鄴，授東京留守，加同平章事。少帝嗣位，移廣晉尹，加檢校太師。開運中，再領涇州，以病卒於鎮。德琉幼與明宗俱事武皇，故後之諸將多兄事之，時謂之「李七哥」。所治之地，雖無殊政，然以寬恕及物，家無濫積，亦武將之廉者。永樂大典卷二萬四百二十〔三〇〕。

田武，字德偉，大名元城人。父簡，累贈右僕射。武少有拳勇，初事莊宗爲小校，歷遷勝節指揮使。明宗登極，轉帳前都指揮使，領澶州刺史。天成二年，改左羽林都指揮使，遥領宜州，充襄州都巡檢使。三年，自汴州馬步軍都指揮使授曹州刺史。長興初，遷齊州防禦使，又移洺州。清泰中，歷成、隴二州，充西面行軍副部署。天福初，授金州防禦使，及金州建節鉞，武丁母憂，乃起復爲節度使。開運元年，移鎮滄州，兼北面行營右廂都指揮使〔二一〕。二年，授寧江軍節度使，充侍衞步軍都指揮使。歲内改昭義軍節度、澤潞等州管内觀察處置等使、潞州大都督府長史、檢校太傅，封鴈門郡開國公。未赴任，以疾卒。武出身戎行，性鯁正，御軍治民，咸盡其善。及卒，朝廷惜之，詔贈太尉，輟視朝一日。永樂大典卷四千八百六。

子仁朗、案宋史云：仁朗以父任西頭供奉官。（舊五代史考異）仁遇並歷内職。

李承福，字德華，漢陽人。少寒賤，事元行欽掌皂棧之役，後爲高祖家臣。高祖登極，歷皇城武德宣徽使、左千牛將軍〔二二〕，出爲澶州刺史，遷齊州防禦使、檢校太保。承福性鄙狹，無器局，好察人微事，多所詆訐，雖小過不能恕，工商之業、輿隸之情、官吏之幸，皆善知之，然自任所見〔二三〕，無所準的，故人多薄之。少帝嗣位，授同州節度使，尋卒於鎮。少帝以高祖佐命之臣，聞之嗟歎，賻物加等，輟視朝一日，詔贈太傅。永樂大典卷一萬三百八十九。

相里金，字奉金，案：相里金墓碑作字國寶，當得其實。歐陽史雜傳多襲薛史原文，與碑異。并州人也。性勇悍果敢，能折節下士。唐景福初，武皇始置五院兵，金首預其選。從莊宗攻下夾寨，得補爲小校，後與梁師戰於柏鄉及胡柳陂，以功授黄甲指揮使。同光中，統帳前軍拔中都，賜忠勇拱衞功臣、檢校刑部尚書。二年，自羽林都虞候出爲忻州刺史，案：歐陽史作沂州。凡部曲私屬，皆不令干預民事，但優其贍給，使分掌家事而已，故郡民安之，大有聲績。應順元年，爲隴州防禦使，會唐末帝起兵於鳳翔，傳檄於鄰道，諸侯無應者，唯金遣判官薛文遇往來計事，末帝深德之。及即位，擢爲陝州節度使，加檢校太保。清泰三年夏，高祖建義於太原，唐末帝發兵來攻，以金爲太原四面步軍都指揮使。高祖即位，移鎮晉州，及受代歸闕，累爲諸衞上將軍，加開府儀同三司，官至檢校太尉，爵列開國公，案：碑文云：封西河郡開國侯。薛史作開國公，未知孰是。歐陽史諸臣傳官爵多闕略，無可考證。勳登上柱國，以久居散地，優之故也。天福五年夏，卒於任。贈太師。永樂大典卷一萬三千三百四十一。案：碑文作贈太子太師，與傳異。考晉高祖紀，五年八月，相里金卒，贈太師。其贈與傳同，而其卒在八月，則傳中「夏」字疑誤。

史臣曰：在禮之起甘陵也，當鼎革之期，會富貴來逼，既因人成事，亦何足自多。及其仗鉞擁旄，積財敗德，貨之爲累，可不誡乎！全節之佐晉氏也，平安陸之妖，之妖，原本作「之禮」，今從夏文莊集所引薛史改正。（影庫本粘籤）預宗城之戰，功既茂矣，貴亦宜然。張筠歷事累朝，享兹介福，蓋近代之幸人也。自温琪而下，皆服冕乘軒，苴茅纛土，垂名汗簡，諒亦宜焉。永樂大典卷一萬三百四十一。

校勘記

〔一〕楊晸　本書卷三四唐莊宗紀八、通鑑卷二七四作「楊仁晸」。

〔二〕清泰三年　本書卷四七唐末帝紀中繫其事於清泰二年。

〔三〕領三百人順流而逸　「三」，原作「二」，據殿本、劉本、册府卷六九四、通鑑卷二七九改。

〔四〕尋加天雄軍節度使　「節度使」三字原闕，據册府卷三六〇補。按册府卷九一七：「晉馬全節爲天雄軍節度、北面行營副招討。」

〔五〕遘逡巡避之　「遘」字原闕，據册府卷三八八、卷七九四補。

〔六〕授右衞上將軍　「右」，通鑑卷二六九考異引劉恕廣本作「左」。按本書卷九梁末帝紀中：「（貞明四年）以左衞上將軍張筠爲權知永平軍節度觀察留後。」

〔七〕所治之地　句下册府卷六七五、職官分紀卷三九有「咸用前政」四字。

〔八〕先朝使四方及逃遁不出者　「朝」，原作「勒」，「逃」，原作「此」，據九國志卷七改。

〔九〕魏王打毬馬七十匹　「七十」，本書卷三六唐明宗紀二、册府卷一六九作「七十二」。

〔一〇〕會梁將朱友裕爲濮州刺史　「朱友裕」，新五代史卷四七華温琪傳作「朱裕」。按本書卷一梁太祖紀一：「攻陷濮州，刺史朱裕單騎奔鄆。」新五代史卷二一朱珍傳：「又取濮州，刺史朱裕奔于鄆州。」疑即其人。

〔一一〕胡璋　本書卷二梁太祖紀二、卷一三楊崇本傳作「胡章」。

〔一二〕繼遷齊州晉州節度使　新五代史卷四七華温琪傳敍其事作「歷齊、晉二州」，又通鑑卷二六七有晉州刺史華温琪。按齊州隸天平軍，未嘗升爲節鎮。本卷下文：「温琪在平陽日，唐莊宗嘗引兵攻之，踰月不下，梁人賞之，升晉州爲定昌軍，以温琪爲節度使。」則晉州本因華温琪城守之功升爲節鎮，此處「節度使」疑爲「刺史」之誤。

〔一三〕加推忠向義功臣　「向」，册府卷九九作「尚」。

〔一四〕願留闕下　「下」字原闕，據册府卷五七、卷三八七、新五代史卷四七華温琪傳補。

〔一五〕安崇阮　原作「安重阮」，據殿本、邵本校、通鑑卷二五五考異引薛史安崇阮傳及本卷下文改。影庫本批校：「安崇阮，『崇』訛『重』。」

〔一六〕初爲牙門將　「初」字原闕，據通鑑卷二五五考異引薛史安崇阮傳補。

〔一七〕唐光啓中潞州軍校劉廣逐節度使高潯　「高潯」，本書卷六二孟方立傳、通鑑卷二五二、新唐書卷九僖宗紀敍其事作「高湜」。

〔一八〕永樂大典卷一萬八千三百三十一　檢永樂大典目録，卷一八三三一爲「葬」字韻，與本則内容不符，恐有誤記。陳垣舊五代史輯本引書卷數多誤例謂應作卷一八一三一「將」字韻「後晉將二」。

〔一九〕四年　本書卷七九晉高祖紀五繫其事於天福五年。

〔二〇〕六年春　本書卷七九晉高祖紀五繫其事於天福五年。

〔二一〕名儒宿將經事其父兄者多無辜被戮　「其」字原闕，據册府卷七六六補。

〔二二〕承約自以握兵在外　「承約」二字原闕，據册府卷七六六補。

〔二三〕乃以所部二千騎歸於并州　「騎」字原闕，據册府卷七六六補。

〔二四〕慈州刺史　「慈州」，殿本作「磁州」。

〔二五〕乃命爲涇州節度副使　「涇州」，册府卷六五三、新五代史卷四七李承約傳同，通鑑卷二七五敍其事云：「靜難節度使毛璋驕僭不法，訓卒繕兵，有跋扈之志。詔以潁州團練使李承約爲節度副使以察之。」按靜難軍治邠州。

〔二六〕永樂大典卷二萬四百二十　檢永樂大典目録，卷二〇四二〇爲「稷」字韻「社稷一　三代至陳」，與本則内容不符，恐有誤記。陳垣舊五代史輯本引書卷數多誤例謂應作卷一〇四二〇「李」字韻「姓氏六十五」。

〔二七〕遥領恩州刺史　「恩州」，原作「思州」，據殿本、册府卷三六〇、新五代史卷四五陸思鐸傳改。影庫本批校：「『思州』應作『恩州』。」

〔二八〕思鐸隨衆來降　「隨衆」，殿本、孔本、册府卷四三、卷八四六作「以例」。

〔二九〕歷左神武羽林二統軍　本書卷七九晉高祖紀五：「以左神武統軍陸思鐸爲右羽林統軍。」疑「羽林」前脱「右」字。

〔三〇〕永樂大典卷二萬四百二十　檢永樂大典目録，卷二〇四二〇爲「稷」字韻「社稷一　三代至陳」，與本則内容不符，恐有誤記。陳垣舊五代史輯本引書卷數多誤例謂應作卷一〇四二〇「李」字韻「姓氏六十五」。

〔三一〕兼北面行營右廂都指揮使　「行營」下本書卷八三晉少帝紀三有「步軍」二字。

〔三二〕左千牛將軍　册府卷七六六作「左千牛大將軍」。

〔三三〕然自任所見　句上册府卷六九七有「雖不欺詐不貪濁」七字。

舊五代史卷九十一

晉書十七

列傳第六

房知温　王建立　康福　安彥威　李周　張從訓　李繼忠　李頃　周光輔　符彥饒　羅周敬　鄭琮

房知温，字伯玉，兗州瑕丘人也。少有勇力，案玉堂閒話云：知温少年，與外弟徐某爲盜于兗、鄆之境。（舊五代史考異）籍名於本軍，爲赤甲都官健。梁將葛從周鎮其地，選置麾下。時部將牛存節屯於鎮，好摴博，每求辨采者，知温以善博見推，因得侍左右，遂熟於存節。及王師範遣劉鄩據兗州，梁祖命存節將兵討之，知温夕縋出奔，存節喜而納焉。明夜，竊良馬一駟，復入城，鄩乃擢爲裨將。鄩降，隸于同州劉知俊，知俊補爲克和軍使。知俊奔岐，改隸魏州楊師厚，以爲馬鬭軍校〔一〕，漸升至親隨指揮使，繼加檢校司空。

莊宗入魏，賜姓，名紹英，改天雄軍馬步都指揮使，加檢校司徒、澶州刺史、行臺右千牛衛大將軍。莊宗平梁，歷曹、貝州刺史，權充東北面蕃漢馬步都虞候，遣戍瓦橋關。明宗自鄴入洛，知温與王晏球首赴焉。明宗自總管府署知温滑州兩使留後。天成元年，授兗州節度使。明宗即位，詔充北面招討，屯於盧臺軍。以盧文進來歸，加特進、同平章事，賞招討之功也。

後除烏震爲招討副使，代知温歸鎮。知温怒震遽至，有怨言，因縱博，誘牙兵殺震於席上。會次將安審通保騎軍隔河按甲不動，知温懼不濟，乃束身渡水，復結審通逐其亂軍以奏。時朝廷姑息知温，下詔於鄴，盡殺軍士家口老幼凡數萬，清漳爲之變色。尋詔遣知温就便之鎮，以安反側。俄改徐州節度使，加兼侍中。會朝廷起兵伐高季興，授荆南招討使、知行府事。尋丁母憂，起復雲麾將軍，墨縗即戎，竟無功而還。長興中，節制汶陽。越二年，除平盧軍節度使。累官至開府儀同三司、檢校太師、兼中書令，封東平王，食邑五千户、食實封三百户。天福元年冬十二月辛巳，卒於鎮。贈太尉，歸葬於瑕丘，詔立神道碑。

知温性麤獷，動罕由禮，每迎待王人，不改戎服，寡言笑，多縱左右排辱賓僚，他日知悮，亦無愧色。始與唐末帝嘗失意於杯盤間，以白刃相恐，及末帝即位，知温憂甚，末帝乃封王爵以寧之也。案歐陽史：廢帝起鳳翔，愍帝出奔，知溫乘間有窺覦之意，司馬李沖請懷表而西以覘之。及沖至京師，廢帝已入立，沖即奉表稱賀，還勸知溫入朝。此事薛史不載。知溫徑赴洛陽，申其宿過，且感新恩，末帝開懷以厚禮慰而遣之。及還郡，厚斂不已，積貨數百萬，治第於南城，出則以妓樂相隨，任意所之，曾不以政事爲務。有幕客顏衎者，正直之士也，委曲陳其利病，知溫不能用焉。及高祖建義入洛，尚不即進獻，耀兵於牙帳之下，衎正色謂曰：「清泰帝富有天下〔二〕，多力善戰，豈明公之比，而天運有歸，坐成灰燼。今青州遷延不貢，何以求安，千百武夫，無足爲恃，深爲大王之所憂也。」知溫遂馳表稱賀，青人乃安。未幾，以沈湎成疾而卒，部曲將吏分其所聚，列爲富室〔三〕。衎又勸其子彥儒進錢十萬貫，以助國用，朝廷除彥儒爲沂州刺史。案歐陽史：彥儒獻父錢三萬緡、絹布三萬疋、金百兩、銀千兩、茶千五百斤、絲十萬兩，拜沂州刺史。不言其謀出于顏衎。據宋史顏衎傳：知溫諸子不慧，衎勸令以家財十萬餘上進，晉祖嘉之，歸功于衎，知溫子彥儒授沂州刺史，衎拜殿中侍御史。與薛史合。蓋薛氏去石晉未遠，猶得當時實事也。其家幸獲保全，皆衎之力也。永樂大典卷一萬八千一百三十。

五代史補：房知溫爲青州節度，封東平王，所爲不法，百姓苦之。一旦，有從事張澤者，素好嗜鼈，忽暴卒，但心頭微煖，家人未即殮，經宿而活。自云爲泰山所追，行未幾，過一公宇，門庭甚壯，既見有人衣紫據案而坐，自謂之府君，叱澤曰：「何故食鼈過差耶？」言訖，有執筆挾簿引羣鬼，皆怪狀，攜以鼎鑊刀几之具至，擒澤投于沸鼎中，移時復用鐵叉撥出，以刀支解，去骨肉，然後烹飪，大抵亦如治鼈之狀，既熟，諸鬼分噉。凡出自鼎鑊，至于支解，又至于分啖，其于慘毒苦痛之狀，皆名狀之所不及。如此者近數十度，府君始恕之，且問曰：「汝受諸苦如何，爾其敢再犯乎？」答曰：「不敢。」于是遣去。將行，府君又于案上取一物，封之甚固，授澤曰：「爲吾將此物與房知溫，不法之事宜休矣。」澤領而置于懷，遂覺。知溫聞知澤復活，遽使人肩舁入府而問之，澤備以所受之苦對，仍于懷中探取封物付溫，即錦被角也。知溫大駭曰：「吾昨覺體寒如中瘧，遂擁被就火，忽聞足下無疾而卒，遂驚起，不虞一角之被爲火所燒，此其是乎！」遽取被視之，不差毫釐。知溫顫慄不知所措，謂澤曰：「足下之過小可耳，尚如此，老夫不知如何也。」自是知溫稍稍近理。

王建立，遼州榆社人也。曾祖秋，祖嘉〔四〕。父弁，累贈太保。建立少鷙猛無檢。明宗領代州刺史，擢爲虞候將。莊宗鎮晉陽，以諸陵在代郡，遣女使饗祭，其下有擾於民者，建立必捕而笞之。莊宗怒，令收之，爲明宗所護而免，由是知名。明宗歷遷藩鎮，皆署爲牙門都校，累奏加檢校司空。及明宗爲魏軍所迫，時皇后曹氏、淑妃王氏在常山，使建立殺其監護并部下兵，故明宗家屬因而保全。及即位，以功授鎮州節度副使，加檢校司徒，旋爲留後。未幾，正授節旄，繼加檢校太尉〔五〕、同平章事。

會王都據中山叛，密使通弟兄之好。案通鑑云：王都陰與謀復河北故事，建立陽許而密奏之。（舊五代史考異）安重誨素與建立不協，知其事，奏之。明宗慮陷建立，尋徵赴闕，案通鑑云：建立奏重誨專權，求入朝面言其狀，帝召之。（舊五代史考異）拜右僕射兼中書侍郎、平章事、判鹽鐵户部度支，充集賢殿大學士。天成四年，出爲青州節度使。五年，移鎮上黨，辭不赴任，請退居丘園，制以太子少保致仕，案：通鑑作以太傅致仕，歐陽史從薛史。（舊五代史考異）建立自是鬱鬱不得志。長興中，嘗欲求見，中旨不許，皆重誨蔽之也。清泰初，末帝召赴闕，授天平軍節度使。

建立少歷軍校，職當捕盜，及位居方伯，爲政嚴烈，閭里有惡跡者，必族而誅之，其刑失於入者不可勝紀，故當時人目之爲「王垜疊」，言殺其人而積其屍也。後聞末帝失勢，殺副使李彦贇及從事一人，報其私怨，人甚鄙之。高祖即位，再爲青州節度使，累加檢校太尉、兼中書令。建立晚年，歸心釋氏，飯僧營寺，戒殺慎獄，民稍安之。

天福二年，封臨淄王。明年，封東平王。五年，入覲，高祖曰：「三紀前老兄，宜賜不拜。」仍許肩輿入朝，上殿則使二宦者掖之，論者榮之。尋表乞休致，高祖不允，乃授潞州節度使，割遼、沁二州爲上黨屬郡，加檢校太師，進封韓王，以光其故里。至鎮踰月而疾作，有大星墜于府署，建立即召賓介竹岳草遺章〔六〕。又謂其子守恩曰：「榆社之地，桑梓存焉，桑以養生，梓以送死。余生爲壽宫，刻銘石室，死當速葬，葬必從儉，違吾是言，非孝也。」旋以病篤而卒，年七十。册贈尚書令。建立先人之墳在於榆社，其崗阜重複，松檜藹然，占者云「後必出公侯」〔七〕，故建立自爲墓，恐子孫易之也。

子守恩，周書有傳。永樂大典卷六千五百三十。

康福，蔚州人，世爲本州軍校。祖嗣，蕃漢都知兵馬使，累贈太子太師。父公政，歷職至平塞軍使，累贈太傅。福便弓馬，少事後唐武皇，累補軍職，充承天軍都監。莊宗嗣位，嘗謂左右曰：「我本蕃人，以羊馬爲活業。彼康福者，體貌豐厚，宜領財貨，可令總轄馬牧。」由是署爲馬坊使，大有蕃息。及明宗爲亂兵所迫，將離魏縣，會福牧小馬數千匹於相州〔八〕，乃驅而歸命〔九〕。明宗即位，授飛龍使，俄轉磁州刺史，充襄州兵馬都監。尋以江陵叛命，朝廷舉兵伐之，以福爲荆南道行營兵馬都監，俄以王師無功而還。

福善諸蕃語，明宗視政之暇，每召入便殿，諮訪時之利病，福即以蕃語奏之。樞密使安重誨惡焉〔一〇〕，常面戒之曰：「康福但亂奏事，有日斬之！」福懼。會靈武兵馬留後韓澄以人情不協〔一二〕，慮爲所圖，上表請帥，制加福光禄大夫、檢校司空、行涼州刺史，充朔方河西等軍節度、靈威雄警甘肅等州觀察處置、管内營田押蕃落温池榷税等使。福之是拜，蓋重誨嫉而出之，福泣而辭之。明宗宣重誨别與商議，重誨奏曰：「臣累奉聖旨，令與康福一事，今福驟升節鎮，更欲何求！況已有成命，難於改移。」明宗不得已，謂福曰：「重誨不肯，非朕意也。」福辭，明宗曰：「朕遣兵援助，勿過憂也。」因令將軍牛知柔領兵送赴鎮。行次青崗峽，會大雪，令人登山望之，見川下煙火，吐蕃數千帳在焉，寇不之覺，因分軍三道以掩之。蕃衆大駭，棄帳幕而走，殺之殆盡，獲玉璞、羊馬甚多。到鎮歲餘，西戎皆款附，改賜福耀忠匡定保節功臣，累加官爵。

福鎮靈武凡三歲，每歲大稔，倉儲盈羨，有馬千駟，因爲人所譖。安重誨奏曰：「累據使臣所言，康福大有寶貨，必負朝廷。」案：靈武受代，康福領節度在天成四年，次年爲長興元年，安重誨討蜀，二年賜死，是康福之任靈武甫匝歲而重誨已去朝，再期而賜死矣。此傳云福鎮靈武凡三歲，每歲大稔，重誨奏其必負朝廷，疑有舛誤。歐陽史仍薛史之舊。（舊五代史考異）明宗密遣人謂曰：「朕何負於卿，而有異心耶！」福奏曰：「臣受國重恩，有死無貳，豈願負於聖人，此必讒人之言也。」因表乞入覲，不允。及再上章，隨而赴闕，移授彰義軍節度使，又轉邠州、檢校太傅。清泰中，移鎮秦州，加特進、開國侯，充西面都部署。高祖受命，就加檢校太尉、開國公。未幾，又加同平章事。及移領河中，加兼侍中。以天和節入覲，改賜輸忠守正翊亮功臣，加開府儀同三司，增食邑至五千户、實封五百户。久之，受代歸闕。天福七年秋，卒於京師，年五十八。贈太師，謚曰武安。

福無軍功，屬明宗龍躍，有際會之幸，擢自小校，暴爲貴人，每食非羊之全髀不能飫腹，與士大夫交言，懵無所別。在天水日，嘗有疾，幕客謁問，福擁衾而坐。客有退者，謂同列曰：「錦衾爛兮！」福聞之，遽召言者，怒視曰：「吾雖生於塞下，乃唐人也，何得以爲爛奚！」因叱出之，由是諸客不敢措辭。復有末客姓駱，其先與後唐懿祖來自金山府，因公讌，福謂從事輩曰：「駱評事官則卑，門族甚高，真沙陀也。」聞者竊笑焉。

子三人：長曰延沼，歷隨、澤二州刺史；次曰延澤、延壽，俱歷内職焉。永樂大典卷一萬八千一百二十七。

安彦威，字國俊，代州崞縣人。少時以軍卒隸唐明宗麾下，彦威善射，頗知兵法，明宗愛之。及領諸鎮節鉞，彦威常爲牙將，以謹厚見信。明宗入立，皇子從榮鎮鄴，彦威爲護聖指揮使。以從榮判六軍，彦威遷捧聖指揮使、領寧國軍節度使。案：歐陽史作遷捧聖指揮使、領寧國軍指揮使。（舊五代史考異）及高祖入立，拜彥威北京留守。案通鑑云：彥威入朝，上曰：「我所重者信與義。昔契丹以義救我，我今以信報之，聞其徵求不已，公能屈節奉之，深稱朕意。」對曰：「陛下以蒼生之故，猶卑辭厚幣以事之，臣何屈節之有！」上悅。（舊五代史考異）徙鎮歸德，是時河決滑州，命彥威塞之，彥威出私錢募民治隄。遷西京留守，遭歲大饑，彥威賑饑民，民有犯法，皆寬貸之，饑民愛之不忍去。旋丁母憂，哀毀過制。少帝與契丹搆患，拜彥威北面行營副都統，彥威悉以家財佐軍，後以疾卒於京師。

彥威與太妃同宗，少帝事以爲舅，彥威未嘗以爲言。及卒，太妃臨哭，人始知其爲國戚，當時益重其人焉〔二〕。永樂大典卷一萬八千一百二十七。

李周，案：薛史莊宗紀作李周，明宗紀作李敬周，蓋本名敬周，入晉後避諱去「敬」字，薛史雜采諸書，未及改歸畫一，通鑑與薛史同。（舊五代史考異）字通理，邢州内丘人也，唐潞州節度使抱真之後。曾祖融、祖毅、父矩，皆不仕。周年十六，爲内丘捕賊將，以任俠自負〔三〕。時河朔羣盜充斥，南北交兵，行旅無援者不敢出郡邑。有士人盧岳，家於太原，攜妻子囊橐寓於逆旅，進退無所保，唯與所親相對流涕，周憫之，請援送以歸。行經西山中，有賊夜於林麓間俟之，射盧岳，中其馬。周大呼曰：「爾爲誰耶？」賊聞其聲，相謂曰：「李君至此矣。」即時散走。岳全其行裝，至於家。周將辭去，岳謂周曰：「岳明曆象，善知人。子有奇表，方頤隆準，眉目疏朗，身長七尺，此乃將相之材也。河東李氏將有天下，子宜事之，以求富貴。」周辭以母老而歸。

既而梁將葛從周拔邢洺〔一四〕，唐武皇麾兵南下，築壘於青山口。周向背莫決，因思盧岳之言，乃投青山寨將張污落，武皇賞之，補萬勝黃頭軍使。武皇之平雲州，莊宗之戰柏鄉，周皆有功，遷匡霸都指揮使。匡霸，原本脱「霸」字，今從歐陽史增入。（影庫本粘籤）莊宗入魏，率兵屯臨河、楊劉〔一五〕，所至與士伍同甘苦。周尤善守備，一日奔母喪，以他將代之，既出，則其城將陷，莊宗即遣追之，使墨縗從事。會莊宗北征，周與寺人焦彥賓守楊劉城，案九國志焦彥賓傳：彥賓，字英服，滄州清池人。少聰敏，多智略，事武皇，尤所委信。及莊宗即位，遷左監門衛將軍，充四方館使，出護邢州軍〔一六〕。（舊五代史考異）梁將王彥章以數萬衆攻之。周日夜乘城，躬當矢石，使人馳告莊宗，請百里趨程，以紓其難，莊宗曰：「李周在內，朕何憂也！」遂日行二舍，不廢畋獵，既至，士衆絶糧三日矣。及攻圍既解，莊宗謂周曰：「微卿九拒之勞，諸公等爲梁人所擒矣。」

同光中，歷相、蔡二州刺史，及蜀平，授西川節度副使。天成二年春，遷遂州兩使留後，尋正授節旄，未幾，受代歸闕。三年秋，出爲邠州節度使，會慶州刺史竇廷琬據城拒命，周奉詔討平之。長興、清泰中，歷徐、安、雍、汴四鎮，所至無苛政，人皆樂之。

高祖有天下，復鎮邠州，累官至檢校太師、兼侍中。及罷鎮赴闕，會少帝幸澶淵，以周累朝耆德，乃命爲東京留守。車駕還京，授開封尹〔一七〕。及遘疾，夢焚旌旗鎧甲，因自嗟嘆，上章請退，尋卒於官，時年七十四。詔贈太師，陪葬於明宗徽陵之北。永樂大典卷一萬八千一百二十七。徽陵，原本作「暉陵」，今從五代會要改正。（影庫本粘籤）

張從訓，字德恭。本姑臧人，其先迴鶻别派，隨沙陁徙居雲中，後從唐武皇家於太原〔一八〕，從訓遂爲太原人。祖君政，雲州長史，識蕃字，通佛理。父存信，河東蕃漢馬步軍都指揮使，武皇賜姓名，眷同親嫡，前史有傳。天福中，贈太師、中書令，追封趙國公。

從訓讀儒書，精騎射，初爲散員大將，天祐中，轄沙陁數百人，屯壺關十餘歲，節度使李嗣昭委遇之。莊宗與梁人相拒於德勝口，徵赴軍前，補充先鋒遊奕使，俄轉雲捷指揮使、檢校司空，賜名繼鸞，從諸子之行也。明宗微時，嘗在存信麾下爲都押牙，與從訓有舊，及即位，授石州刺史，復舊姓名。歷憲、德二州刺史。

高祖之鎮太原也，爲少帝娶從訓長女爲妃。案宋史張從恩傳：晉祖鎮河東，爲少帝娶從恩女。今考五代會要及薛史本紀，俱作從訓，疑宋史係傳聞之訛。（舊五代史考異）從訓清泰初授唐州刺史。三年，高祖舉義，從訓奉唐末帝詔，徵赴行在，分領鄉兵，次於團柏谷，兵敗宵遁，潛身民間。高祖入洛，有詔搜訪，月餘乃出焉，及見，以戚里之故〔一九〕，深加軫惻。尋授絳州刺史、檢校太保，在任數年，天福中卒於官，年五十二。少帝以后父之故，超贈太尉。弟從恩，仕皇朝爲右金吾衛上將軍，卒。永樂大典卷五千三百六十〔二〇〕。

李繼忠，字化遠，後唐昭義軍節度使兼中書令嗣昭之第二子〔二一〕。嗣昭，唐書有傳。繼忠少善騎射，從父征討有功，莊宗手制授檢校兵部尚書、充感義馬軍指揮使，改潞府司馬，加檢校尚書右僕射、充安義軍都巡檢使。天成中，自北京大內皇城使轉河東行軍司馬，入爲右驍衛將軍〔二二〕。未幾，授成德軍司馬，加檢校司徒。

高祖即位，二年三月，授沂州刺史，加檢校太保，尋移棣州刺史，繼忠舊苦風痺，皆辭以地遠，乃授單州刺史，仍加輸忠奉國功臣。三年，入爲右神武統軍。四年三月，出領隰州。七年八月，移刺澤州。開運元年，復入爲右監門大將軍。三年秋，以疾卒於東京，年五十一。

始繼忠母楊氏善治産，平生積財鉅萬。及高祖建義於太原，楊已終，繼忠舉族家於晉陽。時以諸軍方困，契丹援兵又至，高祖乃使人就其第，疏其複壁，取其舊積，所獲金銀紈素甚廣，至於巾屨瑣屑之物，無不取足。高祖既濟大事，感而奇之，故車駕入洛，繼忠雖有舊恙，連領大郡，皆楊氏之力也。永樂大典卷一萬三百八十九。

李頊〔一三〕，陳州項城人，即河陽節度使兼侍中罕之之子也。罕之，梁書有傳。唐光啓中，罕之與河南張全義爲仇，交相攻擊，罕之兵敗，北投太原，武皇以澤州處之，罕之將赴任，留頊爲質焉。時莊宗未弱冠，因與頊遊處，甚相昵狎。光化初〔一四〕，罕之自澤州襲據潞州，送款於梁，武皇以頊父叛，將殺之，莊宗密與駿騎，使逃出境，頊遂奔河南。梁祖以其父子歸己，委遇甚厚。天復中〔一五〕，梁祖自鳳翔送唐昭宗歸長安，留軍萬人，命姪友倫與頊總之，友倫，原本作「有倫」，今從歐陽史改正。（影庫本粘籤）以宿衛爲名。及梁祖逼禪，累掌禁兵，倚爲肘腋。庶人友珪立，授頊檢校尚書右僕射、右羽林統軍。梁末帝之誅友珪，頊預其謀，尋歷隨州刺史，復爲右羽林統軍。同光初，莊宗入汴，召頊見之，莊宗忻然，授衞州刺史，加光禄大夫、檢校太保。明宗朝，授衍州刺史。長興中，檢校太傅、右神武統軍。高祖即位之二年，加特進、檢校太尉、右領軍衛上將軍。三年，進封開國伯。五年，遷左領軍衛上將軍。尋以病卒，年七十。制贈太師。頊性温雅，不暴虐，凡刺郡統衆，頗有畏愛，及卒，人甚惜之。

子彦弼，在太原日，因頊走歸梁朝，武皇怒，下蠶室加熏腐之刑，後籍於内侍省卒焉。

永樂大典卷一萬八千一百三十一。

周光輔，太原人，後唐蕃漢馬步總管、幽州節度使德威之長子也。德威，有傳在唐書。光輔年甫十歲，補幽州中軍兵馬使，有成人之志，德威以牙軍委之，麾下咸取決焉。及長，體貌魁偉，練於戎事。父卒，授嵐州刺史。從莊宗平梁，遷檢校尚書左僕射、汝州防禦使，仍賜協謀定亂功臣。天成初，移汾州。四年，入爲右監門衛大將軍。長興、清泰中，歷陳、懷、磁三郡，繼加檢校司徒。高祖即位，授蔡州刺史。歲餘，卒於郡，時年三十五。贈太保。光輔以功臣子，歷數郡皆無濫政，竟善終於官，雖享年不永，亦可嘉也。

光輔有弟數人，光貞歷義、乾二州刺史，入爲諸衛將軍。光遜繼爲蔡州刺史。光贇任青州行軍司馬，及楊光遠叛滅，貶商州司馬，會赦徵還，尋卒於家。永樂大典卷五千四百一。

符彦饒，唐莊宗朝蕃漢總管存審之第二子也。存審，唐書有傳。彦饒少驍勇，能騎射。唐天祐十五年冬，莊宗與梁大戰於胡柳陂，彦饒與弟彦圖俱從其父血戰有功，莊宗壯之，因用爲騎將。同光中，以功授曹州刺史。明宗即位，改刺沂州。天成中，屯守梁園，會起軍北戍塞下，時有偏校以宣武乏帥，迫彦饒爲之，彦饒紿許其請，明日，殺爲惡者奏之，時人嘉其方略。長興中，爲金州防禦使，爲政甚有民譽，其後累遷節鎮。天福初，爲滑州節度使，累官至檢校太傅。二年七月，范延光據鄴都叛，朝廷遣侍衛馬軍都指揮使白奉進率騎軍三千，屯於州之開元寺。一日，彦饒與奉進因事忿爭於牙署，事具奉進傳中。是時，奉進厲聲曰：「爾莫是與范延光同反耶？」拂衣而起，彦饒不留，帳下介士大譟，擒奉進殺之。奉進從騎散走，傳呼於外。時步軍都校馬萬、次校盧順密聞奉進被害，即率其部衆攻滑之子城，執彦饒以出。遣裨校方太拘送闕下，行及赤岡南，高祖遣中使害於路左。永樂大典卷一萬八千一百三十二。

羅周敬，字尚素，鄴王紹威之第三子也。紹威，梁書有傳。周敬幼聰明，八歲學爲詩，往往傳於人口，起家授檢校尚書禮部員外郎。梁乾化中，以兄周翰節制滑臺，卒於官，乃以周敬繼之，命爲兩使留後，尋正授旄鉞，時年十歲。未幾，改授許州節度使，繼加檢校尚書左僕射。踰三年，徵授秘書監〔二六〕、檢校司空、駙馬都尉，尚梁普安公主，普安，原本作「莖安」，今從五代會要改正。（影庫本粘籤）旋移光禄卿。莊宗即位，歷左右金吾大將軍。初，唐天祐中，紹威嘗建第於洛陽福善里，及莊宗入洛，以梁租庸使趙巖宅賜明宗。同光中，明宗在洛，以邇内稍遠，乃召周敬議易其第，周敬諾之。後明宗即位，一日夢中見一人，儀形瓌秀，若素識者，夢中問曰：「此得非前宅主羅氏乎〔二七〕？」及寤，訪其子孫，左右對曰：「周敬見列明廷。」召至，果符夢中所見。明宗謂侍臣曰：「朕不欲使大勳之後久無土地。」因授同州節度使，加檢校太保。長興中，入爲左監門衛上將軍，四遷諸衛上將軍。天福二年卒，時年三十二〔二八〕。贈太傅。永樂大典卷五千六百七十八。

鄭琮，太原人也。始事唐武皇爲五院軍小校，屢有軍功。莊宗在河上，爲馬步都虞候。戎伍之事，一覩不忘，凡所詰問，應答如流，故所在知名。唐同光末，從明宗伐魏州，時軍情有變，明宗退守魏縣，未知趨向。安重誨將徵兵于四方，琮在帳前，歷數諸道屯軍及主將姓名，附口傳檄，相次而至。明宗即位，嘉其功，授防州刺史，秩滿，父老請留。三年八月，授左羽林統軍。唐長興二年二月，出刺武州。高祖即位，復居環衛，久之，以俸薄家貧，鬱鬱不得志。天福中，以疾終于官。贈司徒。永樂大典卷一萬八千八百八十一。

校勘記

〔一〕以爲馬鬬軍校　「馬鬬」，原作「馬步」。據殿本、新五代史卷四六房知温傳改。影庫本粘籤：「馬步，原本作『馬鬬』，今從歐陽史改正。」

〔二〕清泰帝富有天下　「帝」字原闕，據册府卷七二五補。

〔三〕列爲富室　「列」，原作「例」，據邵本校、册府卷七二二改。

〔四〕祖嘉　「嘉」，光緒榆社縣志卷九載韓王王建立墓銘作「喜」。

〔五〕繼加檢校太尉　「檢校太尉」，本書卷三八唐明宗紀四、光緒榆社縣志卷九載韓王王建立墓銘作「檢校太傅」。按本書卷三九唐明宗紀五記其天成三年方加檢校太尉。

〔六〕竹岳　原作「竺岳」，據永樂大典卷六八五〇引五代薛史、册府卷八九五改。影庫本粘籤：

「竺岳，原本脱『竺』字，今從册府元龜增入。」

〔七〕後必出公侯　「必」字原闕，據永樂大典卷六八五〇引五代薛史、册府卷八六九補。

〔八〕會福牧小馬數千匹於相州　「小馬」，通鑑卷二七四胡注引薛史、册府卷六二一同，殿本、劉本、新五代史卷四六康福傳作「小坊馬」。

〔九〕乃驅而歸命　「命」字原闕，據通鑑卷二七四胡注引薛史、册府卷六二一、新五代史卷四六康福傳補。

〔一〇〕樞密使安重誨惡焉　「安」字原闕，據册府卷九九六、新五代史卷四六康福傳補。

〔一一〕韓澄　原作「韓潯」，據本書卷一三二韓洙傳、新五代史卷四六康福傳、通鑑卷二七六改。按新五代史卷四〇韓遜傳：「澄乃上章請帥於朝。」舊五代史考異卷三：「案通鑑、歐陽史俱作韓洙弟澄。」

〔一二〕安彦威……當時益重其人焉　安彦威傳，原文略同於新五代史卷四七安彦威傳，孔本、邵本文字全同於新五代史。殿本作「安彦威，字國俊，代州崞縣人。少時以軍卒得隸唐明宗麾下，彦威性善射，頗諳兵法，明宗愛之。累歷藩鎮，彦威常爲衙將，所至以謹厚見稱。明宗入立，秦王從榮鎮鄴都，以彦威爲護聖指揮使。從榮判六軍，彦威入司禁衞，遥領鎮州節度使。高祖即位，尤倚彦威，即拜爲北京留守、加同平章事。移鎮宋州，是時河決滑州，命彦威集丁夫塞之，彦威出私錢募民治隄。隄成，滑人賴之。遷西京留守，歲饑，彦威開倉廩賑饑，有犯法者，皆寬貸，民免于流散，彥威之力也。旋丁母憂，哀毁過制。少帝與契丹搆釁，授彥威北面行營副都統。彥威悉率家財佐軍，人稱其忠。開運中，卒，贈太師。彥威與太妃爲同宗，少帝以舅事之，彥威未嘗自以爲言。及卒，太妃與少帝臨喪，人始知爲國戚，聞者益重其人焉」。劉本略同。按此傳係清人誤輯新五代史，殿本更動以掩其跡。另永樂大典卷一二〇四三引五代薛史：「高祖謂彥威曰：『國之所保，唯信與義。朕昔年危蹙與并州，契丹以義援我，我當以信報義，故勉而持之。邊隅諸蕃，徵求不足，聞卿竭力供億，屈節事之，善莫大焉。』彥威對曰：『陛下以四海之尊，爲蒼生之故，猶卑辭厚幣，以繼其好，區區微臣，何屈節之有也！』高祖喜，賜上尊酒。尋除開府儀同三司、兼侍中。」按此則係舊五代史安彥威傳佚文，清人失輯，姑附於此。

〔三〕以任俠自負　「俠」，原作「使」，據册府卷八〇四、卷八四八改。

〔四〕既而梁將葛從周拔邢洺　「洺」，原作「洛」，據殿本、劉本、孔本、邵本校、彭校、册府（宋本）卷八四三、新五代史卷四七李周傳改。

〔五〕率兵屯臨河楊劉　「楊劉」下册府卷三九〇有「莘縣」二字。

〔六〕出護邢州軍　「軍」，原作「事」，據殿本、劉本改。九國志卷七作「兵」。

〔七〕授開封尹　「開封」，原作「開府」，據殿本、册府卷八一九、卷八九三、新五代史卷四七李周傳改。「授」，册府卷八一九、卷八九三作「權」。

〔一八〕太原　原作「太平」，據殿本、劉本、邵本校及本卷下文改。影庫本批校：「『太平』應作『太原』。」

〔一九〕以戚里之故　「以」字原闕，據册府卷三〇三補。

〔二〇〕永樂大典卷五千三百六十　檢永樂大典目録，卷五三六〇爲「朝」字韻「元朝儀三」，與本則内容不符，恐有誤記。疑出自卷六三五〇「張」字韻「姓氏二十」。

〔二一〕後唐昭義軍節度使兼中書令嗣昭之第二子　本書卷五二李嗣昭傳記其爲第三子。

〔二二〕入爲右驍衛將軍　「右」，册府卷一七二作「左」。

〔二三〕李頊　新五代史卷四二李罕之傳、通鑑卷二五七作「李頎」。本書各處同。

〔二四〕光化初　「光化」，原作「光啓」，據本書卷一五李罕之傳、舊唐書卷二〇上昭宗紀、通鑑卷二六一改。按李罕之據潞州事在光化元年十二月。

〔二五〕天復中　「天復」，原作「天福」，據劉本改。

〔二六〕徵授秘書監　册府卷三〇〇敍其事作「徵授秘書中監」。本書卷九梁末帝紀中、羅周敬墓誌（拓片刊北京圖書館藏中國歷代石刻拓本匯編第三十六册）記其「守殿中監」。

〔二七〕此得非前宅主羅氏乎　「乎」，原作「子」，據彭校、御覽卷一八〇引五代史晉史、册府卷一七二改。

〔二八〕時年三十二　「三十二」，羅周敬墓誌作「三十三」。

舊五代史卷九十二

晉書十八

列傳第七

姚顗　吕琦　梁文矩　史圭　裴皞　吴承範　盧導

鄭韜光　王權　韓惲　李懌

姚顗，字伯真，京兆萬年人。曾祖希齊，湖州司功參軍。祖弘慶〔一〕，蘇州刺史。父荆，國子祭酒。顗少惷，敦厚，靡事容貌，任其自然，流輩未之重，唯兵部侍郎司空圖深器之，司空圖，原本作「司空塗」，今從册府元龜改正。（影庫本粘籤）案：歐陽史作中條山處士司空圖一見奇之。據新唐書卓行傳：司空圖爲户部侍郎，以疾歸，昭宗在華，召爲兵部侍郎，辭不赴。是圖非處士也。（舊五代史考異）以女妻焉。顗性仁恕，多爲僕妾所欺，心雖察之，而不能面折，終身無喜怒。不知錢百之爲陌，黍百之爲銖，凡家人市貨百物，入增其倍，出减其半，不詢其由，無擔石之儲，心不隕穫。

唐末，隨計入洛，出游嵩山，有白衣丈夫拜于路側〔二〕，請爲童僕。顗辭不納。乃曰：「鬼神享于德，君子孚于信，余則鬼也，將以託賢者之德，通化工之信，幸無辭焉。昔余掌事陰府，承命攝人之魂氣，名氏同而其人非，且富有壽算，復而歸之，則筋骸已敗，由是獲譴，使不得爲陽生。公中夏之相輔也，今爲謁中天之祠，若以某姓名求之〔三〕，神必許諾。」顗因爲之虔禱而還，白衣迎于山下，曰：「余免其苦矣。」拜謝而退。顗次年擢進士第。

梁貞明中，歷校書郎、登封令、右補闕、禮部員外郎，召入翰林，累遷至中書舍人。唐莊宗平梁，以例貶復州司馬，歲餘牽復，授左散騎常侍，歷兵吏部侍郎、尚書左丞。唐末帝即位，講求輔相，乃書朝中清望官十餘人姓名置於瓶中，清夜焚香而挾之，既而得盧文紀與顗，遂拜中書侍郎、平章事。制前一日，嵩山白衣來謁，謂顗曰：「公明日爲相。」其言無差，冥數固先定矣。案歐陽史本傳云：顗爲人仁恕，不知錢陌銖兩之數，御家無法，在相位齷齪無所爲。唐制，吏部分爲三銓，尚書一人曰尚書銓，侍郎二人曰中銓、東銓，每歲集以孟冬三旬，而選盡季春之月。天成中，馮道爲相，建言天下未一，選人歲纔數百，而吏部三銓分注，雖曰故事，其寔徒煩而無益，始詔三銓合而爲一，而尚書、侍郎共行選事。至顗與盧文紀爲相，復奏分銓爲三，而循資、長定舊格，歲久多舛，因增損之，選人多不便之〔四〕，往往邀遮宰相，喧訴不遜，顗等無如之何，廢帝爲下詔書禁止。

高祖登極，罷相爲刑部尚書，俄遷户部尚書。天福五年冬卒，年七十五。贈左僕射〔五〕。子惟和嗣。顗疏于財，而御家無術，既死，斂葬之資不備，家人俟賻物及鬻第方能舉喪而去。士大夫愛其廉而笑其拙〔六〕。永樂大典卷五千三百八十三。

吕琦，吕琦傳，永樂大典闕全篇，今就散見各韻者共得四條，排次前後，以存梗概。（影庫本粘籤）字輝山，幽州安次人也。祖壽，瀛州景城主簿。父兖，滄州節度判官，累至檢校右庶子。永樂大典卷一萬七百六十五。劉守光攻陷滄州，琦父兖被擒，族之。琦時年十五，案：厚德録作琦年十四。（舊五代史考異）爲吏追攝，將就戮焉。有趙玉者，案：厚德録作李玉。（舊五代史考異）幽薊之義士也，久遊于兖之門下，見琦臨危，乃紿謂監者曰：「此子某之同氣也，幸無濫焉。」監者信之，即引之俱去。行一舍，琦困于徒步，以足病告，玉負之而行，逾數百里，因變姓名，乞食于路，乃免其禍。永樂大典卷一萬四千五百八十一。案厚德録云：李玉嘗客于滄州吕兖門下，劉守光破滄州，盡殺吕兖家，兖子琦年十四，玉負之以逃，匃衣食以資之。燕趙間以玉能存吕氏之孤，推以爲義士。清泰中，琦爲給事中、端明殿學士，時玉已卒，乃薦其子于知貢舉馬裔孫，遂擢甲第。考薛史作趙玉，厚德録作李玉；薛史作琦年十五，厚德録作十四。蓋傳聞之異。（孔本）年弱冠，以家門遇禍，邈無所依，乃勵志勤學，多遊於汾晉。永樂大典卷三千八百七十一。

唐天祐中，莊宗方開霸府，翹佇賢士，墨制授琦代州軍事判官，秩滿歸太原，監軍使張承業重琦器量，禮遇尤厚。天成初，拜琦殿中侍御史，遷駕部員外郎、兼侍御史知雜事。會河陽帑吏竊財事發，詔軍巡院鞫之。時軍巡使尹訓怙勢納賂，枉直相反，俄有訴冤於闕下者，詔琦按之，既驗其姦，乃上言請治尹訓，沮而不行〔七〕。琦連奏不已，訓知其不免，自殺於家，其獄遂明，蒙活者甚衆，自是朝廷多琦之公直。永樂大典卷二萬五百二十八。

高祖建義於太原，唐末帝幸懷州，趙德鈞駐軍于團柏谷，末帝以琦嘗在德鈞幕下，因令齎都統使官告以賜之，且犒其軍焉。及觀軍于北陲，館于忻州，會晉祖降下晉安寨，遣使告于近郡，琦適遇其使，即斬之以聞，尋率郡兵千人間道而歸。案：通鑑作帥州兵趣鎮州。（舊五代史考異）高祖入洛，亦弗之責，止改授祕書監而已。天福中，預修唐書，權掌選部，皆有能名焉。累遷禮部、刑部、户部、兵部侍郎，階至金紫光禄大夫，爵至開國子。

琦美丰儀，有器槩，雖以剛直聞于時，而内實仁恕。初，高祖謀求輔相，時宰臣李崧力薦琦于高祖，云可大用。高祖數召琦于便殿，言及當世事，甚奇之，方將倚以爲相，忽遇疾而逝，人皆惜之。永樂大典卷一萬七百六十五。

梁文矩，字德儀，鄆州人。父景，祕書少監。梁福王友璋好接賓客，文矩少遊其門，初試太子校書，轉祕書郎。友璋領鄆州，奏爲項城令，及移鎮徐方，辟爲從事。友璋卒，改兗州觀察判官。時莊宗遣明宗襲據鄆州，文矩以父母在鄆，一旦隔越，不知存亡，爲子之情，戀望如灼，遂間路歸鄆，尋謁莊宗。莊宗喜之，授天平軍節度掌書記，在明宗幕下，明宗歷汴、恒二鎮，皆隨府遷職。天成初，授右諫議大夫、知宣武軍軍州事，歷御史中丞、吏部侍郎、禮部尚書、西都副留守判京兆府事，繼改兵部尚書。

文矩以嘗事霸府，每懷公輔之望。時高祖自外鎮入覲，嘗薦於明宗曰：「梁文矩早事陛下，甚有勤勞，未升相輔，外論慊之。」明宗曰：「久忘此人，吾之過也。」尋有旨降命，會丁外憂而止。清泰初，拜太常卿。高祖即位，授吏部尚書，改太子少師。

文矩喜清靜之教，聚道書數千卷，企慕赤松、留侯之事，而尤盡其善〔八〕。後因風痹〔九〕，上章請退，以太子太保致仕，居洛陽久之。天福八年，以疾卒，時年五十九。贈太子太傅。永樂大典卷六千六百十四。

史圭，常山人也。其先與王武俊來於塞外，王武俊，原本作「武後」，今從唐書改正。（影庫本粘籤）因家石邑。高祖曾，歷鎮陽牙校。父鈞，假安平、九門令。圭好學工詩，長于吏道。唐光化中，歷阜城、饒陽尉，改房子、寧晉、元氏、樂壽、博陸五邑令。爲寧晉日，擅給驛廩，以貸飢民，民甚感之。及爲樂壽令，里人爲之立碑。同光中，任圜爲真定尹，擢爲本府司録，不應命。郭崇韜領其地，辟爲從事，及明宗代崇韜，以舊職縻之。

明宗即位，入爲文昌正郎，安重誨薦爲河南少尹、判府事，尋命爲樞密院直學士。時圭以受知於重誨，重誨奏令圭與同列閤至俱昇殿侍立，以備顧問，明宗可之。尋自左諫議大夫拜尚書右丞，有入相之望。圭敏于吏事，重誨本不知書，爲事剛愎，每於明宗前可否重務，圭恬然終日，不能剖正其事。長興中，重誨既誅，圭出爲貝州刺史，未幾罷免，退歸常山。由是閉門杜絶人事，雖親戚故人造者不見其面，每遊別墅，則乘婦人氈車以自蔽匿，人莫知其心。

高祖登極，徵爲刑部侍郎、判鹽鐵副使，皆宰臣馮道之奏請也。始圭在明宗時爲右丞，權判銓事，道在中書，嘗以堂判衡銓司所注官，圭怒，力爭之，道亦微有不足之色；至是圭首爲道所舉，方愧其度量遠不及也。旋改吏部侍郎，分知銓事，而圭素厲廉守節，大著公平之譽。

圭前爲河南少尹日，有嵩山術士遺圭石藥如斗，謂圭曰：「服之可以延壽，然不可中輟，輟則疾作矣。」圭後服之，神爽力健，深寶惜焉。清泰末，圭在常山，遇祕瓊之亂，時貯於衣笥，爲賊所劫，後不復得。天福中，疾生胸臆之間，常如火灼，圭知不濟，求歸鄉里，詔許之。及涉河，竟爲藥氣所蒸，卒於路，案：歐陽史作卒于常山〔一〇〕。（舊五代史考異）歸葬石邑，時年六十八。永樂大典卷一萬一百八十三。

裴皞，字司東。系出中眷裴氏，世居河東爲望族。皞容止端秀，性卞急，剛直而無隱，少而好學，苦心文藝，雖遭亂離，手不釋卷。唐光化三年，擢進士第，釋褐授校書郎〔一一〕。案：以下有闕文。天福初，起爲工部尚書，復告老，以右僕射致仕。皞累知貢舉，稱得士，宰相馬裔孫、桑維翰皆其所取進士也。後裔孫知貢舉，率新進士謁皞，皞喜，爲詩曰：「詞場最重是持衡〔一二〕，天遺愚夫受盛名。三主禮闈年八十，門生門下見門生。」當世榮之。桑維翰嘗私見皞，皞不爲迎送〔一三〕，人以爲允。卒，年八十五。贈太子太保。永樂大典卷五千三百五。

吳承範，字表微，魏州人也。父瓊，右金吾衛將軍，累贈太子少保。承範少好學，善屬文，唐閔帝之鎮鄴都也，聞其才名，署爲賓職，承範懇求隨計，閔帝許之。長興三年春〔一四〕，擢進士第。及閔帝即位，授左拾遺。清泰二年，以本官充史館修撰，與同職張昭等共修明宗實録，考張昭本名昭遠，至漢初始去「遠」字。薛史晉書已作張昭，蓋從其最後之名，今姑仍其舊。（影庫本粘籤）轉右補闕，依前充職。高祖革命，遷尚書屯田員外郎、知制誥。天福三年，改樞密院直學士。未幾，自祠部郎中、知制誥召充翰林學士，正拜中書舍人，賜金紫。少帝嗣位，遷禮部侍郎、知貢舉。尋遘疾而卒，年四十二。贈工部尚書。

承範温厚寡言，善希人旨，桑維翰、李崧尤重之，嘗薦于高祖，云可大用。承範知之，持重自養，雖遇盛夏〔一五〕，而猶服襦袴，加之以純綿，蓋慮有寒濕之患也。然竟不獲其志，其命也夫。永樂大典卷三千三百二十一〔一六〕。

盧導，字熙化，其先范陽人也。祖伯卿，案新唐書宰相世系表：卿，太原少尹伯初之子也。

疑原本衍「伯」字。（舊五代史考異）唐殿中侍御史。父如晦，案：新唐書世系表作知晦。（舊五代史考異）國子監丞，贈户部侍郎。導少而儒雅，美詞翰，善談論。唐天祐初，登進士第，釋褐除校書郎，由均州鄖鄉縣令入爲監察御史〔一七〕，三遷職方員外郎、充史館修撰，改河南縣令、禮部郎中，賜紫，轉右司郎中兼侍御史知雜事。以病免，閒居於漢上。久之，天成中，以本官徵還，拜右諫議大夫。長興末，爲中書舍人，權知貢舉。明年春，潞王自鳳翔擁大軍赴闕，唐閔帝奔于衛州，宰相馮道、李愚集百官于天宫寺，李愚，原本作「李遇」，今從通鑑改正。（影庫本粘籤）將出迎潞王。時軍衆離潰，人情奔駭，百官移時未有至者。導與舍人張昭先至，馮道請導草勸進牋，導曰：「潞王入朝，郊迎可也；案：通鑑作班迎。（舊五代史考異）若勸進之事，安可造次。且潞王與主上，皆太后之子，或廢或立，當從教令，安得不禀策母后，率爾而行！」馮道曰：「凡事要務實，勸進其可已乎？」導曰：「今主上蒙塵在外，遽以大位勸人，若潞王守道，以忠義見責，未審何詞以對！不如率羣臣詣宫門，取太后進止，即去就善矣。」道未及對，會京城巡檢安從進報曰：「潞王至矣，安得具僚無班。」即紛然而去。是日，潞王未至，馮道等止于上陽門外，又令導草勸進牋，案：歐陽史作潞王止于上陽門外，道又令導草牋，與薛史異。通鑑作潞王未至，三相息于上陽門外，與薛史同。（舊五代史考異）導執之如初。李愚曰：「舍人之言是也，吾輩信罪人矣。」導之守正也如是。晉天福中，由禮部侍郎遷尚書右丞、判吏部尚書銓事，秩滿，拜吏部侍郎。六年秋，卒於東京，時年七十六。永樂大典卷二千二百十二。

鄭韜光，字龍府〔一八〕，洛京河清人也〔一九〕。曾祖絪，爲唐宰相。祖祗德，國子祭酒，案新唐書宰相世系表：祗德，兵部尚書。（舊五代史考異）贈太傅。父顥，案新唐書世系表：顥，字養正。疑「顥」字是「頤」字之訛。（舊五代史考異）河南尹，贈太師。其先世居滎陽，自隋唐三百餘年，公卿輔相，蟬聯一門。韜光，唐宣宗之外孫，萬壽公主之所出也，生三日，賜一子出身，銀章朱紱。及長，美容止，神爽氣澈，不妄喜怒，秉執名節，爲甲族所稱。自京兆府參軍歷祕書郎、集賢校理、太常博士、虞部比部員外郎、司門户部郎中、河南京兆少尹、太常少卿、諫議大夫、給事中。梁貞明中，懇求休退，上表漏名，責授寧州司馬。莊宗平梁，遷工、禮、刑部侍郎。天成、長興中，歷尚書左右丞。國初，以户部尚書致仕。自襁褓迨于懸車，凡事十一君〔二〇〕，越七十載，所仕無官謗，無私過，三持使節，不辱君命，士無賢不肖，皆恭己接納。晚年背傴，時人咸曰鄭傴不迂。平生交友之中無怨隙，親族之間無愛憎，恬和自如，性尚平簡，及致政歸洛，甚愜終焉之志。天福五年秋，寢疾而卒，年八十。贈右僕射。永樂大典卷一萬八千八百八十一。

王權，王權，太平御覽作「王權」，與原本異。通鑑、歐陽史統作王權，知「權」字係傳刻之誤，今仍其舊。（影庫本粘籤）字秀山，太原人，積世衣冠。曾祖起，官至左僕射、山南西道節度使，册贈太尉，謚曰文懿，唐史有傳。祖龜，浙東觀察使。父蕘，右司員外郎。權舉進士，解褐授秘書省校書郎、集賢校理，歷左拾遺、右補闕。梁祖革命，御史司憲崔沂表爲侍御史，遷兼職方員外郎、知雜事。歲餘，召入翰林爲學士，在院加户部郎中、知制誥，歷左諫議大夫、給事中，充集賢殿學士判院事，俄拜御史中丞。唐莊宗平梁，以例出爲隨州司馬〔二一〕，會赦，量移許州。月餘，入爲右庶子，遷户兵吏三侍郎、尚書左丞、禮部尚書判銓。清泰中，權知貢舉，改户部尚書，華資美級，罕不由之。高祖登極，轉兵部尚書。天福中，命權使於契丹，權以前世累爲將相，未嘗有奉使而稱陪臣者〔二二〕，謂人曰：「我雖不才，年今耄矣，豈能遠使於契丹乎〔二三〕！違詔得罪，亦所甘心。」由是停任。先是，宰相馮道使於契丹纔回，權亦自鳳翔册禮使回，案：通鑑考異引周世宗實録馮道傳云：契丹遣使加徽號于晉祖，晉亦獻徽號于契丹。始命兵部尚書王權銜其命，權辭以老病。晉祖謂馮道曰：「此行非卿不可。」道無難色。據此傳，馮道自契丹使回，始命王權奉使，道亦未嘗再使契丹也，與周實録異。（舊五代史考異）故責詞略曰：「若以道路迢遥，即鸞閣之台臣亦往；若以筋骸衰減，即鳳翔之册使纔回。既黷憲章，須從殿黜」云。其實權不欲臣事契丹〔二四〕，故堅辭之，非避事以違命也。踰歲，授太子少傅致仕。六年秋，以疾卒，年七十八。贈左僕射。永樂大典卷六千八百五十一。

韓惲，字子重，太原晉陽人。曾祖俊，唐龍武大將軍。祖士則，石州司馬。父逵，代州刺史。惲世仕太原，昆仲爲軍職，惟惲親狎儒士，好爲歌詩，聚書數千卷。乾寧中，後唐莊宗納其妹爲妃，初爲嫡室，故莊宗深禮其家，而惲以文學署交城、文水令，入爲太原少尹。莊宗平定趙、魏，爲魏州支使。莊宗即位，授右散騎常侍，從駕至洛陽，轉尚書户部侍郎。天成初，改秘書監。俄而馮道爲丞相，與惲有同幕之舊，以惲性謹厚，尤左右之，尋遷禮部尚書。丁内憂，服闋，授户部尚書。明宗晏駕，馮道爲山陵使，引惲爲副使。清泰初，以充奉之勞，授檢校尚書右僕射、絳州刺史，踰年入爲太子賓客。高祖登極，以惲先朝懿戚，深加禮遇，除授貝州刺史。時范延光有跋扈之狀，惲懼其見逼，遲留不敢赴任，高祖不悦，復授太子賓客，尋改兵部尚書。天福七年夏，車駕在鄴，惲病脚氣，卒於龍興寺，時年六十餘。永樂大典卷三千六百七十五。

李懌，京兆人也。祖褒，唐黔南觀察使。父昭，户部尚書。懌幼而能文，進士擢第，解褐爲校書郎、集賢校理、清河尉。入梁，歷監察御史、右補闕、殿中侍御史、起居舍人、禮部員外郎知制誥，换都官郎中，賜緋，召入翰林爲學士，正拜舍人，賜金紫，仍舊内職。莊宗平汴洛，責授懷州司馬，遇赦，量移孟州，入爲衞尉少卿。天成初，復拜中書舍人，充翰林學士，在職轉户部侍郎、右丞，充承旨。時常侍張文寶知貢舉，中書奏落進士數人，仍請詔翰林學士院作一詩一賦，下貢部〔二五〕，爲舉人格樣。學士竇夢徵、張礪輩撰格詩格賦各一，格詩，原本作「權詩」，今從歐陽史改正。（影庫本粘籤）送中書，宰相未以爲允。夢徵等請懌爲之，懌笑而答曰：「李懌識字有數，頃歲因人偶得及第，敢與後生髦俊爲之標格！假令今却稱進士，就春官求試，落第必矣。格賦格詩，不敢應詔。」君子多其識大體。天福中，自工部尚書轉太常卿，歷禮部、刑部二尚書，以多病留司於洛下，不交人事。開運末，遇契丹入洛，家事罄空，尋以疾卒，年七十餘。永樂大典卷一萬三百九十。

校勘記

〔一〕祖弘慶　「弘慶」，册府卷八五三作「弘度」。

〔二〕有白衣丈夫拜于路側　「丈夫」，原作「大夫」，據殿本、邵本校、彭校改。

〔三〕若以某姓名求之　「求」，原作「救」，據殿本、劉本改。

〔四〕選人多不便之　「選人」，原作「遷人」，據彭校、新五代史卷五五姚顗傳改。

〔五〕贈左僕射　「左」，本書卷七九晉高祖紀五作「右」。

〔六〕士大夫愛其廉而笑其拙　「笑」，殿本、孔本、册府卷四六二作「鄙」。

〔七〕沮而不行　句上册府卷六一七有「時權臣庇訓」五字。

〔八〕而尤盡其善　「而」下殿本有「服食」二字。影庫本粘籤：「『而尤盡其善』句疑有誤，今無别本可校，姑仍其舊。」

〔九〕後因風痹　「後」，原作「復」，據殿本、劉本改。

〔一〇〕歐陽史作卒于常山　「山」字原闕，據殿本、劉本、新五代史卷五六史圭傳補。

〔一一〕釋褐授校書郎　句下殿本有「歷諫職。梁初，當路推其文學，遷翰林學士、中書舍人。唐莊宗時，擢爲禮部侍郎，後以語觸當事，改太子賓客，旋授兵部尚書，以老致仕」五十一字。按本段文字疑係據新五代史卷五七裴皞傳改寫。

〔一二〕詞場最重是持衡　記纂淵海卷一〇九引五代史作「官塗最重是文衡」。

〔一三〕 皞不爲迎送　句下殿本有「人問之，皞曰：『我見桑公于中書，庶僚也；今見我于私第，門生也。』」二十四字。按以上文字全同新五代史卷五七裴皞傳，疑係清人誤輯。

〔一四〕 長興三年春　「春」字原闕，據殿本、孔本補。

〔一五〕 雖遇盛夏　「遇」，原作「過」，據殿本、劉本、彭校改。

〔一六〕 永樂大典卷三千三百二十一　檢永樂大典目録，卷三三二一爲「春」字韻「春官八」，與本則内容不符，恐有誤記。陳垣舊五代史輯本引書卷數多誤例謂應作卷二三二一「吴」字韻「姓氏十三」。

〔一七〕 由均州鄖鄉縣令入爲監察御史　「鄖鄉縣」，原作「鄭鄉縣」，據殿本、劉本、邵本校改。按太平寰宇記卷一四三記均州有鄖鄉縣。

〔一八〕 字龍府　「龍府」，册府卷八六六作「龍符」。

〔一九〕 洛京河清人也　「河清」，原作「清河」，據劉本、邵本校、册府卷八六六乙正。按太平寰宇記卷五記河清縣隸河南府。

〔二〇〕 凡事十一君　册府卷八〇六同，「事」字下御覽卷二四三引五代史、記纂淵海卷三九引五代史有「真僞」二字。

〔二一〕 以例出爲隨州司馬　「司馬」，本書卷三〇唐莊宗紀四、通鑑卷二七二作「司户」。

〔二二〕 未嘗有奉使而稱陪臣者　「奉使而稱陪臣者」，永樂大典卷六八五一引五代薛史、御覽卷二一七引五代史晉史、册府卷四六〇、卷八七七作「稱臣於戎虜者」。

〔三〕豈能遠使於契丹乎　「遠使於契丹」，永樂大典卷六八五一引五代薛史、御覽卷二一七引五代史晉史、册府卷四六〇、卷八七七作「稽顙於穹廬之長」。

〔四〕其實權不欲臣事契丹　「不欲臣事契丹」，永樂大典卷六八五一引五代薛史作「以恥拜虜廷」。

〔五〕下貢部　「貢部」，原作「工部」，據册府卷五五一改。

舊五代史卷九十三

晉書十九

列傳第八

盧質　李專美　盧詹　崔棁兄榆　薛融　曹國珍　張仁愿
趙熙　李遐　尹玉羽　鄭雲叟

盧質，字子徵〔一〕，河南人也。曾祖偲，唐太原府祁縣尉，累贈右僕射。祖衍，唐刑部侍郎、太子賓客，累贈太保。父望，唐尚書司勳郎中，累贈太子少傅。質幼聰慧，善屬文。年十六，陝帥王重盈奏授芮城令，王重盈，原本作「從盈」，今從唐書改正。（影庫本粘籤）能以色養。又爲同州澄城令，從私便也。秩滿改祕書郎，丁母憂，歸河南故里。天祐三年，北遊太原，時李襲吉在武皇幕府，以女妻之。武皇憐其才，承制授檢校兵部郎中、充河東節度掌書記，賜緋魚袋。

武皇厭代，其弟克寧握兵柄，有嗣襲之望，質與張承業等密謀，同立莊宗爲嗣，有翊贊之功。及莊宗四征，質皆從行。十六年，轉節度判官、檢校禮部尚書。十九年，莊宗將即帝位，命爲大禮使，累加至銀青光禄大夫、檢校右僕射。二十年，授行臺禮部尚書。莊宗既登極，欲相之，質性疏逸，不喜居高位，固辭獲免。尋以本官兼太原尹、充北京留守事，未赴任，改户部尚書、知制誥，充翰林學士承旨。

同光元年冬，從平大梁，權判租庸事，踰月隨駕都洛，旋有詔權知汴州軍府事。時孔謙握利權，志在聚斂，累移文於汴，配民放絲，質堅論之，事雖不行，時論賞之。俄又改金紫光禄大夫、兵部尚書、知制誥、翰林學士承旨，仍賜論思匡佐功臣。會覆試進士，質以「后從諫則聖」爲賦題，以「堯舜禹湯傾心求過」爲韻，舊例賦韻四平四側，質所出韻乃五平三側，由是大爲識者所誚。

天成元年，制授特進、檢校司空、同州節度使。時宰相馮道以詩餞別，其警句云：「視草北來唐學士，擁旄西去漢將軍。」儒者榮之。明年，改賜耀忠匡定保節功臣，就加檢校司徒。三年，入拜兵部尚書、判太僕卿事〔二〕。四年，進封開國公。長興二年，授檢校太保、河陽節度使，未幾，移鎮滄州，入爲右僕射。及秦王得罪，奉詔權知河南府事。應順初，遷檢校太傅〔三〕，正拜河南尹，後改太子少師。清泰末，復爲右僕射。高祖登極，質以微恙分司洛宅。少帝嗣位，拜太子太保。天福七年秋，卒於洛陽，年七十六。累贈太子太師，謚曰文忠。案五代會要：漢乾祐元年九月，其子尚書兵部員外郎盧瓊上章請謚，下太常議，謚曰文忠。（舊五代史考異）子十一人，唯第六子瓊〔四〕，仕至省郎〔五〕，餘歷州縣焉。永樂大典卷二千二百十二。

李專美，字翊商，京兆萬年人也。曾祖隨，光禄卿。案：新唐書宰相世系表作隨，祕書監。（舊五代史考異）祖正範，尚書庫部郎中。專美少篤學爲文〔六〕，以父樞唐昭宗時常應進士舉，爲覆試所落，不許再入，專美心愧之，由是不遊文場。僞梁貞明中，河南尹張全義以專美名族之後，奏爲陸渾尉，秩滿，改舞陽令。專美性廉謹，大著政聲。後唐天成中，安邑榷鹽使李肅辟爲推官，時唐末帝鎮河中，見其敦雅，心重之。末帝一日曾召肅讌於衙署，專美亦預坐，末帝謂肅曰：「某夜來夢主上召去，與宋王同剃却頭，何也？」坐客都無對者，專美屏人謂曰：「將來必爲嗣主。」由是愈重焉。末帝留守長安，奏爲從事，及移鎮鳳翔，原本作「鳳翊」，今從通鑑改正。（影庫本粘籤）遷爲記室。末帝即位，除尚書庫部郎中，案：歐陽史作比部郎中。（舊五代史考異）賜金紫，充樞密院直學士。

初，末帝起自鳳翔，大許諸軍厚賞。洎至洛陽，閱内庫金帛不過二三萬，尋又配率京城户民，雖行捶楚〔七〕，亦所獲無幾，末帝憂之。會專美宿於禁中，末帝召而讓之曰：「卿士人子弟，常言有才術，今致我至此，不能度運以濟時事，留才術何施也！」專美惶恐待罪，良久奏曰：「臣才力駑劣，屬當興運，陛下猥垂録任，無以裨益聖朝，然府藏空竭，軍賞不給，非臣之罪也。臣思明宗棄代之際，是時府庫濫賞已竭，繼以鄂王臨朝，紀綱大壞，縱有無限之財賦，不能滿驕軍谿壑之心，所以陛下孤立岐陽而得天下。臣以爲國之存亡，不專在行賞，須刑政立于上，恥格行於下，賞當功，罰當罪，則近於理道也。若陛下不改覆車之轍，以賞無賴之軍，徒困蒸民，存亡未可知也。今宜取見在財賦以給之，不必踐前言而希苟悦。」末帝然之。及其行賞，雖不愜於軍士〔八〕，然洛陽户民獲免鞭笞之苦，由專美之敷揚也。尋轉給事中，明年，遷兵部侍郎、端明殿學士，未幾，改檢校尚書右僕射、守秘書監〔九〕，充宣徽北院使。高祖入洛，以例除名。三年，復授衞尉少卿，繼遷鴻臚、大理卿。開運中，以病卒，時年六十二。

專美之遠祖本出姑臧大房，與清河小房崔氏、北祖第二房盧氏、昭國鄭氏爲四望族，皆不以才行相尚，不以軒冕爲貴，雖布衣徒步，視公卿蔑如也。男女婚嫁，不雜他姓，欲聘其族，厚贈金帛始許焉。唐太宗曾降詔以戒其弊風，終莫能改。其間有未達者，必曰：

「姓崔、盧、李、鄭了，餘復何求耶！」其達者，則邈在天表，敻若千里，人罕造其門，浮薄自大，皆此類也。唯專美未嘗以氏族形於口吻，見寒素士大夫，恒恂恂如也，人以此多之。

專美職岐下，曾夢具裳簡立嵩山之頂。及爲端明殿學士，與學士李崧同列〔一〇〕，而班在其上，因以所夢告崧，且言：「某非德非勳，安可久居此位，處吾子之首乎！」因懇求他官，尋移宣徽使，崧深德之。及高祖臨朝，崧爲樞密使，與桑維翰同列，維翰與專美亦有舊，乃協力以奏之，遂復朝序，位至九卿。專美曾使閩中，遇風水漂至兩浙，踰歲無恙而還，至是善終，人以爲神道福謙之所至也。永樂大典卷一萬三百九十。

盧詹，字楚良，京兆長安人也。唐天祐中，爲河中從事。莊宗即位，擢爲員外郎、知制誥，遷中書舍人。天成中，拜禮部侍郎、知貢舉，歷御史中丞、兵部侍郎、尚書左丞、工部尚書。詹性剛直，議論不避權貴，執政者常惡之。天福初，拜禮部尚書，分司洛下，與右僕射盧質、散騎常侍盧重俱在西都，數相過從。三人俱嗜酒，好遊山水，塔廟林亭花竹之地，無不同往，酣飲爲樂，人無間然，洛中朝士目爲「三盧會」。常委順性命，不營財利。開運初，卒於洛陽。詹家無長物，喪具不給，少帝聞之，賜布帛百段、粟麥百斛，方能襄其葬事，贈太子少保。永樂大典卷二千二百十二。

崔棁，字子文，博陵安平人。累世冠冕。曾祖元受〔一〕，舉進士，直史館。案新唐書世系表：元受，直史館、高陵尉。（舊五代史考異）祖銖，安、濮二州刺史。父涿，刑部郎中。棁少好學，梁貞明三年，舉進士甲科，爲開封尹王瓚從事。棁性至孝，父涿有疾，父涿，原本作「父淥」，今從歐陽史改正。（影庫本粘籤）謂親友曰：「死生有命，無醫爲也。」棁侍之衣不解帶，有賓至，必拜泣告於門外，請方便勸其進藥，涿終莫之從。及丁憂，哀毁過制。明宗朝，授監察御史，不應命，踰年詔再下，乃就列焉。累遷都官郎中、翰林學士。

天福初，以户部侍郎爲學士承旨。嘗草制，爲宰相桑維翰所改，棁以唐故事，學士草制有所改者，當罷職，乃引經據爭，維翰不能詰，命權知二年貢舉。時有進士孔英者，素有醜行，爲當時所惡。棁受命，往見維翰，維翰語素簡，謂棁曰：「孔英來矣。」棁不諭其意，以謂維翰以孔英爲言，乃考英及第，物議大以爲非，遂罷學士，拜尚書左丞，遷太常卿。後以風痺改太子賓客，分司西京〔二〕。卒，年六十八。

棁平生所著文章、碑誄、制詔甚多，人有借本傳寫者，則曰：「有前賢，有來者，奚用此爲！」凡受託而作者，必親札致之，即焚其藁，懼泄人之假手也。梲笑不至矧〔三〕，怒不至詈，接新進後生，未嘗無誨焉。羣居公會，端坐寡言，嘗云非止致人愛憎，且或干人祖禰之諱。指命僕役，亦用禮節，盛暑祁寒，不使冒犯。嘗自話於知友云：「某少時，夢二人前引行路，一人計地里，曰：『一舍矣，可以止。』一人曰：『此君當更進三十有八里。』復行如所言，二人皆止之，俄而驚覺。」梲常識是夢，以爲定命之限，故六十七請退，明年果終焉。

兄棆，案：世系表作榆。（舊五代史考異）有隱德，好釋氏，閑居滑州。嘗欲訪人於白馬津，比及臨岸〔四〕，歎曰：「波勢洶湧如此，安可濟乎！」乃止。後徵拜左拾遺，辭疾不赴。永樂大典卷二千七百四十。

薛融，汾州平遥人。性純和，以儒學爲業。初從雲州帥李存璋爲幕職，唐莊宗平河南，歷鄆、徐二鎮從事。明宗初，授華州節度判官。長興四年，入爲右補闕、直弘文館，歲餘，改河東觀察判官，會高祖鎮太原，遂居于幕府。清泰末，高祖將舉義，延賓席而歷問之，次及融，對曰：「融本儒生，祇曾讀三五卷書，至於軍旅之事，進退存亡之機，未之學也。」座中聳然。及登極，遷尚書吏部郎中、兼侍御史知雜事。天福二年，自左諫議大夫遷中書舍人，自以文學非優，不敢拜命，復爲諫議。時詔修西京大内，融以鄴下用兵，國用不足，上疏復罷之，案通鑑：薛融諫曰：「今宫室雖經焚毁，猶侈于帝堯之茅茨；所費雖寡，猶多于漢文之露臺。況魏城未下，公私困窘，誠非陛下修宫館之日。俟海内平寧，修之未晚。」（舊五代史考異）優詔嘉許。俄轉御史中丞，秩滿改尚書右丞，分司西都。天福六年，以疾卒，年六十餘。永樂大典卷二萬一千三百六十七。案：歐陽史作年六十。（舊五代史考異）

曹國珍，字彦輔，幽州固安人也。曾祖藹〔一五〕，祖蟾，父絢，代襲儒素。國珍少值燕薊亂離，因落髮被緇，客於河西延州，延州，原本作「逮州」，今從歐陽史改正。（影庫本粘籤）高萬興兄弟皆好文，辟爲從事。國珍常以文章自許，求貢禮闈〔一六〕，且掌書奏。期年，入爲左拾遺，累遷至尚書郎。每與人交，傾財無吝。性頗剛僻，經藝文學〔一七〕，非其所長，好自矜衒，多上章疏，文字差誤，數數有之，爲搢紳所誚。高祖在藩時，嘗通私謁，以兄事之。及即位，國珍自比於嚴陵，上表敍舊，由是自吏部郎中拜左諫議大夫、給事中。案歐陽史張彦澤傳：國珍與御史中丞王易簡率三院御史詣閤門，連疏論張彦澤，不報。（舊五代史考異）又求爲御史中丞，時宰怒，不復爲請，國珍銜之。李崧之母薨，遣諸弟護喪歸葬深州。崧既起復，乃出北郊路隅設奠，公卿大夫皆送喪而出，國珍固爭不行，衆咸推其讜直。高祖晏駕，朝廷以宰臣馮道爲山陵使，及靈輴既發，國珍上疏言：「馮道既爲山陵使，不得復入都城，請除外佐，以桑維翰入輔。李崧請罷相位，俾持喪制。」少帝覽奏，以所言侵越，出爲陝州行軍司馬。至任悒快，遘疾而卒。永樂大典卷四千五百十三。

張仁愿，字善政，開封陳留人也。祖晸，唐右武衛大將軍。父存敬，梁河中節度觀察留後，累贈中書令，梁書有傳。仁愿，梁貞明初，以勳臣之子起家爲衞尉寺主簿，改著作佐郎、左贊善大夫，賜緋魚袋。唐同光初，遷大理正。天成元年，自將作少監轉大理少卿。長興中，歷昭武、歸德兩鎮節度判官。四年，復入爲大理少卿。清泰中，除殿中監。天福五年，拜大理卿。八年，轉光禄卿。仁愿性温雅，明法書，累居詳刑之地，議讞疑獄，號爲稱職。兄仁穎，梁朝仕至諸衛將軍，中年以風恙廢於家凡十餘年，仁愿事之，出告反面，如嚴父焉，士大夫推爲孝友。仁穎善理家，勤而且約，婦女衣不曳地，什物多歷年所，如新市焉。仁愿，開運元年再爲大理卿，時隰州刺史王澈犯贓〔一八〕，朝廷以澈功臣之後，欲宥之，仁愿累執奏不移，竟遣伏法，議者賞之。開運二年，以疾卒，年五十一。贈祕書監。永樂大典卷六千三百五十一。

趙熙，字績巨，唐宰相齊國公光逢之猶子也。起家授祕書省校書郎，唐天成中，累遷至起居郎。數上章言事，以稱旨尋除南省正郎。天福中，承詔與張昭遠等修唐史，竟集其功。開運中，自兵部郎中授右諫議大夫，賞筆削之功也。及契丹犯闕，僞旨遣使於晉州率配豪民錢幣，以實行橐。始授命之日，條制甚嚴，熙出衣冠族[一九]，性素輕急，既畏契丹峻法，乃窮理搜索，人甚苦之。及晉之三軍及晉之三軍，原本疑有舛誤，今無別本可考，姑仍其舊。（影庫本粘籤）殺副使駱從朗[二〇]，案通鑑云：契丹以節度副使駱從朗知晉州事[二一]，大將藥可儔殺從朗。（舊五代史考異）百姓相率持仗害熙於館舍，識者傷之。永樂大典卷一萬六千九百九十一。

李遐，兗州人也。少爲儒，有節操，歷數鎮從事，及升朝，累遷尚書庫部員外郎。高祖即位，以皇子重乂保釐洛邑，知遐强幹有守，除爲西京留守判官，使之佐理；復重其廉勤，兼委監西京左藏庫。會張從賓作亂，張從賓，原本作「徒賓」，今從通鑑改正。（影庫本粘籤）使人輦取繒帛以賞羣逆，遐曰：「不奉詔書，安敢承命！」遂爲其下所害。高祖聞而歎惜，賻贈加等，仍贈右諫議大夫；其母田氏封京兆郡太君，仍給遐所食月俸，終母餘年；其子俟服闋與官。後又遣兖州節度使李從温就其舊業，賜牲幣綿帛等物，以旌其忠也。永樂大典卷一萬三百九十。

尹玉羽，京兆長安人〔二二〕。唐天復中，隨計京師，甚有文稱。會有苴杖之喪，累歲羸疾，冬不釋菅屨，期不變倚廬。制闋，隱居杜門，無仕宦之意。永樂大典卷一萬六千九百九十一。梁貞明中，劉鄩辟爲保大軍節度判官，歷雍、汴、滑、兖從事〔二三〕。案：以下有闕文。考宋黎持移石經記：石經舊在務本坊，自天祐中韓建築新城，而石經委棄于野。至朱梁時，劉鄩守長安，從幕吏尹玉羽之請，輦入城中，置于此地，即唐尚書省之西隅也。（舊五代史考異）後唐清泰中，爲光禄少卿。滿歲〔二四〕，退歸秦中，以林泉詩酒自樂，册府元龜卷八百一十三。自號自然先生。永樂大典卷八千五百七十。辛臣張延朗手書而召，高卧不從，謂人曰：「庶孽代宗，不可仕也。」

及高祖入洛，即受詔而來，以所著自然經五卷貢之，且告其老。即日璽書褒美，頒其器幣，授少府監致仕，月給俸錢二萬及冬春二時服〔二五〕。冊府元龜卷八百九十九。案：尹玉羽傳，原本止存二條，今采冊府元龜以存大概。

天福中卒，有武庫集五十卷行于世〔二六〕。

鄭雲叟，本名遨，雲叟其字也，以唐明宗廟諱，故世傳其字焉，本南燕人也。案：歐陽史作滑州白馬人。（舊五代史考異）少好學，耿介不屈。唐昭宗朝，嘗應進士舉，不第，因欲攜妻子隱于林壑，其妻非之，不肯行，雲叟乃薄游諸郡，獲數百緡以贍其家，辭訣而去。尋入少室山，案：歐陽史作入少室爲道士。（舊五代史考異）著擬峯詩三十六章以導其趣，人多傳之。後妻以書達意，勸其還家，雲叟未嘗一覽，悉投於火，其絕累如此。俄聞西嶽有五鬣松〔二七〕，淪脂千年，能去三尸，因居於華陰。與李道殷、羅隱之友善，時人目爲「三高士」。道殷有釣魚之術，鈎而不餌，又能化易金石，無所不至，雲叟恒目覩其事，信而不求。

雲叟與梁室權臣李振善，振欲禄之，拒而不諾，及振南遷，雲叟千里徒步以省之，識者高焉。後妻兒繼謝，每聞凶訃，一哭而止。時唯青衿二童子、一琴、一鶴，從其遊處。好棊塞之戲，遇同侶則以晝繼夜，雖寒風大雪，臨簷對局，手足皸裂，亦無倦焉。唐天成中，召拜左拾遺，不起。嘗與羅隱之朝夕遊處〔二八〕，隱之以藥術取利，雲叟以山田自給，俱好酒能詩，善長嘯。有大瓠，云可辟寒暑，置酒於其中，經時味不壞，日攜就花木水石之間，一酌一詠。嘗因酒酣聯句，鄭曰：「一壺天上有名物，兩箇世間無事人。」羅曰：「醉却隱之雲叟外，不知何處是天真。」

高祖即位，聞其名，遣使齎書致禮，徵爲右諫議大夫，雲叟稱疾不起，上表陳謝。高祖覽表嘉之，賜近臣傳觀，尋賜號逍遥先生，以諫議大夫致仕，月給俸禄。雲叟好酒，嘗爲詠酒詩千二百言，海内好名者書於縑緗，以爲贈貺。復有越千里之外，使畫工潛寫其形容列爲屏障者焉。其爲時望所重也如此。天福末，以壽終，時年七十四。有文集二十卷行于世。永樂大典卷一萬八千八百八十一。

史臣曰：自古攀龍鱗，附鳳翼，坐達於雲衢者，豈獨豐沛之士哉！苟懷才抱器，適會興王，亦可以取貴於一時，如盧質而下數君子是也。至如國珍之讜直，仁愿之友悌，趙、李二子没于王事，皆無忝于士林矣。唯玉羽之貞退，雲叟之肥遯，足可以梱奔兢之風，激高尚之節也。永樂大典卷一萬八千八百八十一。

校勘記

〔一〕字子徵　「子徵」，劉本作「子微」，邵本、彭本作「子貞」。

〔二〕判太僕卿事　「太僕」，本書卷三九唐明宗紀五、新五代史卷五六盧質傳作「太常」。舊五代史考異卷三：「案歐陽史作判太常卿事。」

〔三〕遷檢校太傅　「檢校太傅」，本書卷四五唐閔帝紀作「太子少傅」。按册府卷五九四應順元年有太子少傅盧質，本書卷四六唐末帝紀上：「（清泰元年）以太子少傅盧質爲太子少師。」

〔四〕唯第六子瓊　「瓊」，原作「夏」，據殿本、劉本改。按五代會要卷一二記尚書兵部員外郎盧瓊上章爲其父盧質請謚事。

〔五〕仕至省郎　「仕」，原作「任」，據殿本改。

〔六〕專美少篤學爲文　「爲文」，原作「又」，據册府卷七七二（宋本）、卷七八一改。

〔七〕雖行捶楚　「行」下原有「行」字，據殿本、劉本、孔本校、邵本、彭本删。影庫本批校：「『雖行捶楚』句衍一『行』字。」

〔八〕雖不愜於軍士　「士」字原闕，據殿本、劉本補。影庫本批校：「不愜於軍士，脱『士』字。」

〔九〕守秘書監　「秘書監」，原作「密書監」，據殿本、劉本、邵本校、彭校改。影庫本粘籤：「守密書監，疑當作『秘書監』。考封演見聞録，唐人亦稱秘書爲密書，今仍其舊。」今檢封氏聞見記作「秘書」。

〔一〇〕與學士李崧同列　「與」字原闕，據册府卷八九三補。

〔一一〕曾祖元受　「元受」，原作「元授」，據殿本、劉本、舊五代史考異卷三引文、新唐書卷七二下宰相世系表二下改。按舊唐書卷一六三、新唐書卷一六〇有崔元受傳。

〔一二〕棁少好學……分司西京　按以上文字與新五代史卷五五崔棁傳略同，疑係清人誤輯。

〔一三〕棁笑不至矧　「矧」，原作「哂」，據殿本、劉本改。按禮記曲禮：「笑不至矧，怒不至詈。」

〔一四〕比及臨岸　「比」，原作「北」，據殿本、册府卷七七九改。

〔一五〕曾祖藹　「藹」，殿本作「靄」。

〔一六〕求貢禮闈　句下册府卷七二九有「萬興飛表薦之梁貞明中特敕進士及第還爲萬興幕客」二十二字。

〔一七〕經藝文學　「文」，原作「史」，據册府卷九一七改。

〔一八〕王澈　原作「王徹」，據殿本、劉本、孔本、册府卷六一七改。本卷下一處同。

〔一九〕熙出衣冠族　「出衣冠族」，殿本作「出于衣冠之族」，孔本作「出於冠族」。

〔二〇〕及晉之三軍殺副使駱從朗　「殺」，原作「投」，據殿本、劉本改。影庫本批校：「殺副使駱從朗，『殺』訛『投』。」

〔二一〕契丹以節度副使駱從朗知晉州事　「副」字原闕，據通鑑卷二八六補。

〔二二〕京兆長安人　以上五字原闕，據殿本、劉本、册府卷七二九補。

〔二三〕梁貞明中劉鄩辟爲保大軍節度判官歷雍汴滑兗從事　以上二十二字原闕，據殿本補。「節度判官」，册府卷七二九作「節度推官」。

〔二四〕滿歲　以上二字原闕，據册府（日本國立公文書館藏明鈔本）卷八一三補。

〔二五〕月給俸錢二萬及冬春二時服　「二萬」二字原闕，據册府（宋本）卷八九九補。册府（明本）卷八九九作「三萬」。

〔二六〕天福中卒有武庫集五十卷行于世　以上十四字原闕，據殿本補。

〔二七〕俄聞西嶽有五鬣松　「五鬣松」，原作「五粒松」，據彭校、永樂大典卷八八四五引五代薛史、册府卷八一〇改。

〔二八〕嘗與羅隱之朝夕遊處　「嘗」字原闕，據册府卷八一〇補。

舊五代史卷九十四

晉書二十

列傳第九

萇從簡　潘環　方太　何建　張廷藴　郭延魯　郭金海
劉處讓　李瓊　高漢筠　孫彦韜　王傅拯　祕瓊　李彦珣

萇從簡，陳州人也。世以屠羊爲業，力敵數人，善用槊。初事後唐莊宗爲小校，每遇攻城，召人爲梯頭，梯頭，原本作「楊頭」，今從歐陽史改正。（影庫本粘籤）從簡多應募焉，莊宗愛其勇〔一〕，擢領帳前親衞兼步軍都指揮使。一日，莊宗領大軍與梁軍對陣，登高丘而坐，敵人有執大幟揚其武者，莊宗指之謂左右曰：「猛士也。」從簡曰：「臣爲大王取之。」莊宗慮其不捷，不許。從簡退，乃潛領十數騎挺身而入，奪幟以歸，萬衆鼓譟，莊宗壯之，錫賚甚厚。又嘗中箭而鏃入於骨，使醫工出之，以刃鑿骨，恐其痛也，良久未能摇動。從簡嗔目謂曰：「何不沈鑿？」洎出之，左右無不惻然，從簡顏色自若，其勇壯皆此類也。

從簡所爲多不法，莊宗以其戰鬬多捷，常屈法赦之，賜姓，名曰紹瓊。後加竭誠匡國功臣，累官至金紫光禄大夫、檢校太保、景州刺史，歷洺州團練使。及梁平，典蔡州。同光四年，授許州節度使，會莊宗晏駕，未及赴鎮而止。明宗登極，例復本姓，歷麟、汝、汾、金四州刺史。案北夢瑣言云：明宗尤惡貪貨，面戒汝州刺史萇從簡，爲其貪暴。（舊五代史考異）應順初，舉軍伐鳳翔，從簡亦預其行，會軍變，乃東還。道遇張廷藴，爲廷藴所執，送於末帝。末帝數之曰：「人皆歸我，爾何背我而去也？」從簡曰：「事主不敢二心，今日死生唯命。」末帝釋之。清泰二年，授潁州團練使。

高祖舉義，末帝將議親征，詔赴闕，充副招討使，隨駕至孟津，除河陽節度使。及趙延壽軍敗，斷浮橋歸洛，留從簡守河陽〔二〕。高祖自北而至，從簡察軍情離散，遂渡河迎謁高祖。天福元年十二月，授許州節度使，改賜推忠佐運保國功臣。二年秋，移鎮徐州。三年，加開府儀同三司、開府，原本誤作「開封」，今據文改正。（影庫本粘籤）檢校太尉，進封開國公，食邑至一千五百户。受代歸闕，授左金吾衞上將軍〔三〕。

從簡性忌克而多疑，歷州鎮凡十餘，所在豎棘於公署，纔通人行，左右稍違忤，即加鞭笞，或至殺害，其意不可測，吏人皆側足而行〔四〕。其煩苛暴虐，爲武臣之最。六年秋，隨駕幸鄴都，遇疾請告，尋卒於鄉里，年六十五。贈太傅〔五〕。永樂大典卷一萬八千一百三十一。

潘環，字楚奇，洛陽人也。父景厚，以環貴，授左監門上將軍致仕。環少以負販爲業，始事梁邢州節度使閻寶，爲帳中親校。及莊宗定魏博，移兵攻邢，寶遣環間道馳奏於梁，梁末帝用爲左堅鋭夾馬都虞候〔六〕，累遷左雄威指揮使〔七〕。時梁人與莊宗對壘於河上，環每預戰，先登陷敵，金瘡徧體。案玉堂閒話云：潘環常中流矢于面，骨銜其鏃，故負重傷。醫至經年，其鏃自出，其瘡成漏，終身不痊。（舊五代史考異）莊宗知其名，及平梁，命典禁軍。同光中，從明宗北禦契丹，鄴軍之亂，從明宗入洛。天成初，授棣州刺史。會定州王都反，朝廷攻之，以環爲行營右廂步軍都指揮使。賊平，改易州刺史、北面沿邊都部署，後移刺慶州。受代歸闕，明宗召對，顧侍臣曰：「此人勇敢，少能偕者。」尋除宿州團練使。清泰中，移耀州。

天福中，預平范延光，授齊州防禦使。四年，升金州爲節鎮，以環爲節度使。久之，入爲左神武統軍。開運初，契丹入寇，王師北征，以環爲北面行營步軍左廂排陣使〔八〕，預破契丹於陽城。軍迴，授澶州節度使，累官至檢校太傅。三年，罷鎮歸闕，俄受詔洛京巡檢。

其年冬，戎王犯闕，僞署劉晞爲西京留守，環乞罷巡警，閑居洛陽。遇河陽軍亂，晞出奔，未幾，蕃將高牟翰以兵援晞入於洛〔九〕，慮環有變，乃害之，盡取其家財。通鑑云：晞疑環搆其衆逐己，使牟翰殺之。（殿本）漢高祖至京，贈太尉。

環歷六部兩鎮，所至以聚斂爲務。在宿州時，有牙將因微過見怒，環紿言笞之，牙校因託一尼嘗熟於環者，獻白金兩鋌。尼詣環白牙校餉鍬脚兩枚，兩枚，原本作「兩枝」，今從冊府元龜改正。（影庫本粘籤）求免其責，環曰：「鍬本幾脚？」尼曰：「三脚。」環復曰：「今兩脚能成鍬乎？」尼則以三數致之，當時號環爲「潘鍬脚」。永樂大典卷一萬八千二百三十一〔一〇〕。

方太，字伯宗，青州千乘人也。少隸本軍爲小校，嘗戍登州，劫海客，事洩，刺史淳于晏匿之，遇赦免。事定州節度使楊光遠，光遠領兵赴晉陽〔一一〕。本州軍亂，太與馬萬、盧順密等擒之，使太縛送至闕。尋從杜重威破張從賓於汜水，以功除趙州刺史。從楊光遠平范延光於鄴，移刺萊州，遷安州防禦使。從少帝幸澶州，與契丹戰於戚城，中數創。改鳳州防禦使，行至中途，遷河陽留後，移邢州留後。契丹犯闕，僞命遙領洋州節度使，充洛京巡檢，與前洛州團練使李瓊俱至鄭州，其屯駐兵士迫請太在城巡檢，以備外盜，號爲「鄭王」。時有嵩山賊帥張遇，領衆萬餘，於僧衆得梁朝故嗣密王朱乙，遂推爲天子，取嵩山神冠冕之服以衣之。張遇以其衆攻鄭州，太與李瓊擊之，賊衆敗走，瓊中流矢而死。太乃括率郡中財物以賞軍士，因誘之欲同西去，其衆不從，太乃潛奔於洛陽。案通鑑云：戍兵既失太，反譖太于契丹，云脅我爲亂。太遣子師朗自訴于契丹，契丹殺之。（舊五代史考異）及劉晞南走許州，案：通鑑考異作劉禧。（舊五代史考異）太殺晞牙校李暉，入河南府行留守事。既而嵩山賊帥張遇殺嗣密王，傳首於太，懸於洛市。又有伊闕賊帥自稱天子，領衆萬餘，將入洛城，集郊壇之上，太率兵數百人逆擊，破之，賊衆遂潰。案通鑑考異引實録方太傳云：劉禧走許田，復有潁陽妖巫，姓朱，號嗣密王，誓衆于洛南天壇，號萬餘人。太帥部曲與朝士輩虛張旗幟，一舉而逐之，洛師遂安。（舊五代史考異）河陽武行德遣使召太，詐言欲推之爲帥，尋爲行德所害。永樂大典卷一萬八千一百三十一。

何建，案：九國志作何重建。其先迴鶻人也，代居雲朔間。祖慶，父懷福，俱事後唐武皇爲小校。建少以謹厚隸於高祖帳下，以掌廄爲役，及即位，累典禁軍，案九國志云：重建初事晉祖爲奉德馬軍都指揮使。遥領驩、睦二郡。天福中，自曹州刺史遷延州兵馬留後，尋正授旄鉞。案九國志云：延州節度使丁審琪殘暴貪冒，蕃部苦之。重建以所部兵攻其城，審琪遁去，晉祖即以重建權節度兵馬留後，下車諭以威福，邊民安堵，就加彰武軍節度使。數年之間，歷涇、鄧、貝、澶、孟五鎮節度使，案九國志云：皆以廉儉簡易稱。累官至檢校太傅。

開運三年，移鎮秦州。是冬，契丹入汴，戎王遣人齎詔以賜建，建憤然謂將吏曰：「吾事石氏二主，累擁戎旃，人臣之榮，亦已極矣。今日不能率兵赴難，豈可受制於契丹乎！」即遣使齎表與其地送款於蜀，孟昶待之甚厚，僞加同平章事，依前秦州節度使。案九國志云：時固鎮與鳳州未平，重建悉經略討平之。歲餘，移閬州保寧軍節度使，案九國志云：昶大舉兵北伐，遣張虔釗出大散關，以重建爲招討使，由隴州路以進師，無功而還。加僞官至中書令，後卒於蜀。永樂大典卷五千六百三十二。

張廷蘊，字德樞，開封襄邑人也。祖立，贈驍衛將軍。父及，贈光禄大夫。廷蘊少勇捷，始隸宣武軍爲伍長，唐天復中〔二三〕，奔太原，武皇收於帳下爲小校。及莊宗救上黨，戰柏鄉，攻薊門，下邢、魏，皆從之。後戰於莘縣及胡柳陂，繼爲流矢所中，金瘡之痕，盈於面首。莊宗寵之，統御營黃甲軍，常在左右，累加檢校兵部尚書、帳前步軍都虞候，充諸軍濠寨使。同光初，從明宗收汶陽，加檢校尚書右僕射，充魏博三城巡檢使。時皇后劉氏在鄴，每縱其下擾人，廷蘊多斬之，聞者壯焉。

梁平，承詔入覲，改帳前都指揮使兼左右羽林都虞候。會潞州李繼韜故將楊立嬰城叛〔一三〕，詔遣明宗爲招討使，元行欽爲都部署〔一四〕，廷蘊爲前鋒。案歐陽史云：李繼韜叛于潞州〔一五〕，莊宗遣明宗爲招討使，元行欽爲部署，廷蘊爲馬步軍都指揮使，將兵爲前鋒。吳縝纂誤據梁本紀及元行欽、李繼韜傳，云並無明宗、元行欽、張廷蘊攻潞州之事。今考薛史，本言廷蘊平潞州楊立之叛，歐陽史以爲平李繼韜，殊誤。通鑑從薛史。（舊五代史考異）軍至上黨，日已瞑矣，甜軍方定，廷蘊首率勁兵百餘輩，踰洫坎城而上，守陴者不能禦，尋斬關延諸軍入焉。明宗、行欽達明而始至，其城已下，明宗甚慊之。軍還，軍還，原本作「軍遷」，今據文改正。（影庫本粘籤）改左右羽林都指揮使，加檢校司空、行申州刺史。同光末，從皇子魏王繼岌伐蜀，授行營中軍都指揮使。蜀平，明宗嗣位，遷懷州刺史，賜竭忠建策興復功臣，加檢校司徒。旋移金州防禦使，加檢校太保，繼授潁州團練使、沿淮招安使。應順中，轉隴州防禦使。清泰中，進封清河郡公。高祖即位，入爲右龍武統軍，遷絳州防禦使。少帝嗣位，領左軍衛上將軍〔一六〕，加特進。開運三年冬，以老病求歸於宋城，明年卒於家，時年六十九。

廷蘊所識不過數字，而性重文士。下汶陽日，首獲鄆帥戴思遠判官趙鳳，訊之曰：「爾狀貌必儒人也，勿隱其情。」鳳具言之，尋引薦於明宗，明宗令送赴行臺，尋除鳳翰林學士。及鳳入相，頗與廷蘊相洽，數言於近臣安重誨，重誨亦以廷蘊苦戰出於諸將之右，力保薦之。明宗以廷蘊取潞之日，不能讓功於己，故恒蓄宿忿，至使廷蘊位竟不至方鎮，亦命矣夫！廷蘊歷七郡，家無餘積，年老耄期，終於牖下，良可嘉也。

長子光被，歷通事舍人。永樂大典卷一萬一百三十一〔一七〕。

郭延魯，字德興，沁州綿上人也。父饒，後唐武皇時，以軍功嘗爲本郡守，凡九年，有遺愛焉。延魯少有勇〔一八〕，善用槊，莊宗以舊將之子，擢爲保衛軍使，頻戍塞下，捍契丹有功。及即位，賜協謀定亂功臣，加檢校兵部尚書、右神武都指揮、都知兵馬使。天成中，汴州朱守殷叛，守殷，原本作「宋殷」，今據通鑑改正。（影庫本粘籤）延魯從車駕東幸，至其地，坎壘先登。守殷平，以功授汴州步軍都指揮使，加檢校尚書左僕射。長興中，累加檢校司徒，歷天雄軍、北京馬步軍都校，遥領梧州刺史。清泰中，遷復州刺史，正俸之外，未嘗斂貸，庶事就理，一郡賴焉。秩滿，百姓上章舉留，朝廷嘉之。高祖即位，遷單州刺史，加檢校太保，賜輸誠奉義忠烈功臣。到任踰月，以疾卒於理所，時年四十七〔一九〕。詔贈太傅。永樂大典卷二萬二千一百六十一。

郭金海，本突厥之族。少侍昭義節度使李嗣昭，常從征伐。金海好酒，所爲不法，自潞州過山東，入邢洺界爲劫盜，嗣昭雖知之，然惜其拳勇，每優容之。天祐中，累職至昭義親騎指揮使。同光二年，遷本道馬軍都指揮使。天成初，入爲捧聖指揮使。長興三年，改護聖都虞候。天福二年，從王師討范延光於魏州，以功轉本軍都指揮使，領黄州刺史。高祖幸鄴，宣金海領部兵巡檢東京，其年十一月，安從進謀犯闕，金海爲襄州道行營先鋒都指揮使，與李建崇等同於唐州湖陽遇從進軍萬餘人，金海以一旅之衆突擊，大敗之，策勳授檢校太保、商州刺史，俄移慶州。秩滿歸闕，途中遇疾而卒，年六十一。永樂大典卷二萬一千四百五十。洛陽縉紳舊聞記：從進與金海相遇于花山。金海蕃將，善用槍，時罕與敵，拳勇過人，喜戰鬭，欲立奇功。兩陣相去數里。從進素管騎兵，金海久在麾下，從進亦待之素厚。乃躍馬引數百騎乘高，去金海陣數百步，厲聲呼「郭金海」。金海獨鞭馬出于陣數十步，免胄側身，高聲自稱曰「金海」。從進又前行數十步，勞之曰：「金海安否？我素待爾厚，略不知恩，今日敢來共我相殺？」金海應聲答曰：「官家好看大王，負大王甚事，大王今日反？金海舊事大王，乞與大王一箭地，大王回去，若不去，喫取金海槍。」言訖，援槍鞭馬，疾趨其陣。從進懼，躍馬而進，師遂相接，大爲金海、焦繼勳摧敗。奏到，晉祖大喜，賞賜有差。從進自此喪氣，嬰城自固，王師爲連城重塹以守之。月餘，王師攻城，城上矢下如雨，王師被傷者衆。是日，金海爲飛矢集身，扶傷歸營。明日，從進用計汙金海，欲使朝廷疑之，以金瓶貯酒、金合盛藥，以索懸之。城上呼「郭金海」，金海知之，力疾扶創而往。城上勞金海曰：「大王知爾中箭創甚，賜爾金瓶金合酒與風藥。」金海目不知書，惟利是貪，取瓶與合歸營，且不聞于元戎。元戎等疑之，乃馳驛奏。晉祖以花山之功，不加罪。城下，就除金州團練，併其兵于他部。金海之任，居常悒悒不樂，至于捐館。（殿本）

劉處讓，字德謙，滄州人也。祖信，累贈太子少保。父瑜〔一〇〕，累贈太子少師。梁貞明初，張萬進帥兖州，處讓事之，爲親校。萬進據城叛，梁遣大將劉鄩討之，時唐莊宗屯軍於麻口渡，萬進密遣處讓乞師於莊宗。莊宗未即應之。乃於軍門截耳曰：「主帥急難，使我告援，苟不得請，死亦何避。」莊宗義之，將舉兵渡河，俄聞城陷乃止，因以墨制授處讓行臺左驍衛將軍，俄改客省副使。

梁平，加檢校兵部尚書，累將命稱旨。天成初，轉檢校尚書右僕射，依前充職。歲餘遷引進使。長興三年，轉檢校司空、左威衞大將軍，其職如故。四年，西川孟知祥跋扈，不通朝貢，朝廷方議懷柔，乃遣處讓爲官告國信使，復命，轉檢校司徒。應順初，授忻州刺史、檢校太保，充西北面都計度使，備北寇也。清泰二年，入爲左驍衞大將軍。三年夏，魏博屯將張令昭逐其帥，以城叛，朝廷命范延光領兵討之，以處讓爲河北都轉運使。

及高祖舉義於太原，處讓從至洛陽，乃授宣徽北院使。天福二年，轉左監門衞上將軍，充宣徽南院使。范延光之據鄴也，高祖命宣武軍節度使楊光遠領兵討之，時處讓奉詔與光遠同參議軍政。會張從賓作亂於河陽，處讓自黎陽分兵討襲，從賓平，復與楊光遠同攻鄴城。四年冬〔三二〕，范延光將謀納款，尚或遲留，處讓首入其城，以禍福諭之，延光乃降，以功加檢校太傅。

先是，桑維翰、李崧兼充樞密使，處讓以莊宗已來樞密使罕有宰臣兼者，因萌心以覬其位〔三三〕。及楊光遠討伐鄴城，軍機大事，高祖每命處讓宣達。時光遠恃軍權，多有越體論奏，高祖依違而已，光遠慊之，頻與處讓宴語及之，處讓訴曰：「非聖旨也，皆出維翰等意。」及楊光遠入朝，遂於高祖前面言執政之失，高祖知其故，不得已乃罷維翰等，以處讓爲樞密使。時處讓每有敷奏，高祖多不稱旨，會處讓丁繼母憂，高祖因議罷樞密使，其本院庶事並委宰臣分判。處讓居喪期年，起復，授彰德軍節度使、相澶衛等州觀察處置等使〔二三〕。

處讓勤於公務，孜孜求理，撫馭吏民〔二四〕，不至苛察，人甚便之。高祖幸鄴都，處讓竭家財貢奉，至於薪炭膏沐之細，悉供億焉。六年，除右金吾衛上將軍，處讓自以嘗經重任，又歷方鎮，謂其入朝必當要職，一旦除授金吾，有所不足。少帝即位之初，處讓與宰臣言，有協翼之論，覃恩之際，又未擢用。一日至中書，宰臣馮道、趙瑩、李崧、和凝在列，處讓因酒酣，歷詆諸相，道笑而不答。月餘稱病。八年，從駕歸汴，寄居於封禪寺，遇疾而卒，年六十三。贈太尉，再贈太師。

子保勳，仕皇朝，位至省郎。永樂大典卷九千九百九〔二五〕。

李瓊，字隱光，滄州饒安人也。少籍本軍爲騎士，莊宗平河朔，隸明宗麾下，漸升爲小校。同光二年，明宗受詔，以本部兵送糧入薊門，時高祖從行，至涿州與敵相遇，高祖陷於圍中。瓊顧諸軍已退，密牽高祖鐵衣，指東而遁。至劉李河，劉李河，通鑑作琉璃河。考薛史前後作「劉李」，蓋地名多用對音，今仍其舊。（影庫本粘籤）爲敵所襲，瓊浮水先至南岸，高祖至河中，馬倒，順流而下，瓊以所執長矛援高祖出之〔二六〕，又以所跨馬奉高祖，瓊徒步護之，奔十餘里，乃入涿州。高祖薦於明宗，明宗賞之，尋超授軍職。

同光末，明宗討趙在禮於鄴。鄴軍既變，明宗退至魏縣，遣高祖以騎士三百疾趨汴州。時莊宗遣騎將西方鄴守其城，高祖憂之，使瓊以勁兵突封丘門而入，高祖踵之，鄴尋歸命，浚郊遂定。及高祖領陝州，奏補雲騎指揮使，俄改侍衞牙隊指揮使。長興中，從高祖討東川，至劍州，使瓊以部下兵破賊軍數千，身中重創，軍還，改龍武指揮使。清泰中，屯雲州，累擒獲契丹人馬，以功改右捧聖軍指揮使。唐末帝以瓊元事高祖，乃自寨下移授單州馬步軍副指揮使。

高祖即位，補護聖都指揮使〔二七〕，又念疇昔輟馬導護之力，前後所賜金帛甚厚，但未升爵位，瓊亦鬱鬱然。久之，領横州刺史。五年，出典申州，微有政聲。少帝嗣位，入爲殿前散員都指揮使，遥領雷州，俄遷棣州刺史。遇楊光遠以青州叛，自統本部兵攻其城，且以書誘瓊，瓊固拒之〔二八〕，以書上進，朝廷嘉之。開運二年，改洺州團練使，累官至加檢校司空。三年，授護聖右廂都指揮使，領岳州團練使。時洺州吏民列狀保留〔二九〕，朝廷不允。及杜重威降敵，改授瓊威州刺史。行及鄭州，遇羣盜攻郡，與方太禦賊，中流矢而卒，年六十五。永樂大典卷一萬三百四十〔三〇〕。

高漢筠，字時英，齊州歷山人也。曾祖詣，嘗爲是邑令，故家焉。漢筠少好書傳，嘗詣長白山講肄，會唐末齊魯交兵，梁氏方霸，乃擲筆謁焉。尋納於軍門，未幾，出爲衞州牙校。唐天祐中，莊宗入魏，分兵諭其屬郡，時漢筠以利病說衞之牧守，俾送款於莊宗，以漢筠爲功，尋移洺州都校〔三一〕。其後改常山爲北京，以漢筠爲皇城使，加檢校兵部尚書、左驍衞將軍同正。明宗即位，除成德軍節度副使，俄以荆門用軍，促詔漢筠移倅襄州，權知軍州事。長興中，歷曹、亳二州刺史，秩滿，加檢校司徒、行左金吾衞大將軍。

清泰末，高祖建義於河東，唐末帝遣晉昌節度使張敬達率師圍太原，委漢筠巡撫其郡。及敬達遇害，節度副使田承肇率部兵攻漢筠於府署，漢筠乃啓關延承肇，謂曰：「僕與子俱承朝寄，而相迫何甚？」承肇曰：「我欲扶公爲節度使。」漢筠曰：「老夫耄矣，不敢首爲亂階，死生繫子籌之。」承肇目左右令前，諸軍投刃於地，曰：「高金吾累朝宿德，不可枉殺。」承肇以衆意難拒，遂謝云：「與公戲耳！」遂與連騎以還〔三二〕。高祖入洛，飛詔徵之，遇諸途，乃入覲，尋遷左驍衞大將軍、內客省使。天福三年正月，遘疾，終東京之私第，時年六十六。

漢筠性寬厚，儀容偉如也，雖歷戎職，未嘗有非法之言出於口吻，多慕士大夫所爲，復以清白自負。在襄陽，有孽吏常課外獻白金二十鎰，漢筠曰：「非多納麰麰，則刻削闤闠，吾有正俸，此何用焉！」因戒其主者不得復然〔三〕，其白金皆以狀上進，有詔嘉之。及蒞濟陰，部民安之，四邑飯僧凡有萬八千人。在亳州三年，歲以己俸百千代納逋租，斯亦近代之良二千石也。

長子貞文，仕皇朝，爲開封少尹，卒。永樂大典卷五千五百三十八。

孫彥韜，字德光，汴州浚儀人也。少以勇力應募從軍。梁祖之兼領四鎮，擢彥韜於行間，歷諸軍偏校。及唐莊宗與梁軍對壘於河上，彥韜知梁運將季，乃間行渡河，北歸莊宗，莊宗嘉而納之，授親從右廂指揮使。及莊宗平梁，出爲晉州長步都校，加檢校兵部尚書。天成初，遷綿州刺史、檢校尚書左僕射，至郡踰年，以考課見稱，就加檢校司空。長興、清泰中，歷密、沂、濮三州刺史，累官至檢校太保，賜竭忠建策興復功臣。高祖即位，復授密州刺史，尋卒於任，年六十四。

彥韜出於軍旅，植性和厚，理綿州日，甚著綏懷之譽，故有賞典旌焉。在濮陽，屬清泰末，羣寇入郡，郡人大擾，彦韜率帳下百人，一呼破之，人皆感之。但不能守廉養正，以終令譽。長興中，罷密州赴闕，苞苴甚厚。起甲第於洛陽，踰月而成，華堂廣廡，亞王公之家，見者嗤之，故淹翔五郡，位不及廉察，抑有由也。永樂大典卷一萬八千一百三十二。

王傳拯〔三四〕，吴江人也。父綰，僞虔州節度使。傳拯初事楊溥，爲黑雲右廂都指揮使，領本軍戍海州。唐長興元年，傳拯殺海州刺史陳宣，焚州城，以所部兵五千人來歸。明宗喜而納之，授金紫光禄大夫、檢校司徒、曹州刺史，尋移濮州。清泰中，遷貝州防禦使。秩滿有代，會范延光叛，以兵要傳拯入魏城，疑而不用。延光降，高祖授傳拯諸衞將軍，出爲寧州刺史。境接蕃部，以前弊政滋章，民甚苦之，傳拯自下車，除去弊政數十件，百姓便之。不數月，移刺虢州。離寧州日，衙門聚數千人，拆橋遮道以留之。及赴虢略，爲理清静，蒸民愛戴如寧州焉。開運中，歷武州刺史，受代歸洛，遇疾卒。

傳拯家本多財，尤好賓客，及歷數郡，不事生産，將即世，甚貧匱，物論惜之。永樂大典卷六千八百五十〔三五〕。

祕瓊，鎮州平山人也。父遇，以善射歷本軍偏校，累官至慶州刺史。瓊亦有勇，清泰中，董温琪爲鎮州節度使，擢瓊爲衙内指揮使〔三六〕，倚以腹心。及温琪陷蕃，瓊乃害温琪之家，載其屍，都以一坎瘞之。温琪在任貪暴，積鏹巨萬，瓊悉輦之，以藏其家，遂自稱留後。高祖即位，遣安重榮代之，授瓊齊州防禦使。時重榮與蕃帥趙思温同行，部曲甚衆，瓊不敢拒命，尋槖其奇貨，由鄴中以赴任。先是，鄴帥范延光將謀叛，遣牙將范鄴持書搆瓊，瓊領書不答。使者還，具達其事，延光深忿之。及聞瓊過其境，密使精騎殺瓊於夏津，以滅其口，一行金寶侍伎，皆爲延光所有，由是延光異志益露焉。永樂大典卷一萬三千八百六十六〔三七〕。

李彦珣，邢州人也。少爲郡之牙吏，唐天祐中，明宗鎮其地，彦珣素無檢節，因洽於左右，明宗即位，以爲通事舍人。嘗遣使東川，行至其境，其僕從爲董璋所收，彦珣竄還，以失敬故也。朝廷攻璋，詔授行營步軍都監。彦珣素不孝於父母，在鄉黨絕其供饋〔三八〕，同列惡其鄙惡，旋出爲外任。清泰中，遷河陽行軍司馬，遇張從賓爲亂，因朋助之，從賓敗，奔於魏州。范延光既叛，署爲步軍都監，委以守陴，招討使楊光遠以彦珣見用〔三九〕，欲撓延光而誘彦珣，乃遣人就邢臺訪得其母，令於城下以招之。彦珣識其母，發矢以斃之，見者傷之。及隨延光出降，授坊州刺史，近臣以彦珣之惡逆奏於高祖，高祖曰：「赦命已行，不可改也。」遂令赴郡，後不知其所終也。永樂大典卷一萬三百八十九。案歐陽史：彦珣後以坐贓誅。

史臣曰：昔從簡從莊宗戰於河上，可謂勇矣，及其爲末帝守於孟津，豈得爲忠乎？忠既無聞，勇何足貴！潘環、方太，雖咸負雄幹，而俱歿亂世，蓋方略不足以衛其身故也。何建舉秦隴之封，附巴卭之俗，守方之寄，其若是乎！其餘皆儋珪析爵之流也〔四〇〕，亦可以垂名於是矣〔四一〕。祕瓊既覆董氏之族，旋爲鄴帥所屠，何報應之速也！唯彦珣忍射其親，殆非人類，晉祖宥之不戮，蓋失刑之甚也。永樂大典卷一萬三百八十九。

校勘記

〔一〕莊宗愛其勇　「愛」，原作「爲」，據册府卷三九六、新五代史卷四七萇從簡傳改。

〔二〕留從簡守河陽　「河陽」，册府卷七六六作「河陽南城」。按通鑑卷二八〇：「唐主命河陽節度使萇從簡與趙州刺史劉在明守河陽南城。」

〔三〕左金吾衞上將軍 「左」，册府卷四四八同，本書卷七九晉高祖紀五作「右」。

〔四〕左右稍違忤……吏人皆側足而行 「足而」二字，原在「稍違」下，據彭校、册府卷四四八乙正。

〔五〕贈太傅 本書卷八〇晉高祖紀六、新五代史卷四七萇從簡傳作「贈太師」。舊五代史考異卷三：「案歐陽史作贈太師。」

〔六〕左堅鋭夾馬都虞候 「堅」，原作「豎」，據殿本、劉本、邵本校、彭校改。影庫本批校：「左堅鋭夾馬都虞候，『堅』訛『豎』。」

〔七〕累遷左雄威指揮使 「左」，册府卷三九六作「右」。

〔八〕以環爲北面行營步軍左廂排陣使 册府卷三六〇同，本書卷八二晉少帝紀二、通鑑卷二八三記其開運元年爲「步軍右廂排陣使」，本書卷八三晉少帝紀三記其至開運二年爲「步軍左右廂都排陣使」，則未嘗歷左廂。

〔九〕高牟翰 原作「高牟朝」，據殿本、劉本、邵本校、本書卷九九漢高祖紀一改。影庫本批校：「高牟翰，『翰』訛『朝』。」

〔一〇〕永樂大典卷一萬八千二百三十一 檢永樂大典目録，卷一八二三一爲「匠」字韻，與本則内容不符，恐有誤記。疑出自卷一八一三二「將」字韻「後晉將二」。

〔一〕光遠領兵赴晉陽　按句下疑有闕文，本卷下文所云本州軍亂事在滑州，見本書卷七六晉高祖紀二、卷九五白奉進、盧順密傳，與楊光遠赴晉陽非一事。

〔二〕唐天復中　「天復」，原作「天福」，據劉本改。

〔三〕會潞州李繼韜故將楊立嬰城叛　「潞州」、「嬰城」四字原闕，據殿本、舊五代史考異卷三引文補。

〔四〕元行欽爲都部署　「都」字原闕，據孔本、彭本、新五代史卷四七張廷蘊傳補。

〔五〕李繼韜　原作「李繼儔」，據殿本考證、新五代史卷四七張廷蘊傳改。本卷下文同。

〔六〕左軍衞上將軍　新五代史卷四七張廷蘊傳作「左監門衞上將軍」。

〔七〕永樂大典卷一萬一百三十一　檢永樂大典目録，卷一〇一三一爲「史」字韻「歷代諸史三西漢書」，與本則内容不符，恐有誤記。疑出自卷一八一三一「將」字韻「後晉將二」。

〔八〕延魯少有勇　「少」，原作「小」，據殿本、劉本、孔本、邵本、彭本改。

〔九〕時年四十七　「年」字原闕，據殿本、邵本校補。

〔一〇〕父瑜　「瑜」，殿本作「喻」。

〔一一〕四年冬　册府卷四二六同，本書卷七七晉高祖紀三、通鑑卷二八一繫其事於天福三年。

〔一二〕因萌心以覬其位　「萌」，原作「盟」，據劉本改。

〔一三〕相澶衞等州觀察處置等使　「相」字原闕，據册府卷六七七補。

〔二四〕撫馭吏民　「撫」字原闕，據册府卷四一七、卷六七七補。

〔二五〕永樂大典卷九千九百九　檢永樂大典目録，卷九九〇九爲「嚴」字韻「華嚴經九十六」，與本則内容不符，恐有誤記。陳垣舊五代史輯本引書卷數多誤例謂應作卷九〇九九「劉」字韻「姓氏二十七」。

〔二六〕瓊以所執長矛援高祖出之　「援」，原作「授」，據劉本、彭校、册府卷一七二、新五代史卷四七李瓊傳改。影庫本批校：「『授高祖出之』，『授』當作『援』。」

〔二七〕補護聖都指揮使　「都指揮使」，册府卷一七二、新五代史卷四七李瓊傳作「都虞候」。按本卷下文李瓊開運三年方遷護聖右廂都指揮使。

〔二八〕瓊固拒之　「固」，原作「因」，據册府卷六八六改。

〔二九〕時洺州吏民列狀保留　「保留」，孔本作「舉留」。

〔三〇〕永樂大典卷一萬三百四十　檢永樂大典目録，卷一〇三四〇爲「里」字韻，與本則内容不符，恐有誤記。陳垣舊五代史輯本引書卷數多誤例謂應作一〇三九〇「李」字韻「姓氏三十五」。

〔三一〕尋移洺州都校　「洺州」，原作「洛州」，據殿本、劉本、邵本校改。

〔三二〕遂與連騎以還　殿本、孔本作「漢筠促騎以還」，册府卷三七四作「漢筠遂促騎以還」。

〔三三〕因戒其主者不得復然　「得」字原闕，據册府卷六七九補。

〔三四〕王傳拯　原作「王傅拯」，據永樂大典卷六八五〇引五代薛史、本書卷四一唐明宗紀七、册府

（宋本）卷六七七、通鑑卷二七七改。本書各處同。影庫本粘籤：「王傳拯，歐陽史作『傳極』，考通鑑俱作『拯』，今仍其舊。」今檢新五代史卷六唐本紀作「王傳極」。

〔三五〕永樂大典卷六千八百五十　「六千八百五十」，原作「六千五百二十」。檢永樂大典目録，卷六六五二〇爲「莊」字韻「莊公三十九」，與本則內容不符，按本則實出永樂大典卷六八五〇，據改。

〔三六〕擢瓊爲衙內指揮使　「使」字原闕，據册府卷四五五、卷九四三補。

〔三七〕永樂大典卷一萬三千八百六十六　「三」，原作「二」，據孔本改。陳垣舊五代史輯本引書卷數多誤例：「卷九四祕瓊傳，引大典一二八六六，係『宋』字韻，誤。應作一三八六六『祕』字韻。」

〔三八〕在鄉黨絶其供饋　「黨」字原闕，據永樂大典卷一〇八一四引五代薛史補。

〔三九〕招討使楊光遠以彦珣見用　「以」，永樂大典卷一〇八一四引五代薛史作「知」。

〔四〇〕其餘皆儋珪析爵之流也　「儋珪析爵」，揚雄解嘲作「析珪儋爵」。

〔四一〕亦可以垂名於是矣　「是」，彭校作「世」。

舊五代史卷九十五

晉書二十一

列傳第十

皇甫遇　王清　梁漢璋 弟漢瑭　白奉進　盧順密　周瓌

沈斌　吴巒　翟璋　程福贇　郭璘

皇甫遇，常山人也。案：歐陽史作常山真定人。（舊五代史考異）父武，流寓太原，嘗爲遮虜軍使。遇少好勇，及壯，虯髯，善騎射。唐明宗在藩時，隸於麾下，累從戰有功。明宗即位，遷龍武都指揮使，遥領嚴州刺史，出討東川，爲行營左軍都指揮使。應順、清泰中，累歷團練、防禦使，尋遷鄧州節度使。所至苛暴，以誅斂爲務，其幕客多私去，以避其累。高祖入洛，移領中山，俄聞與鎮州安重榮爲婚家，乃移鎮上黨，又改平陽，咸以憸人執事，政事隳紊。及鎮河陽，部内創别業，開畎水泉，以通溉灌，所經墳墓悉毁之，部民以朝廷方姑息郡帥〔一〕，莫之敢訴。少帝即位，罷歸闕下。二年〔二〕，契丹南寇，從至澶州，戰於鄆州北津，契丹衆大敗，溺死者數千人，以功拜滑州節度使。

三年〔三〕，契丹率衆屯邯鄲〔四〕，邯鄲，原本作「邯縣」，今從通鑑改正。（影庫本粘籤）遇與安審琦、慕容彦超等禦之。遇將渡漳河，契丹前鋒大至，遇引退，轉鬭二十里，至鄴南榆林店。遇謂審琦等曰：「彼衆我寡，走無生路，不如血戰。」遂自辰及未，戰百餘合，所傷甚衆。遇所乘馬中鏑而斃，遇有紀綱杜知敏以馬授遇，遇得馬復戰，久之稍解，顧杜知敏已爲所獲〔五〕，遇謂彦超曰：「知敏蒼黃之中，以馬授我，義也，安可使陷於賊中〔六〕！」遂與彦超躍馬取知敏而還，敵騎壯之。俄而生軍復合，遇不能解。時審琦已至安陽河，謂首將張從恩曰：「皇甫遇等未至，必爲敵騎所圍，若不急救，則成擒矣。」從恩曰：「敵勢甚盛〔七〕，無以枝梧，將軍獨往何益？」審琦曰：「成敗命也，設若不濟，則與之俱死，假令失此二將，將何面目以見天子！」案：通鑑作坐失皇甫太師，吾屬何顔以見天子！胡三省注云：皇甫遇未必加官至太師也，而安審琦以太師稱之，蓋五季之亂，官賞無章，當時相稱謂，不論其品秩，就人臣極品而稱之。據薛史，遇累官至檢校太師，審琦蓋稱其檢校之官也，胡注似未詳考。（舊五代史考異）遂率鐵騎北渡赴之。契丹見塵起，謂救軍併至，乃引去。遇與彦超中數創，得還。時諸軍歎曰：「此三人皆猛將也！」遇累官至檢校太師、同中書門下平章事。

四年〔八〕，契丹復至，從杜重威營滹水，重威送款於契丹，遇不預其議，及降，心不平之。時戎王欲遣遇先入汴，遇辭之〔九〕，因私謂人曰：「我身荷國恩，位兼將相，既不能死於軍陣，何顏以見舊主！更受命圖之，所不忍也。」明日，行及趙郡〔一〇〕，泊其縣舍，顧從者曰：「我已信宿不食，疾甚矣，主辱臣死，無復南行。」因絶吭而殞，遠近聞而義之。漢高祖登極，詔贈中書令。

周廣順三年正月，遇妻宋國夫人霍氏上言，請度爲尼，周太祖許之，仍賜紫衣，號貞範大師，法名惠圓，又賜夏臘十。永樂大典卷一萬八千三十一〔一一〕。

王清，案：遼史趙延壽傳作王靖。（孔本）字去瑕，洺州曲周人也。父度，世爲農。清少以勇力端厚稱於鄉里。後唐明宗領邢臺〔一二〕，置步直軍，清預其募，漸升爲小校。同光初，從戰於河上有功，賜忠烈功臣。明宗即位，自天成至清泰末，歷嚴衛、寧衛指揮使，加檢校右散騎常侍。

天福元年，高祖建義入洛，加檢校刑部尚書，改賜匡蹕忠孝功臣。三年，從楊光遠平范延光於鄴，改奉國軍都虞候。六年，襄州安從進叛，從高行周討之，踰年不下。一日，清請先登，諸軍繼其後，會有内應者，遂拔其城。清以中重創，有詔褒慰。七年，改賜推忠保運功臣，加金紫光禄大夫，領溪州刺史。八年，詔遣以所部兵屯於鄴。九年春，契丹南牧，圍其城，清與張從恩守之，少帝飛蠟詔勉諭，錫之第宅。契丹退，以干城功，繼遷軍額。

開運二年春三月，從杜重威北征，解陽城之圍，加檢校司徒。是歲秋七月，詔遣與皇甫遇援糧入易州。十一月，從杜重威收瀛州，聞契丹大至，重威率諸軍沿滹水而西，將保常山，及至中渡橋，（中渡，原本作「平渡」，今從遼史改正。（影庫本粘籤））契丹已屯於北岸。自其月二十七日至十二月五日，軍不能解。時戎王至，留騎之精者以禦我，分其弱者，自故靈都城緣其山足，涉滹沱之淺處，引衆而南，至趙郡，凡百餘里，斷我飛輓，且扼歸路。清知勢蹙，謂重威曰：「軍去常山五里〔一三〕，守株於此，營孤食盡，將若之何！請以步兵二千爲前鋒，奪橋開路，公可率諸軍繼之，期入常山，必濟矣。」重威可之，遣宋彦筠俱行〔一四〕。清一擊獲其橋，契丹爲之小却，重威猶豫不進，密已貳於國矣。彦筠退走，清列陣北岸，嚴戒部曲。日暮，酣戰不息。契丹以生軍繼至，我無寸刃益之，清與其下俱殁焉〔一五〕。（案通鑑：清謂其衆曰：「上將握兵，坐觀吾輩困急而不救，此必有異志。吾輩當以死報國耳！」衆感其言，莫有退者，至暮，戰不息。契丹以新兵繼之，清及衆士盡死，由是諸軍皆奪氣。（舊五代史考異））時年五十三。契丹尋於所戰之地築一京觀。及漢高祖即位，使人平之，贈清太傅。是歲，清子守鈞於本邑義化別業招魂以葬之也。永樂大典卷六千八百五十〔一六〕。

梁漢璋，字國寶，應州人也。少以勇力事唐明宗，歷突騎、奉德指揮使。高祖即位之二年，遥領欽州刺史。三年，加檢校司空，改護聖都指揮使。七年，遷檢校司徒，遥領閬州團練使。八年，授陳州防禦使，從少帝澶州還，改檢校太保、鄭州防禦使，充侍衛馬軍都指揮使，旋除永清軍兵馬留後，俄正授節制。是歲，詔領千騎戍冀州，尋以杜重威北討，詔以漢璋充北面馬軍都排陣使，遣收淤口關，與契丹騎五千相遇於浮陽之北界，苦戰竟日，以衆寡不侔，爲流矢所中，歿於陣，案遼史高模翰傳云：晉以魏府節度使杜重威領兵三十萬來拒，模翰謂左右曰：「軍法在正不在多，以多陵少，不義必敗，其晉之謂乎。」詰旦〔一七〕，以麾下三百人逆戰，殺其先鋒梁漢璋，餘兵敗走。與薛史異。考通鑑云：杜重威等至瀛州，聞契丹將高模翰已引兵潛出，重威遣梁漢璋將二千騎追之，遇契丹于南陽務，敗死。蓋漢璋以二千騎當敵騎五千，衆寡不侔，以致敗績，遼史恐不足據。（舊五代史考異）即是歲十一月也，時年四十九。

漢璋熟於戎馬，累有軍功，及爲藩郡，所至好聚斂，無善政可紀。及鎮甘陵，甚有平契丹之志，但以所領偏師，驟逢勍敵，故有是衄焉。是月，其子海榮進漢璋所乘鞭馬及器仗，帝傷之，乃贈太尉。

漢璋有弟漢瑭，亦以善用槊有名於時。天成中，爲魏府効節軍使，攻定州王都，漢瑭督所部一軍首入其城，獲王都及蕃將秃餒名馬數駟。時范延光鎮常山，欲其駿者，漢瑭不諾。後漢瑭屯兵趙郡，因事奏而殺之，時人冤之。永樂大典卷六千六百十四。

白奉進，字德昇，雲州清塞軍人也。父曰達子，世居朔野，以弋獵爲事。奉進少善騎射，後唐武皇鎮太原，奉進謁於軍門，以求自効，武皇納於麾下。莊宗之破夾寨也，奉進挺身首犯賊鋒，莊宗覩而壯之，後從戰山東、河上，繼以功遷龍武指揮使。同光中，魏王繼岌伐蜀，擢爲親軍指揮使。天成、長興中，統上軍，加檢校右散騎常侍。應順中，轉捧聖右廂都指揮使、檢校刑部尚書，賜忠順保義功臣，遥領封州刺史。清泰中，加檢校右僕射、唐州刺史，治郡踰年，甚有政績。

高祖即位，徵赴闕，超加檢校司徒，充護聖左廂都指揮使，遥領歙州刺史。始奉進有女嫁於皇子重信，故高祖尤所倚愛。二年，改護聖左右廂都指揮使。是歲，車駕幸夷門。

五月，領昭信軍節度，充侍衛馬軍都指揮使。

六月，范延光據鄴爲亂，詔遣率騎軍三千北屯滑臺。時符彦饒爲滑州節度使，一夕，有軍士夜掠居人，奉進捕之，凡獲五盜，三在奉進本軍，二在彦饒麾下，尋命俱斬之。彦饒怒其不先告，深銜之。明日，奉進左右勸奉進面謝，奉進然之，以從騎數人候彦饒於牙城，既入，且述其過。彦饒曰：「軍中法令，各有部分，何得將滑州兵士一例處斬，殊無主客之義乎！」奉進曰：「軍士抵法，寧有彼我，今僕以咎自陳，而公怒不息，莫是與范延光同反耶！」因拂衣而起，彦饒不留。其帳下介士大譟，擒奉進殺之。是日，步軍都校馬萬、次校盧順密聞奉進遇害，率其步衆攻滑之子城，執彦饒送於京師，戮於班荆館北。高祖以奉進倉卒遇禍，歎惜久之，詔贈太傅。永樂大典卷一萬八千一百三十一。

盧順密，汶陽人也。初事梁將戴思遠爲步校，思遠爲鄆州節度使，領部兵屯德勝渡，留順密守其城。順密覘北軍日盛，遂遁歸莊宗，且言鄆城方虛，可以襲而取之。莊宗信之，尋遣明宗率衆趨鄆，果拔之，由順密之始謀也。莊宗尋以順密列於帳下，累遷爲軍校。明宗即位，歷數郡刺史。順密性篤厚，臨諸軍，撫百姓，皆有仁愛之譽。

及高祖車駕幸夷門，范延光據鄴城叛，高祖命諸將相次領軍討之，順密亦預其行。時騎將白奉進屯於滑州，尋爲滑帥符彥饒所殺，軍衆大亂，爭荷戈拔刃，噉譟於外，時馬萬爲步軍都校，不爲遏之。案通鑑云：馬萬惶惑不知所爲，率步兵欲從亂。（舊五代史考異）順密未明其心，乃率部曲數百，趨謂諸軍及萬曰：「滑臺去行闕二百里，我等家屬悉在闕下〔一八〕，爾輩如此，不思血族乎？奉進見殺，過在彥饒，擒送天子，必立大功，順我者賞之，不順我者殺之。」萬曰：「善。」諸軍遂不敢動。案通鑑云：萬所部兵尚有呼躍者，順密殺數人，衆莫敢動。（舊五代史考異）乃引軍北攻牙城，執彥饒於樓上，使裨將方太押送赴闕〔一九〕，滑城遂定。朝廷即以馬萬爲滑州節度使，時飛奏皆以萬爲首故也。後數日，高祖知功由順密，尋以順密爲涇州留後，至鎮未幾而卒。高祖甚悼之，贈驍衛上將軍。永樂大典卷二千二百十二。

周瓌〔二〇〕，晉陽人也。少端厚，善書計，自高祖時歷鎮藩翰，用爲腹心，累職至牙門都校，凡帑廩出納，咸以委瓌，經十餘年，未嘗以微累見誤，高祖甚重之。及即位，命權判三司事，未幾，辭曰：「臣才輕任重，懼終不濟，苟以避事，冒寵獲罪，願陛下哀其疲駑，優以散秩，臣之幸也。」高祖可之，尋命權總河陽三城事，數月改授安州節度使。臨民有惠，御軍甚嚴，一境安之。先是，威和指揮使王暉領部下兵屯於安陸，環至鎮，待之甚厚。俄聞范延光叛於魏博，張從賓寇於汜水〔三二〕，暉以環高祖之元臣也，幸國朝方危，遂害環於理所，自總州事，以爲延光勝則附之，敗則渡江而遁，斯其計也。既而襄陽安從進遣行軍司馬張朏，會復州兵於要路以徼之，李金全承詔繼至，暉遂掠城中財帛士女，欲奔江南，尋爲其下所殺。案：歐陽史作王暉南走，爲從進兵所殺，與薛史異。通鑑作暉時奔吴，部將胡進殺之〔三三〕，與薛史同。（舊五代史考異）金全至，盡誅其黨。高祖聞環遇害，歎息久之，詔贈太傅。永樂大典卷九千九百十〔三三〕。

沈斌〔三四〕，字安時，徐州下邳人。少有膽氣，初事梁太祖爲小校。天祐三年，補同州左崇勇馬軍指揮使，入典衞兵，歷龍驤、拱宸都指揮使，累有戰功。及莊宗平梁，隨段凝等降，不改其職。同光三年，從魏王繼岌平蜀，屬康延孝叛，魏王署斌爲一行馬步都虞候，領兵從任圜襲擊延孝於漢州，擒之以獻，未及策勳，會明宗登極。天成初，授檢校司空、虢州刺史，其後歷壁、隨、石、衞、威、衍、忻、趙八州刺史，累官至檢校太保，賜輸忠宣力功臣。開運元年，爲祁州刺史。其年冬，契丹入寇，自恒州迴，以羸兵驅牛羊過其城下，斌乃出州兵以擊之，契丹以精騎剗其門邀之，州兵陷賊。案：歐陽史作斌兵多死，通鑑作契丹以精騎奪其城門，州兵不得還。（舊五代史考異）趙延壽知其無備，與蕃賊急攻之，仍呼謂斌曰：「沈使君我故人也，擇禍莫若輕，早以城降，無自辱也。」斌登城呼曰：「侍中父子誤計，陷於契丹，忍以羶幕之衆〔二五〕，殘害父母之邦，不自羞慚，反有德色。沈斌寧爲國家死〔二六〕，必不效汝所爲也。」翌日城陷，斌自剄而卒，家屬爲賊所擄。永樂大典卷一萬八千一百三十一。

吳巒，字寶川，汶陽盧縣人也。少好學，以經業從鄉試下第。唐長興初，爲沙彥珣從事，累遷大同軍節度判官。高祖建號，契丹之援太原也，彥珣據雲中，二三顧望，及契丹還塞，彥珣出城迎謁，尋爲所擄。時巒在城中，謂其衆曰：「豈有禮義之人而臣於異姓乎〔二七〕！」即與雲州將吏闔門拒守。契丹大怒，攻之，半歲不能下。高祖致書於契丹，乃解圍而去。案遼史太宗紀云：唐大同軍節度判官吳巒嬰城拒命，遣崔廷勳圍其城。庚申，上親征，至城下諭之，巒降。與薛史異。通鑑從薛史。（舊五代史考異）召巒歸闕，授徐州節度副使〔二八〕，再遷右諫議大夫，爲復州防禦使，數年罷歸。

初，國家以甘陵水陸要衝之地，慮契丹南侵，乃飛輓芻粟，以實其郡，爲大軍累年之備。王令温之爲帥也，有軍校邵珂者，性兇率悖慢，令温因事使人代之，不復齒用，閑居城中。其子殺人，以重賂償之，其事方解，尋爲州吏所恐，又悉財以彌其口。自是尤蓄怨恨，因使無賴者亡入契丹，言：「州有積粟，内無勁兵，圍而攻之，克之必矣。」及令温入朝，執政者以巒雲中之難有善守之功，遂令乘軺而往，權知貝州軍州事。既至，會大寒，軍士無衣者悉衣之，平生廉儉，囊無資用，以至壞帳幕以賙之，其推心撫士如此。邵珂一見，因求自效，即聽而任之。巒素爲書生，旁無爪牙，珂慷慨自陳，願效死左右，巒遣督義兵，守城之南門。

天福九年正月，契丹大至，其一日大譟環其城，明日陳攻具於四墉，三日契丹主躬率步奚及渤海夷等四面進攻〔二九〕，巒衆投薪於夾城中，繼以炬火，賊之梯衝，焚爇殆盡。是日，賊復合圍，郡中丁壯皆登城守陴。俄而珂自南門引賊騎同入，巒守東門，未知其事，左右告曰：「邵珂背矣！」巒顧城中已亂，即馳馬還公館，投井而死。契丹遂屠其城，朝野士庶，聞者咸歎惜之。永樂大典卷二千三百二十一。

翟璋，未詳何許人也。好勇多力，時目爲大蟲，即「癡虎」之稱也。後唐天成初〔三〇〕，自鄴都馬步軍都指揮使領平州刺史，尋改復州防禦使。三年三月，遷新州威塞軍兩使留後。新州，原本作「親州」，今從歐陽史改正。（影庫本粘籤）四年五月，正授旄節。長興元年二月，加檢校太保，入爲右領軍衞上將軍，轉左羽林統軍〔三一〕。清泰中，復領新州。高祖建義，割新州屬契丹。時契丹大軍歸國，遣璋於管内配率犒宴之資，須及十萬緡，山後地貧，民不堪命。始戎王以軟語撫璋，璋謂必得南歸，及委璋平叛奚、圍雲州皆有功，故留之不遣。璋鬱鬱不得志，遇疾，尋卒焉。永樂大典卷二萬二千三百四十〔三二〕。

程福贇，未詳何許人也。性沉厚，有勇力，累爲軍校。天福七年冬，杜重威討鎮州，與安重榮大戰於宗城〔三三〕，以功遷洺州團練使、檢校太保，未幾，入爲奉國左廂都指揮使。九年春，少帝將幸澶淵，福贇部下有軍士文榮等八人，潛謀作亂，於本營縱火，福贇尋領腹心之士撲滅之，福贇亦有所傷。福贇性本純厚，又以車駕順動，祕而不奏。同列李殷，居福贇下，無名，欲危福贇以自升，遂密陳其事，云：「福贇若不爲亂，何得無言？」少帝至封丘，出福贇爲商州刺史，尋下獄鞫之。福贇終不自明，以至見殺，人甚冤之。永樂大典卷一萬八千一百二十七。

郭璘，邢州人也。初事後唐明宗，漸升爲軍校。天福中，爲奉國指揮使，歷數郡刺史。開運中，移領易州。契丹攻其郡，璘率厲士衆，同其甘苦，敵不能克。復以州兵擊賊，數獲其利，朝廷嘉之，就加檢校太保。契丹主嘗謂左右曰：「吾不畏一天下，乃爲此人抑挫！」會杜重威降〔三四〕，契丹使通事耿崇美誘其民衆，璘不能制，既降，爲崇美所害。漢高祖即位，詔贈太傅。永樂大典卷二萬二千一百六十一。

史臣曰：觀前代人臣之事跡多矣，若乃世道方泰，則席寵恃禄者實繁；世運既屯，則效死輸忠者無幾。如皇甫遇憤激而没，王清以血戰而亡，近世以來，幾人而已。其或臨難捐軀，或守方遇害，比夫惑妖蠱以喪其命，因醇酎以亡其身者，蓋相去之遠矣。唯順密遏滑臺之肇亂，救晉室之臨危，亦可謂之忠矣。永樂大典卷二萬二千一百六十一。

校勘記

〔一〕部民以朝廷方姑息郡帥　「郡帥」，册府卷四五四、卷六九八作「羣帥」。

〔三〕二年　本書卷八二晉少帝紀二、通鑑卷二八四皆繫其事於開運元年，遼史卷四太宗紀下繫其事於會同七年，按會同七年即開運元年。

〔三〕三年　本書卷八三晉少帝紀三、新五代史卷四七皇甫遇傳、通鑑卷二八四皆繫其事於開運二年。遼史卷四太宗紀下繫於會同八年，按會同八年即開運二年。

〔四〕契丹率衆屯邯鄲　「契丹」，册府卷三七四、卷三九六作「虜長」。

〔五〕顧杜知敏已爲所獲　「顧」字原闕，據彭校、册府卷三七四、卷三九六、武經總要後集卷九補。「所獲」，册府（宋本）卷三九六、武經總要後集卷九作「虜獲」，册府卷三七四作「虜所獲」。

〔六〕安可使陷於賊中　「賊」，册府卷三七四作「戎賊」。

〔七〕敵勢甚盛　「勢」字原闕，據册府卷三九六、武經總要後集卷九補。

〔八〕四年　本書卷八五晉少帝紀五、新五代史卷四七皇甫遇傳、通鑑卷二八五皆繫其事於開運三年。遼史卷四太宗紀下繫於會同九年，按會同九年即開運三年。

〔九〕遇辭之　句下册府卷三七四有「推張彦澤督其行」七字。

〔一〇〕行及趙郡　句下册府卷三七四有「平棘縣」三字。按新五代史卷四七皇甫遇傳：「遇行至平棘，絶吭而死。」

〔一一〕永樂大典卷一萬八千三十一　檢永樂大典目録，卷一八〇三一爲「將」字韻「列國吴越魏趙將」，與本則内容不符，恐有誤記。陳垣舊五代史輯本引書卷數多誤例謂應作卷一八一三一

「將」字韻「後晉將二」。

〔二〕後唐明宗領邢臺　「邢臺」，原作「行臺」，據永樂大典卷六八五〇引五代薛史改。按本書卷三五唐明宗紀一：「（天祐十三年）承制授邢州節度使。」

〔三〕軍去常山五里　「五里」，原作「五百里」，據冊府卷四二五、新五代史卷三三王清傳、通鑑卷二八五改。

〔四〕宋彥筠　原作「宗彥筠」，據殿本、劉本、邵本校、彭校、永樂大典卷六八五〇引五代薛史、冊府卷四二五改。按本書卷一二三有宋彥筠傳。

〔五〕清與其下俱歿焉　「俱」字原闕，據永樂大典卷六八五〇引五代薛史、冊府卷四二五補。

〔六〕永樂大典卷六千八百五十　「六千八百五十」，原作「六千三百五十一」，檢永樂大典目録，卷六三五一爲「張」字韻「姓氏二十一」，與本則內容不符，按本則實出永樂大典卷六八五〇，據改。

〔七〕謂左右曰軍法在正不在多以多陵少不義必敗其晉之謂乎詰旦　以上二十六字原闕，據孔本、遼史卷七六高模翰傳補。

〔八〕我等家屬悉在闕下　「悉」字原闕，據冊府卷四二三補。

〔九〕使裨將方太押送赴闕　「押」，原作「甲」，據殿本、劉本、冊府卷四二三改。按本書卷七六晉高祖紀二：「差立功都虞候方太押送赴闕。」影庫本批校：「甲送赴闕，『甲』應作『押』。」

〔一〇〕周環　原作「周環」，據殿本、劉本、册府卷八四四、新五代史卷八晉本紀、通鑑卷二八一改。本書各處同。

〔一一〕張從賓　原作「張延賓」，據本書卷七六晉高祖紀二、通鑑卷二八一改。按本書卷九七有張從賓傳。

〔一二〕胡進　原作「吴進」，據殿本、劉本、通鑑卷二八一改。

〔一三〕永樂大典卷九千九百十　檢永樂大典目録，卷九九一〇爲「嚴」字韻「華嚴經九十七」，與本則内容不符，恐有誤記。疑出自卷九〇一〇「周」字韻「姓氏二十一」。

〔一四〕沈斌　原作「沈贇」，據本書卷八三晉少帝紀三、御覽卷二五五引五代史、册府卷四二五、新五代史卷三三沈斌傳改。本卷下文同。

〔一五〕陷於契丹忍以羶幕之衆　「契丹」、「羶幕」，御覽卷二五五引五代史、册府卷四二五作「腥羶」、「犬羊」。

〔一六〕沈斌寧爲國家死　册府卷四二五同，「沈斌」下御覽卷二五五引五代史有「弓折箭盡」四字。

〔一七〕豈有禮義之人而臣於異姓乎　「異姓」，孔本校作「異類」，册府卷七二四、通鑑卷二八一作「夷狄」。

〔一八〕授徐州節度副使　「副」字原闕，據彭校、册府卷七二四補。新五代史卷二九吴巒傳敍其事作「武寧軍副使」，按武寧軍治徐州。

〔二九〕三日契丹主躬率步奚及渤海夷等四面進攻　「渤海夷」，原作「激海夷」，據劉本、彭校改。

〔三〇〕後唐天成初　「天成」，原作「天福」，據劉本改。

〔三一〕轉左羽林統軍　「左」，册府卷八四五、卷八四七同，本書卷四三唐明宗紀九作「右」。

〔三二〕永樂大典卷二萬二千三百四十　檢永樂大典目録，卷二二三四〇爲「責」字韻，與本則内容不符，恐有誤記。陳垣舊五代史輯本引書卷數多誤例謂應作卷二二二四〇「翟」字韻。

〔三三〕宗城　原作「宋城」，據邵本校、本書卷九八安重榮傳、卷一〇九杜重威傳、册府卷三六〇、卷三八七改。

〔三四〕會杜重威降　「會杜」二字原闕，據册府卷四二五補。

舊五代史卷九十六　晉書二十二

列傳第十一

孔崇弼　陳保極　王瑜　張繼祚　鄭阮　胡饒　劉遂清
房暠　孟承誨　劉繼勳　鄭受益　程遜　李郁　鄭玄素
馬重績　陳玄

孔崇弼〔一〕，案：新唐書世系表作昌弼，字佐化。薛史作崇弼，蓋避後唐廟諱改。（舊五代史考異）孔崇弼傳，永樂大典僅存一條，今引册府元龜以補其闕。（影庫本粘籤）初仕後唐，自吏部郎中授給事中，時族兄昭序案：世系表作昌序，字昭舉。薛史作昭序，疑亦因避諱而改也。（舊五代史考異）繇給事中改左常侍，兄弟同居門下，時論榮之。册府元龜卷七百八十二。崇弼，天福中遷左散騎常侍。永樂大典卷一萬三千三百三十九。無他才，但能談笑，戲玩人物，揚眉抵

掌，取悦於人。册府元龜卷九百四十四。五年，詔令泛海使於杭越。先是，浙中贈賄，每歲恒

及萬緡，時議者曰：「孔常侍奇薄，何消盈數，有命即無財，有財即無命。」明年使還，果海中船壞，空手而歸。永樂大典卷一萬三千三百三十九。案：此傳原本殘闕。

陳保極，閩中人也。好學善屬文〔三〕，後唐天成中擢進士第，秦王從榮聞其名，辟爲從事。從榮素急暴，後怒保極不告出遊宰相門，以馬箠鞭之，尋出爲定州推官。從榮敗，執政知其屈，擢居三署，歷禮部、倉部員外郎。

初，桑維翰登第之歲，保極時在秦王幕下，因戲謂同輩曰：「近知今歲有三箇半人及第。」蓋其年收四人，保極以維翰短陋，故謂之半人也。天福中，維翰既居相位，保極時在曹郎，慮除官差跌，心不自安，乃乞假南遊，將謀退跡。既而襄鄧長吏以行止入奏，維翰乃奏於高祖曰：「保極閩人，多狡，恐逃入淮海。」即以詔追赴闕，將下臺鍛成其事，同列李崧極言以解之，因令所司就所居鞫之。貶爲衛尉寺丞，仍奪金紫，尋復爲倉部員外郎，竟以銜憤而卒。

保極無時才，有傲人之名，而性復鄙吝，所得利禄，未嘗奉身，但蔬食而已。每與人奕

棋，敗則以手亂其局，蓋拒所睹金錢不欲償也。及卒，室無妻兒，唯囊中貯白金十鋌〔三〕，爲他人所有，時甚嗤之。永樂大典卷三千一百三十九。

王瑜，其先范陽人也。父欽祚，仕至殿中監，出爲義州刺史。瑜性兇狡，然儁辯驍果，騎射刀筆之長，亦稱於當代。起家累爲從事，天福中，授左贊善大夫。會濮陽郡秋稼豐衍〔四〕，税籍不均，命乘使車，按察定計〔五〕。既至郡，謂校簿吏胡蘊、惠鶚曰：「余食貧久矣，室無增貲，爲我致意縣宰，且求假貸。」由是濮之部内五邑令長共斂錢五十萬，私獻於瑜。瑜即以書上奏，高祖覽章歎曰：「廉直清慎有如此者，誠良臣也。」於是二吏五宰即時停黜，擢瑜爲太府少卿。

杜重威之鎮東平也，瑜父欽祚爲節度副使，及重威移鎮常山，瑜乃詭計干重威，使奏己爲恒州節度副使，竟代其父位。歲餘，入爲刑部郎中。丙午歲，父欽祚刺舉義州，瑜歸寧至郡。會契丹據有中夏〔六〕，何建以秦州歸蜀，秦州，原本作「泰州」，今從通鑑改正。（影庫本粘籤）瑜説欽祚曰：「若不西走，當屬契丹矣〔七〕！」厲色數諫，其父怒而不從。因其卧疾涉旬，瑜仗劍而脅之曰：「老懦無謀，欲趨炮烙，不即爲計，則死於刃下。」父不得已而聽之。時隴東屯兵扼其川路〔八〕，將北趣蕃部，假途而往〔九〕，因與郡盜酋長趙徽歃血爲約〔一〇〕，以兄事之。謂徽曰：「西至成都，余身爲相，余父爲將，爾當領一大郡，能遂行乎？」徽曰：「諾。」瑜慮爲所賣，先致其妻孥，館於郡中。行有期矣，徽潛召其黨，伺於郊外。子夜，瑜舉族行〔一一〕，輜重絡繹十有餘里，徽之所親，循溝澮而遁，至馬峽路隅，舉燧相應，其黨起於伏莽，斷欽祚之首，貫諸長矛，平生聚蓄金幣萬計，皆爲賊所掠，少長百口，殺之殆盡。瑜尚獨戰千人，矢不虛發，手無射捍，其指流血。及窘，乃夜竄山谷，落髮爲僧。月餘，爲樵人所獲，縶送岐州，爲侯益所殺，時年三十九。

始瑜有姑寡居，來歸其家，以前夫遺腹有子，經數年不産，每因事預告人吉凶，無不驗者。時契丹來犯闕，前月餘謂瑜曰：「暴兵將至，宜速去之，苟不去，亂必及矣。」後瑜果死，此謂「天作孽，猶可違，自作孽，不可逭」也。永樂大典卷六千八百五十一。

張繼祚，故齊王全義之子也。始爲河南府衙内指揮使，全義卒，除金吾將軍，旋授蔡州刺史，累官至檢校太保。明宗郊天，充供頓使，復除西衞上將軍。唐清泰末，丁母憂，天福初，喪制未闋，會張從賓作亂，發兵迫脅，取赴河陽，令知留守事。從賓敗，與二子詔戮於市。始繼祚與范延光有舊，嘗遣人以馬遺之。屬朝廷起兵，將討鄴城，爲巡兵所獲，奏之，高祖深忌之。及敗，宰臣桑維翰以父珙早事齊王，奏欲雪之，高祖不允，案通鑑云：史館修撰李濤上言：張全義有再造洛邑之功，乞免其族。遂止誅繼祚妻子。（舊五代史考異）遂止罪繼祚一房，不累其族。永樂大典卷六千三百五十。

鄭阮，洛州人也。少爲本郡牙將，莊宗略地山東，以阮首歸義旗，繼遷軍職。阮有子，自幼事明宗中門使安重誨，重誨以其桀黠，愛之。及明宗即位，擢阮至鳳翔節度副使。會唐末帝鎮其地，阮稍狎之。末帝嗣位，以阮爲趙州刺史。而阮性貪濁，民間細務，皆密察而糾之〔一二〕，令納賂以贖罪。有屬邑令，因科醵拒命，密以束素募人陰求其過，後竟停其職，人甚非之。又嘗以郡符取部內凶肆中人隸其籍者，遣於青州，舁喪至洺，郡人憚其遠，願輸直百緡以免其行，阮本無喪，即受直放還。識者曰：「此非吉兆也。」未幾，改曹州刺史，爲政愈弊。高祖建義入洛，爲本州指揮使石重立所殺〔一三〕，舉族無孑遺。永樂大典卷一萬八千八百八十一。

胡饒，大梁人也。少事本鎮連帥爲都吏，歷馬步都虞候。會唐明宗鎮其地，與部將王建立相善〔一四〕，明宗即位，建立領常山，奏饒爲真定少尹。饒本憸人，既在府幕，無士君子之風。嘗因事趙郡，有平棘令張鵬者獻策，請建立於境内每縣所管鄉置鄉直一人，令月書縣令出入行止，饒乃導而薦焉。建立行之彌年，詞訟蜂起，四郡大擾。天成末，王都構亂，陰使結建立爲兄弟之國。時饒又曾薦梁時右庶子張澄爲判官，建立亦狎之。澄素不知書，每座則以陰符、鬼谷爲己任。建立時密以王都之盟告之，澄與饒俱贊成其事，會王師圍中山，其事遂寢。凡饒之兇戾如此。清泰初，馮道出鎮同州，饒時爲副使，道以重臣，稀於接洽，饒忿之，每乘酒於牙門詬道，道必延入，待以酒餚，致敬而退。道謂左右曰：「此人爲不善，自當有報，吾何怒焉。」饒後閑居河陽。天福二年夏，會張從賓作亂，饒謁於麾下，請預其行。從賓敗，饒以王建立方鎮平盧，走投之，建立延入城，斬之以聞，聞者快焉。永樂大典卷二千二百四十一。

劉遂清，字得一，青州北海人，梁開封尹鄩之猶子也。父琪，以鴻臚卿致仕。遂清少敏惠，初仕梁爲保鑾軍使〔一五〕，歷内諸司使，莊宗入汴，不改其職。明宗即位，加檢校尚書右僕射〔一六〕，委以西都監守。踰歲，以中山王都有不臣之跡，除遂清爲易州刺史，俾遏其寇衝，既至郡，大有禦侮之略，境内賴焉。王都平，加檢校司空，遷棣州刺史。天成、長興中，歷典淄、興、登三郡，案通鑑潞王紀：帝之起鳳翔也，召興州刺史劉遂清，遲疑不至。聞帝入洛，乃悉集三泉、西縣、金牛〔一七〕、桑林戍兵以歸，自散關以南，城鎮悉棄之，皆爲蜀人所有。入朝，帝欲治罪，以其能自歸，乃赦之。（舊五代史考異）咸有善政。

高祖即位之二年，授鳳州防禦使，加檢校司徒。會丁母憂，起復，授内客省使、右監門衛大將軍。六年，駕幸鄴都，轉宣徽北院使、兼判三司，加檢校太保。七年，少帝嗣位，加右領軍衛上將軍，仍賜竭誠翊戴保節功臣。八年〔一八〕，出領鄭州，加檢校太傅。開運二年，遷安州防禦使。未幾，上表稱疾，詔許就便，迴至上蔡，終於郵舍，時三年四月也。

遂清性至孝，牧淄川日，自北海迎其母赴郡，母既及境，遂清奔馳路側，控轡行數十里，父老觀者如堵，當時榮之。遂清素不知書，但多計畫，判三司日，每給百官俸料，與判官議曰：「斯輩非盡有才能，多世禄之家，宜澄其污而留其清者〔一九〕。」或對曰：「昔唐朝渾、郭、顔、段，每一赦出，以一子出身，率爲常制。且延賞垂裕，爲國美譚，未有因月給而欲沙汰〔二〇〕，恐未當也。」羣論由此減之。永樂大典卷九千九十八。

房暠，京兆長安人也。少爲唐宰臣崔魏公家臣，後因亂，客於蒲州。天成中，唐末帝出鎮河中，暠於路左迎謁，求事軍門，末帝愛之，使治賓客。及末帝登極，歷南北院宣徽使，尋與趙延壽同爲樞密使。時薛文遇、劉延朗之徒居中用事，暠雖處密地，其聽用之言，十不得三四，但隨勢可否，不爲事先。每朝廷有大事，暠與端明學士等環坐會議，多於衆中俛首而睡，其避事也如此。高祖即位，以暠濡足閏朝，不專與奪，故特恩原之，命爲左驍衞大將軍〔二〕，留於西京。開運元年春，卒於洛陽。永樂大典卷六千一百四十九。

孟承誨，大名人也。始爲本府牙校，遇高祖臨其地，升爲客將。後奏爲宗城令，秩滿，以百姓舉留，移常山槀城令〔三〕，皆有善政。高祖有天下，擢爲閤門副使，累遷宣徽使，官至檢校司空、太府卿、右武衞大將軍。及少帝嗣位，以植性纖巧，善於希旨，復與權臣宦官密相表裏，凡朝廷恩澤美使，必承誨爲之。一歲之中，數四不已，由是居第華敞，財帛累積。及契丹入汴，張彥澤引兵逼宮城，少帝召承誨計之，承誨匿身不赴。少帝既出宫，寓於開封府舍，具以承誨背恩之事告彥澤，令捕而殺之，其妻女並配部族。漢高祖即位，詔贈太保。永樂大典卷一萬一千一百十三。

劉繼勳，衛州人也。唐天成中，高祖鎮鄴都，繼勳時爲客將，高祖愛其端謹，籍其名於帳下，從歷數鎮。及即位，擢爲閤門使，出爲淄州刺史，遷澶州防禦使，俄改鄭州，自宣徽北院使拜華州刺史。歲餘，移鎮同州〔一三〕。始少帝與契丹絶好，繼勳亦預其謀，及契丹主至闕，繼勳自鎮來朝，契丹責之。時馮道在側，繼勳事急，指道曰：「少帝在鄴，道爲首相，與景延廣謀議，遂致南北失歡。臣位至卑，未嘗措言，今請問道，道細知之。」契丹主曰：「此老子不是好鬧人，無相牽引，皆爾輩爲之。」繼勳不敢復對。繼勳時有疾，契丹主因令人候其疾狀，云有風痹，契丹主曰：「北方地涼，居之此疾可愈。」乃命鎖繼勳，尋解之，以疾終於家。案通鑑云：契丹主聞趙在禮死，乃釋繼勳，繼勳憂憤而卒。（舊五代史考異）漢高祖入汴，贈太尉。永樂大典卷九千九十九。

鄭受益，案新唐書宰相世系表：字謙光。（舊五代史考異）唐宰相餘慶之曾孫也。餘慶生澣〔二四〕。澣生從讜，兩爲太原節度使，再登相位。從讜兄處誨，爲汴州節度使。家襲清儉，深有士風，中朝禮法，以鄭氏爲甲。處誨生受益。受益亦以文學致身，累歷臺閣，自尚書郎遷右諫議大夫。天福七年夏，以張彦澤數爲不道，上章請行國典，旬日不報。又貢表切言，訐直無所忌，執政稍惡之。俄而以病請告，歸長安。高祖晏駕，以不赴國哀停任，會赦，拜京兆少尹。宰相趙瑩出鎮咸秦，以受益朝班舊僚，眷待甚至。屬天下率借金穀，乃謂瑩曰：「京兆户籍登耗，民力虚實，某備知之矣，品而定之，可使平允。」瑩信之，因使與王人同掌其事。受益既經廢棄，薄於仕宦，遂阿法射利，冀爲生生之資；又素恃門望，陵轢同幕，内奸外直，羣情無相洽者。及贓污事發，騰於衆口，瑩不得已，遂按之，其直百萬。八年冬，賜死於家。受益數世公臺，一朝自棄，士君子皆惜之。永樂大典卷一萬八千八百八十八。

程遜，程遜傳，永樂大典僅存一條，今引册府元龜以補其闕。（影庫本粘籤）字浮休，壽春人。案：此下有闕文。（殿本）召入翰林充學士，自兵部侍郎承旨授太常卿。天福三年秋，命使吴越，十國春秋云：禮部尚書程遜爲加恩使。（殿本）母羸老雙瞽，遜未嘗白執政以辭之。將行，母以手捫其面，號泣以送之。永樂大典卷一萬六千七百七十七。仲秋之夕，陰暝如晦，遜嘗爲詩曰：「幽室有時聞鴈叫，空庭無路見蟾光。」同僚見之，訝其詩語稍異。及使迴，遭風水而溺焉。册府元龜卷九百五十一。案通鑑考異：晉實録：「天福二年十一月，加錢元瓘副元帥、國王，程遜等爲加恩使。四年十月丙午，以程遜没于海，廢朝，贈官。」程遜傳云：「天福三年秋，使吴越，使回溺死。」元瓘傳云：「天福三年，封吴越國王。」蓋二年冬制下，遜等以三年至杭州，不知溺死在何年，而晉朝以四年十月始聞之也。（舊五代史考異）

李郁，字文緯，唐之宗屬也。少歷宗寺官，天成、長興中，累遷爲宗正卿。性平允，所歷無愛憎毁譽。高祖登極，授光禄卿。一日晝寢，夢食巨棗，覺而有疾，謂其親友曰：「嘗聞『棗』字重『來』，呼魂之象也。余神氣逼抑，將不免乎！」天福五年夏卒。贈太子太保。永樂大典卷一萬三百九十。

鄭玄素，京兆人。避地鶴鳴峯下，萃古書千卷，採薇蕨而弦誦自若。善談名理，或問：「水旺冬而冬涸，泛盛乃在夏，何也？」玄素曰：「論五行者，以氣不以形。木旺春，以其氣溫；火旺夏，以其氣熱；金旺秋，以其氣清；水旺冬，以其氣冷。若以形言，則萬物皆萌於春，盛於夏，衰於秋，藏於冬，不獨水然也。」人以爲明理。後益入廬山青牛谷，高卧四十年。初，玄素好收書，而所收鍾王法帖，墨蹟如新，人莫知所從得。有與厚者問之，乃知玄素爲溫韜甥，韜嘗發昭陵，盡得之，韜死，書歸玄素焉。今有書堂基存〔二五〕。永樂大典卷一萬八千八百八十一。

馬重績〔二六〕，字洞微。少學數術，明太一、五紀、八象、三統大曆〔二七〕。居於太原。仕晉，拜太子右贊善大夫〔二八〕，遷司天監。天福三年〔二九〕，重績上言：「曆象，王者所以正一氣之元，宣萬邦之命，而古今所記，考審多差。宣明氣朔正而星度不驗，崇玄五星得而歲差一日。以宣明之氣朔，合崇玄之五星，二曆相參，然後符合。自前世諸曆，皆起天正十一月爲歲首，用太古甲子爲上元，積歲愈多，差闊愈甚。臣輒合二曆，創爲新法，以唐天寶十四載乙未爲上元，雨水正月中氣爲氣首〔三〇〕。」詔下司天監趙仁錡〔三一〕、張文皓等考覈得失，仁錡等言：「明年庚子正月朔，用重績曆考之，皆合無舛。」乃下詔班行之，號調元曆。行之數歲輒差，遂不用。重績又言：「漏刻之法，以中星考晝夜爲一百刻，八刻六十分刻之二十爲一時〔三二〕，時以四刻十分爲正，此自古所用也。今失其傳，以午正爲時始，下侵未四刻十分而爲午，由是晝夜昏曉，皆失其正，請依古改正。」從之。重績卒，年六十四。永樂大典卷一萬一千二百四十。

陳玄，京兆人也。家世爲醫，初事河中王重榮。乾符中，後唐武皇自太原率師攻王行瑜，路出於蒲中，時玄侍湯藥，武皇甚重之，及還太原，日侍左右。武皇性剛暴，樂殺人，無敢言者，玄深測其情，每有暴怒，則從容啓諫，免禍者不一，以是晉人深德之，勳貴賂遺盈門。性好酒樂施，隨得而無私積。明宗朝，爲太原少尹，入爲太府卿。長興中，集平生所驗方七十五首，并修合藥法百件，號曰要術，刊石置於太原府衙門之左，以示於衆，病者賴焉。天福中，以耄期上表求退，以光禄卿致仕。卒於晉陽，年八十餘。永樂大典卷三千一百三十五。

史臣曰：夫彰善癉惡，麟史之爲義也；瑜不掩瑕，虹玉之爲德也。故自崇弼而下，善者既書之，其不善者亦書之，庶使後之君子見善如不及，見惡如探湯也。至如重績之曆法，陳玄之醫道，亦不可漏其名而弗紀也。永樂大典卷三千一百三十五。

校勘記

〔一〕孔崇弼　册府卷七八二同，句下殿本、劉本有「唐僖宗宰相緯之子也」九字，册府卷八六三作「唐僖昭兩朝宰相魯國公緯之子也」。

〔二〕好學善屬文　句上册府卷七二九有「少」字。

〔三〕唯囊中貯白金十鋌　「十鋌」，册府（宋本）卷九三六作「數十鋌」。

〔四〕會濮陽郡秋稼豐衍　「濮陽郡」，原作「濮郡」，據册府卷九二四改。

〔五〕按察定計　「定」，原作「大」，據永樂大典卷六八五一引五代薛史、册府卷九二四改。

〔六〕會契丹據有中夏　「契丹據有」，孔本、永樂大典卷六八五一引五代薛史、册府卷九四二作「北戎盜據」。

〔七〕當屬契丹矣　「屬契丹」，孔本、永樂大典卷六八五一引五代薛史、册府卷九四二作「爲左衽」。

〔八〕時隴東屯兵扼其川路　永樂大典卷六八五一引五代薛史同，「屯兵」下册府卷九四二有「新關」二字。按通鑑卷二八八胡注：「新關在隴州汧源縣西。」

〔九〕假途而往　「往」字原闕，據册府卷九四二補。

〔一〇〕因與郡盜酋長趙徽歃血爲約　「郡」，永樂大典卷六八五一引五代薛史同，册府卷九四二作「羣」。

〔一一〕瑜舉族行　「舉族行」，册府卷九四二作「聚族而出」，永樂大典卷六八五一引五代薛史作「舉族而」。

〔一二〕皆密察而糾之　「糾」，殿本、劉本、孔本作「紀」。

〔一三〕爲本州指揮使石重立所殺　册府卷九五同，句上殿本有「阮自郡來朝旋」六字。

〔一四〕與部將王建立相善　「部將」，孔本作「腹心」。

〔一五〕初仕梁爲保鑾軍使　「仕」，原作「事」，據孔本、册府卷六七一改。

〔一六〕加檢校尚書右僕射　「右」字原闕，據册府卷六七一補。

〔一七〕金牛　原作「金林」，據通鑑卷二七九改。

〔一八〕八年　本書卷八一晉少帝紀一繫其事於天福七年。

〔一九〕宜澄其污而留其清者　「清」，原作「精」，據殿本、劉本、孔本校改。影庫本批校：「澄其污而留其清者，『清』訛『精』。」

〔二〇〕未有因月給而欲沙汰　「未」，邵本校作「未聞」。

〔二一〕命爲左驍衛大將軍　「左」，本書卷七八晉高祖紀四、通鑑卷二八二作「右」。

〔二二〕移常山稾城令　「移」，原作「於」，據册府卷七〇二改。殿本、邵本校作「爲」。「城」，原作「地」，據殿本、劉本、邵本校、彭校、册府卷七〇二、卷七六六改。

〔二三〕移鎮同州　「移」字原闕，據殿本、孔本補。

〔二四〕餘慶生澣　「澣」，原作「幹」，據殿本、册府卷七八三、卷七九四、新唐書卷七五上宰相世系表五上改。本卷下一處同。

〔二五〕鄭玄素……今有書堂基存　殿本、邵本無此傳，影庫本批校：「舊五代史晉書内鄭玄素傳，查係永樂大典誤題薛史，實係馬令南唐書，今應删去。」今檢馬令南唐書卷一五鄭玄素傳與此傳文字不同。

〔二六〕馬重績　按本傳云輯自永樂大典卷一萬一千二百四十，檢永樂大典目録，卷一一二四〇爲「隱」字韻「隱公五」，與本則内容不符。考其文字，疑係據新五代史卷五七馬重績傳節録。

〔二七〕三統大曆　「三統」，原作「三紀」，據殿本、劉本、新五代史卷五七馬重績傳改。舊五代史考異卷三：「案原本作『三紀』，今從歐陽史改正。」

〔二八〕拜太子右贊善大夫　「右」，本書卷七六晉高祖紀二作「左」。

〔二九〕天福三年　本書卷七八晉高祖紀四、新五代史卷八晉本紀、五代會要卷一〇繫其事於天福四年。

〔三〇〕雨水正月中氣爲氣首　「爲氣」二字原闕，據殿本、五代會要卷一〇、新五代史卷五七馬重績傳補。影庫本批校：「雨水正月中氣爲氣首，脱『爲氣』二字。」

〔三一〕趙仁錡　原作「趙仁琦」，據本書卷一四〇曆志、五代會要卷一〇、新五代史卷五七馬重績傳改。本卷下一處同。影庫本粘籤：「仁琦，原本作『人琦』，今從五代會要改正。」

〔三二〕八刻六十分刻之二十爲一時　「六十」，原作「六十一」，據殿本、新五代史卷五七馬重績傳改。

舊五代史卷九十七

晉書二十三

列傳第十二

范延光　張從賓 張延播　楊光遠 子承勳　盧文進　李金全

范延光，案：遼史避太宗諱作延廣。（舊五代史考異）字子環，子環，歐陽史作子瓌，考册府元龜亦作「環」，今仍其舊。（影庫本粘籤）鄴郡臨漳人也。少隸於郡牙，唐明宗牧相州，收爲親校。同光中，明宗下鄆州，梁兵屯楊劉口以扼之，先鋒將康延孝潛使人送款於明宗。明宗欲使人達機事於莊宗，方難其選，延光請行，遂以蠟書授之。延光既至，奏莊宗曰：「楊劉渡控扼已定，未可圖也。請築壘馬家口，以通汶陽之路。」莊宗從之，復遣歸鄆州。俄而梁將王彥章攻馬家口所築新壘，明宗恐城中不備，又遣間行告莊宗，請益兵。中夜至河上，爲梁兵所獲，送夷門下獄，榜笞數百，威以白刃，終不洩其事。復爲獄吏所護，在獄半年，不復理問。及莊宗將至汴城，獄吏即去其桎梏，拜謝而出之，乃見於路側。莊宗喜，授銀青光祿大夫、檢校工部尚書。

明宗登極，擢爲宣徽使。與霍彥威平青州王公儼，遷檢校司徒。明宗之幸夷門也，至滎陽，聞朱守殷拒命，延光曰：「若不急攻，賊城堅矣〔一〕，請騎兵五百，臣先赴之，則人心必駭。」明宗從其請。延光自酉時至夜央，馳二百餘里，奄至城下，與賊交鬭。翌日，守陴者望見乘輿，乃相率開門，延光乃入，與賊巷戰，至厚載門，盡殲其黨，明宗嘉之〔二〕。明年，遷樞密使，權知鎮州軍府事，尋正授節旄，加檢校太保。長興中，以安重誨得罪，再入爲樞密使，加同平章事。案明宗紀：長興二年九月辛丑，樞密使、檢校太傅、刑部尚書范延光加同平章事。四年九月戊寅，樞密使范延光加兼侍中。是延光爲同平章事時，已由檢校太保進加太傅，後復加侍中。今泰安縣有長興四年九月冥福院牒石刻，所列延光官銜，仍作太傅，蓋賜牒時尚未加侍中也。傳中不載，係史家前後省文。

既而以秦王從榮不軌，恐及其禍，屢請外任，明宗久之方許，遂出鎮常山。清泰中，復召爲樞密使，未幾，出爲汴州節度使。會魏府屯將張令昭逐其帥劉延皓，據城以叛，唐末帝命延光討而平之，遂授鄴都留守，加檢校太師、兼中書令。門下有術士張生者，自云妙通術數，當延光微時，言將來必爲將相，延光既貴，酷信其言，歷數鎮，嘗館於上舍。延光謂之曰：「余夢大蛇，自臍入腹，半而掣去之，是何祥也？」張生曰：「蛇者龍也，入腹爲帝主之兆明矣。」延光自是稍萌僭竊之意。

及高祖建義於太原，唐末帝遣延光以本部二萬屯遼州，與趙延壽掎角合勢，及延壽兵敗，延光促還，故心不自安。高祖入洛，尋封臨清王，以寬其反側。後延光擅殺齊州防禦使祕瓊，而聚兵部下，復收部內刺史入城，高祖甚疑之，乃東幸夷門。時延光有牙校孫鋭者，與延光有鄉曲之舊，軍機民政，一以委焉。故魏博六州之賦，無半錢上供，符奏之間，有不如意者，鋭即對延光毁之，其兇戾也如此。初，朝廷遣使封延光爲臨清王，因會僚屬，延光暴得疾，伏枕經旬，鋭乃密惑羣小，召澶州刺史馮暉等，以不臣之謀逼於延光，延光亦惑於術者，因而聽之。

天福二年夏六月，遣鋭與暉將步騎二萬，南抵黎陽。案通鑑云：延光以馮暉爲都部署，以孫鋭爲兵馬都監〔三〕。（舊五代史考異）時鋭以女妓十餘輩從之，擁蓋操扇，必歌吹而後食，將士煩熱，覩之解體，尋爲王師所敗，賊衆退還鄴城。高祖繼遣楊光遠討之，延光知事不濟，乃殺孫鋭以歸其罪，發人齎表待罪，且邀姑息，高祖不許。及經歲受圍，城中饑窘，高祖以師老民勞，思解其役，遣謁者入，謂之曰：「卿既危蹙，破在旦夕，若能返掌轉規〔四〕，改節歸我，我當以大藩處之；如降而殺之，則何以享國？明明白日，可質是言。」因賜鐵券，改封高平郡王，案：歐陽史作東平郡王。移鎮天平。延光謂門人李式曰：案：歐史作副使李式。「主上敦信明義，言無不踐，許以不死，則不死矣。」因撤守備，案通鑑云：延光猶遷延未決，宣徽南院使劉處讓復入諭之，延光意乃決。（舊五代史考異）素服請降。及赴汶上，踰月入覲。尋表請罷免，高祖再三答諭方允，制以延光爲太子太師致仕。居闕下期歲，高祖每召賜飲宴，待之與羣臣無間。

一日，從容上奏，願就河陽私邸，以便頤養，高祖許之。延光攜妻子輦奇貨從焉，每過郡邑，多爲關吏所糾。時楊光遠居守洛下，兼領孟懷，既利其財，復漸測朝廷密旨，遂奏云：「延光國之奸臣，若不羈縻，必北走胡，南入吴，請召令西都居止。」高祖允之。光遠使其子承勳以兵環其第，逼令自裁。延光曰：「明天子在上，賜金書許我不死，爾之父子何得脅制如此？」明旦，則以白刃驅之，令上馬之浮橋，排於水中。光遠紿奏云：「延光投河自溺而死。」水運軍使曹千獲其屍郡東繆家灘。高祖聞之，輟朝二日，詔許歸葬於鄴，仍贈太師。案歐陽史云：歸葬相州，已葬，墓輒崩，破其棺槨，頭顱皆碎。

延光初爲近臣，及領重鎮，禮賢接士，動皆由禮，故甚獲當時之譽。洎鎮常山日，以部將梁漢瑭獲王都名馬〔五〕，入罪而取之；在魏州日，以齊州防禦使祕瓊獲董温琪珠金妓妾，及經其境，復害而奪之，物議由是減之。及懼罪以謀叛，復忍恥以偷生，不能引決，遂至强死，何非夫之甚也！永樂大典卷一萬六千五百一十七。

張從賓，未詳何許人也。始事唐莊宗爲小校，從戰有功。唐天成中，自捧聖指揮使領澄州刺史〔六〕，遷左右羽林都校。從藥彦稠討楊彦温於河中，平之。長興中，領壽州忠正軍節度使，加檢校太保、侍衛步軍都指揮使。從賓素便佞，每進言，明宗多納之。有供奉官丁延徽者，性貪狡，時奉詔監廪，以犯贓下獄，權貴多爲救解，明宗怒，不許。從賓因奏他事，言及延徽，明宗曰：「非但爾言，蘇秦説予，亦不得也。」延徽竟就戮。長興末，從賓出鎮靈武，加檢校太傅。高祖即位，受代入覲，會車駕東幸〔七〕，留從賓警巡洛下。一日，逢留司御史於天津橋，從兵百人，不分路而過，排御史於水中，從賓給奏其酒醉，其兇傲如此〔八〕。及范延光據鄴城叛，詔從賓爲副部署使，從楊光遠同討延光。會延光使人誘從賓，從賓時在河陽，乃起兵以應之。先害皇子重信，及入洛，又害皇子重乂，取内庫金帛以給部伍，因東據汜水關，且欲觀望軍勢。高祖命杜重威、侯益分兵討之，從賓大敗，乘馬入河，溺水而死焉。永樂大典卷六千三百五十一。

張延播者，汶陽人也。始爲郡之牙將，唐同光初，明宗下其城，因收隸左右。天成中，累授檢校司空、兩河發運營田使、柳州刺史。長興元年，出牧蔡州，加檢校司徒，入爲左領軍衛大將軍，充客省使。伐蜀之役，命爲馬軍都監。三年，遷鳳州防禦使、西面水陸轉運使。高祖即位，除東都副留守。車駕幸汴，遣兼洛京巡檢使。張從賓作亂，令延播知河南府事。從賓敗，伏誅。永樂大典卷六千三百五十一。

楊光遠，小字阿檀，及長，止名檀，唐天成中，以明宗改御名亶，以偏傍字犯之，始改名光遠，案薛史唐紀：清泰二年，楊檀始改名光遠，非天成中即改名也。（舊五代史考異）字德明，其先沙陀部人也。父阿噔啜，後改名瑊，事唐武皇爲隊長。光遠事莊宗爲騎將，唐天祐中，莊宗遣振武節度使周德威討劉守光於幽州，因令光遠隸於德威麾下。後與德威拒契丹於新州，一軍以深入致敗，因傷其臂，遂廢，罷於家。莊宗即位，思其戰功，命爲幽州馬步軍都指揮使、檢校尚書右僕射，戍瓦橋關久之。明宗朝，歷嬀、瀛、易、冀四州刺史。光遠雖不識字，然有口辯，通於吏理，在郡有政聲，明宗頗重之。長興中，契丹有中山之敗，生擒其將李和等數十人，送於闕下。其後契丹既通和，遣使乞歸之，明宗與大臣謀議，特放還蕃。一日，召光遠於便殿言其事，光遠曰：「李和等北土之善戰者，彼失之如喪手足；又在此累年，備諳中國事，若放還非便。」明宗曰：「蕃人重盟誓，既通歡好，必不相負。」光遠曰：「臣恐後悔不及也。」明宗遂止，深嘉其抗直。後自振武節度使移鎮中山，累加檢校太傅，將兵戍蔚州。

高祖舉義於太原，唐末帝遣光遠與張敬達屯兵於城下，俄而契丹大至，爲其所敗，圍其寨久之，軍中糧盡，光遠乃與次將安審琦等殺敬達，擁衆歸命。從高祖入洛，加檢校太尉，充宣武軍節度使、同平章事，判六軍諸衛事。是時，光遠每對高祖，常悒然不樂，高祖慮有不足，密遣近臣訊之。光遠附奏曰：「臣貴爲將相，非有不足，但以張生鐵死得其所，臣弗如也，衷心内愧，是以不樂。」生鐵，蓋敬達之小字也。高祖聞其言，以光遠爲忠純之最者也。其實光遠故爲其言，以邀高祖之重信也。

明年，范延光據鄴城叛，高祖命光遠率師討之，將濟河，會滑州軍亂，時軍衆欲推光遠爲主〔九〕。光遠曰：「自古有折臂天子乎？且天子豈公輩販弄之物〔一〇〕？晉陽之降，乃勢所窮迫，今若爲之，直反賊也。」由是其下惕然，無復言者。高祖聞之，尤加寵重。光遠既圍延光，尋授魏博行府節度使。兵柄在手，以爲高祖懼己，稍干預朝政，或抗有所奏，高祖亦曲從之。復下詔以其子承祚尚長安公主，次子承信皆授美官，恩渥殊等，爲當時之冠。桑維翰爲樞密使，往往彈射其事，光遠心銜之。及延光降，光遠入朝，面奏維翰擅權，高祖以光遠方有功於國，乃出維翰鎮相州，光遠爲西京留守，案通鑑考異云：晉高祖實録：「天福三年十月壬辰〔二〕，維翰、崧罷樞密使。庚子，光遠始入朝，對于便殿。十一月戊申，光遠爲西京留守。天福四年閏七月壬申，維翰出爲相州節度使。」與此傳先後互異。（舊五代史考異）兼鎮河陽，因罷其兵權。光遠由此怨望，潛貯異志，多以珍玩奉契丹，訴己之屈；又私養部曲千餘人，撓法犯禁，河洛之人，恒如備盜。尋册拜太尉、兼中書令。

時范延光致仕，輦囊裝妓妾，居於河陽，光遠利其奇貨，且慮爲子孫之讎，因奏延光不家汴洛，出舍外藩，非南走淮夷，則北走契丹，宜早除之。高祖以許之不死，鐵券存焉，持疑未允。光遠乃遣子承勳以甲士圍其第，逼令自裁。延光曰：「天子在上，安得如此！」乃遣使者乞移居洛下，行及河橋，擠於流而溺殺之，矯奏云延光自投河，朝廷以適會其意，弗之理。後踰歲入覲，高祖爲置曲宴，教坊伶人以光遠暴斂重賦，因陳戲譏之，光遠殊無慚色。高祖謂光遠曰：「元城之役，卿左右皆立功，未曾旌賞，今各與一郡〔三〕，俾釐任以榮之。」因命爲刺史者凡數人。

時王建立自青州移鎮上黨，乃以光遠爲平盧軍節度使，封東平王。光遠面奏，請與長子同行，尋授承勳萊州防禦使。及赴任，僕從妓妾至千餘騎，滿盈僭侈，爲方岳之最。下車之後，唯以刻剥爲事。少帝嗣位，册拜太師，封壽王。案宋史馬仁鎬傳：晉天福中，青州楊光遠將圖不軌，以仁鎬爲節度副使，伺其動靜。歷二年，或譖仁鎬于朝，改護國軍行軍司馬。仁鎬至河中數月，光遠反書聞。（舊五代史考異）後因景延廣上言，請取光遠麾下所借官馬三百疋。光遠怒曰：「此馬先帝賜我，何以復取？是疑我也！」遂遣人潛召取子承祚自單州奔歸，朝廷乃就除淄州刺史〔一三〕，以從其便。光遠益驕，因此搆契丹，述少帝違好之短，且言大饑之後，國用空虚，此時一舉可以平定。

開運元年正月，契丹南牧，陷我博陵，少帝幸澶淵。三月，契丹退，命李守貞、符彦卿率師東討。光遠素無兵衆，唯嬰城自守，守貞以長連城圍之。冬十一月，承勳與弟承信、承祚見城中人民相食將盡，知事不濟，勸光遠乞降，冀免於赤族。光遠不納，曰：「我在代北時，嘗以紙錢駝馬祭天池〔一四〕，皆沉没，人言合有天子分，宜且待時，勿輕言降也。」承勳慮禍在旦夕，與諸弟同謀，殺節度判官丘濤，親校杜延壽、楊贍〔一五〕、白延祚等，梟其首級，遣承祚送於守貞。因縱火大譟，劫其父幽於私第，以城納款，遣即墨縣令王德柔貢表待罪，光遠亦上章自首。少帝以頃歲太原歸命，欲曲全之，執政曰：「豈有逆狀滔天而赦之也？」乃命守貞便宜處置。守貞遣人拉殺之，案歐陽史：守貞遣客省副使何延祚殺之於其家。（舊五代史考異）以病卒聞。漢高祖即位，詔贈尚書令，追封齊王，仍令立碑。未幾，其碑石無故自折，案：歐陽史作碑石既立，天大雷電，擊折之。（舊五代史考異）可知其陰責也。永樂大典卷六千五十二。

五代史補：楊光遠滅范延光之後，朝廷以其功高，授青州節度，封東平王，奄有登、萊、沂、密數郡。既而自負强盛，舉兵反，朝廷以宋州節度李守貞嘗與光遠有隙，乃命李討之。李受詔欣然，志在必取，莫不身先矢石。光遠見而懼之，度不能禦，遂降。初，光遠反書至，中外大震，時百官起居次，忽有朝士揚言於衆曰：「楊光遠欲謀大事，吾不信也。光遠素患秃瘡，其妻又跛，自古豈有秃頭天子、跛脚皇后耶？」於是人心頓安。未幾，光遠果降。

承勳，光遠之長子也。始名承貴，避少帝名改焉。以父廕歷光、濮州刺史，光遠兼鎮河陽，命制置三城事。光遠移鎮青州，授萊州防禦使。在郡亦頗理，嘗憤父側之奸黨，欲殺之，每省父，父爲匿焉。及光遠搆釁，嬰城以叛，承勳赴之，敵退，爲王師所圍。踰歲糧盡，與其弟承祚背父之命，出降王師，朝廷授汝州防禦使，尋改鄭州。案宋史楊承信傳：光遠死，承信與弟承祚詣闕請死。詔釋之，以承信爲右羽林將軍，承祚爲右驍衞將軍，放歸，服喪私第，尋安置鄭州。（舊五代史考異）及戎王入汴，遣騎士自圃田召至，責其害父背己，使臠其肉而殺之。以其弟承信爲青州節度使。永樂大典卷六千五十二。

盧文進，字國用〔一六〕，案契丹國志〔一七〕：文進，字大用。案南唐書：文進，字大用。遼史太祖紀：神册元年，晉幽州節度盧國用來降。二年，晉新州裨將盧文進殺節度李文矩來降。則國用與文進顯係二人，然天顯元年又書盧龍節度使盧國用叛奔于唐，即文進歸唐之事也。疑文進入遼以後，遂以字行，修遼史者雜采諸書，誤作兩人耳。（舊五代史考異）范陽人也。身長七尺，飲啖過人，望之偉如也。少事劉守光爲騎將，唐莊宗攻燕，以文進首降，遥授壽州刺史。

初，莊宗得山後八軍，以愛弟存矩爲新州團練使以總領之。莊宗與劉鄩對壘於莘縣，命存矩於山後召募勁兵，又令山北居民出戰馬器仗，每鬻牛十頭易馬一匹，人心怨咨。時存矩團結五百騎，令文進將之，與存矩俱行。至祁溝關，軍士聚謀曰：「我輩邊人，棄父母妻子，爲他血戰，千里送死，固不能也。」衆曰：「擁盧將軍却還新州，據城自守，奈我何！」因大呼揮戈，趣傳舍，害存矩於榻下，文進撫膺曰：「奴輩累我矣。」因環尸而泣曰：「此輩既害郎君，我何面目見王！」案契丹國志〔一八〕：存矩取文進女爲側室，文進心常内愧，因與亂軍殺存矩。與薛史異。因爲亂軍所擁。反攻新州，不克，案馬令南唐書云：文進攻新州，不克，夜走墜塹，一躍而出，明日視之，乃郡之黑龍潭也，絶岸數丈，深不可測。又嘗有大蛇，徑至座間，引首及膝，文進取食飼之而去。由是自負。（舊五代史考異）又攻武州，又不利。周德威命將追討，文進遂奔契丹，僞命爲幽州兵馬留後，部分漢軍，常别爲營寨。

未幾，文進引契丹寇新州。自是戎師歲至，驅擄數州士女，教其織紝工作，中國所爲者悉備，契丹所以彊盛者，得文進之故也。案契丹國志云〔一九〕：文進引契丹軍攻新州，刺史安金全不能守，棄城去。周德威援之，進攻新州，契丹衆數萬，德威不勝，大敗奔歸。文進與契丹進攻幽州且二百日，城中危困，晉王親將兵救之，方始解去。契丹以文進爲幽州節度使，又以爲盧龍節度使。與薛史所載官階微異。同光之世，爲患尤深。文進在平州，率奚族勁騎，鳥擊獸搏，倏來忽往，燕、趙諸州，荆榛滿目。軍屯涿州，每歲運糧，自瓦橋至幽州，勁兵猛將，援遞糧車，然猶爲寇所鈔，奔命不暇，皆文進導之也。

及明宗即位之明年，文進自平州率所部十餘萬衆來奔。行及幽州，先遣使上表曰：「頃以新州團練使李存矩，提衡郡邑〔二〇〕，掌握恩威，虐黎庶則毒甚於豺狼，聚賦斂則貪盈於溝壑，人不堪命，士各離心，臣即抛父母之邦，入朔漠之地。幾年鴈塞，徒向日以傾心；一望家山，每銷魂而斷目。李子卿之河畔，空有怨辭；石季倫之樂中，莫陳歸引。近聞皇帝陛下，皇天眷命，清明在躬，握紀乘乾，鼎新革故，始知大幸，有路朝宗，便貯歸心，祗伺良會。臣十月十日，決計殺在城契丹，取十一日離州，押七八千車乘，領十五萬生靈，十四日已達幽州」云。

洎至洛陽，明宗寵待彌厚，授滑州節度使、檢校太尉。歲餘，移鎮鄧州，累加同平章事，入爲上將軍。長興中，復出鎮潞州，擒奸衂隱，甚獲當時之譽。清泰中，改安州節度使。及高祖即位，與契丹敦好，文進以嘗背契丹，居不自安。案馬令南唐書：文進居數鎮，頗有善政，兵民愛之。其將行也，從數騎至營中，別其裨將李藏機等[一二]，告以避契丹之意，將士皆拜爲訣。（舊五代史考異）天福元年十二月，乃殺行軍司馬馮知兆、案：南唐書作姚知兆，歐陽史與薛史同。（舊五代史考異）節度副使杜重貴等，率其部衆渡淮奔於金陵。李昪待之尤重[一三]，案馬令南唐書云：烈祖以文進爲天雄統軍。（舊五代史考異）僞命爲宣州節度使，後卒於江南。永樂大典卷二千二百十二。 案金陵志：文進自潤州召還，以左衞上將軍、兼中書令、范陽郡王奉朝請。

李金全，本唐明宗之小豎也。其先出於吐谷渾。金全驍勇，善騎射，少從明宗征伐，以力戰有功，明宗即位，連典大郡。天成中，授涇州節度使，在鎮數年，以掊斂爲務。長興中，受代歸闕，始進馬數十匹，不數日又進之。明宗召而謂之曰：「卿患馬多耶，何進貢之數也？」又謂曰：「卿在涇州日，爲理如何，無乃以馬爲事否？」金全慚謝而退。案歐陽史：從鎮橫海〔一三〕，久之，罷爲右衛上將軍。四年夏，授滄州節度使，累官至檢校太傅。清泰中，罷鎮歸闕，久留於京師。高祖即位之明年，安州屯將王暉殺節度使周瓌，詔遣金全以騎兵千人鎮撫其地。未及境，暉爲部下所殺。金全至，亂軍數百人皆不自安，金全說遣赴闕，密伏兵於野，盡殺之，又擒其軍校武彥和等數十人，斬之。案：歐陽史作武克和。

案：歐陽史、南唐書俱作武克和，通鑑從是書。（殿本）

初，金全之將行也，高祖戒之曰：「王暉之亂，罪莫大焉，但慮封守不寧，則民受其弊。」因折矢飛詔，約以不戮一人，仍許以暉爲唐州刺史。又謂金全曰：「卿之此行，無失吾信。」及金全至，聞彥和等當爲亂之日，劫掠郡城，所獲財貨，悉在其第，遂殺而奪之。案通鑑云：彥和且死，呼曰：「王暉首惡，天子猶赦之；我輩脅從，何罪乎！」（舊五代史考異）高祖聞之，以姑息金全故，不究其事，尋授以旄節。

金全有親吏胡漢筠者，案：歐陽史作胡漢榮。胡漢筠，歐陽史及南唐書俱作胡漢榮，通鑑從是書。（殿本）勇譎嗇褊，貪詐殘忍，軍府之政，一以委之。高祖聞其事，遣廉吏賈仁紹往代其職〔一四〕，且召漢筠。漢筠內疚惶怖，金全乃列狀稱疾以聞。及仁紹至，漢筠鴆而殺之。案馬令南唐書云：胡漢榮所爲多不法，晉高祖患之，不欲因漢榮以累功臣，爲選廉吏賈仁沼代之，且召漢榮。漢榮教金全留己而不遣。金全客龐令圖諫曰：「仁沼昔事王晏球，有大功，晏球欲厚賞之，仁沼退而不言，此天下之忠臣也。及頒賜所俘物，仁沼悉以分故人親戚之貧者，此天下之廉士也。宜納仁沼而遣漢榮。」漢榮聞之，夜使人殺令圖而鴆仁沼。（舊五代史考異）

天福五年夏，高祖命馬全節爲安州節度使，以代金全。漢筠自以昔嘗拒命，復聞仁紹二子將訴置毒之事，居不自安，乃紿謂金全曰：「邸吏劉珂使健步倍道兼行，密傳其意，云受代之後，朝廷將以仁紹之事詰公之罪。」金全大駭，命從事張緯函表送款於淮夷。淮人遣僞將李承裕以代金全，金全即日南竄，其妓樂、車馬、珍奇、帑藏，皆爲承裕所奪。與其黨數百人束身夜出，曉至汊川，引領北望，泣下而去。及至金陵，李昪授以節鎮。案馬令南唐書云：烈祖以金全爲天威統軍，遷潤州節度使。（舊五代史考異）後卒於江南。永樂大典卷一萬三百九十。

史臣曰：延光昔爲唐臣，綽有令譽，洎逢晉祚，顯恣狂謀，洎力屈以來降，尚靦顏而惜死，孟津之歿，乃取笑於千載也。從賓而下，俱怙亂以滅身，亦何足與議也。文進懼强敵之威，金全爲輿臺所賣，事雖弗類，叛則攸同，咸附島夷，皆可醜也。永樂大典卷一萬三百九十。

校勘記

〔一〕賊城堅矣　「城」字原闕，據册府卷三六七補。通鑑卷二七六敍其事作「汴城堅矣」。

〔二〕明宗嘉之　「嘉」，原作「喜」，據册府卷三六七改。

〔三〕孫鋭　原作「孫棁」，據殿本、劉本、通鑑卷二八一改。

〔四〕若能返掌轉規　「若」字原闕，據册府卷一六六補。

〔五〕梁漢塘　原作「梁漢唐」，據本書卷九五梁漢璋傳改。按漢瑭係漢璋之弟，兄弟名皆從「玉」。

〔六〕自捧聖指揮使領澄州刺史　「澄州」，本書卷四二唐明宗紀八作「登州」。

〔七〕會車駕東幸　「車」字原闕，據册府卷四五四補。

〔八〕其兇傲如此　册府卷四五四作「其兇傲多如此」。

〔九〕時軍衆欲推光遠爲主　「主」，原作「王」，據殿本、劉本、孔本、彭本、通鑑卷二八一改。

〔一〇〕且天子豈公輩販弄之物　「豈」，原作「蓋」，據劉本、邵本校、通鑑卷二八一改。

〔一一〕天福三年十月壬辰　「十月」二字原闕，據通鑑卷二八一考異引晉高祖實録補。

〔一二〕今各與一郡　「今」，原作「令」，據劉本、邵本校、彭校、册府卷一七九改。

〔一三〕朝廷乃就除淄州刺史　「淄州」，本書卷八二晉少帝紀二、册府卷一七九、通鑑卷二八三作「登州」。

〔一四〕嘗以紙錢駝馬祭天池　「天池」，原作「天地」，據殿本、劉本、彭校、通鑑卷二八四、新五代史卷五一楊光遠傳改。按通鑑卷二八四胡注：「天池，即汾陽縣之天池，時屬嵐州靜樂縣界。」

〔一五〕楊贍　新五代史卷五一楊光遠傳作「楊瞻」。

〔一六〕字國用　以上三字原闕，據殿本、舊五代史考異卷三引文補。

〔一七〕契丹國志　原作「遼史」，據孔本改。按契丹國志卷一八：「盧文進，字大用。」

〔一八〕契丹國志　原作「遼史」，據殿本、孔本、舊五代史考異卷三改。按此事見契丹國志卷一八。

〔一九〕契丹國志　原作「遼史」，據殿本、孔本改。按此事見契丹國志卷一八。

〔二〇〕提衡郡邑　「郡」，原作「羣」，據殿本、邵本校改。

〔二一〕別其裨將李藏機等　「等」字原闕，據馬令南唐書卷一二補。

〔二二〕李昪待之尤重　「李昪」，原作「李昇」，據殿本、劉本、舊五代史考異卷三引文改。本卷下一處同。

〔二三〕徙鎮橫海　「徙」，原作「從」，據劉本、新五代史卷四八李金全傳改。

〔二四〕遣廉吏賈仁紹往代其職　「廉」字原闕，據册府卷四三八、通鑑卷二八一、新五代史卷四八李金全傳補。「賈仁紹」，原作「賈仁沼」，據殿本、通鑑卷二八一考異引薛史、舊五代史考異卷三引文改。本卷下文同。舊五代史考異卷三：「案通鑑作仁沼，考異云：『薛史作仁紹，今從實録。』歐陽史、南唐書與通鑑同。」

舊五代史卷九十八

晉書二十四

列傳第十三

安重榮 安從進 張彥澤 趙德鈞子延壽 張礪蕭翰 劉晞 崔廷勳

安重榮，朔州人。祖從義，利州刺史。父全，勝州刺史、振武蕃漢馬步軍都指揮使。重榮有膂力，善騎射。唐長興中，爲振武道巡邊指揮使，犯罪下獄。時高行周爲帥，欲殺之，其母赴闕申告，樞密使安重誨陰護之，重誨，原本作「仲誨」，今據通鑑改正。（影庫本粘籤）奏於明宗，有詔釋焉。

張敬達之圍晉陽也，高祖聞重榮在代北，使人誘之，案：歐陽史作使張潁陰招重榮〔一〕。（舊五代史考異）重榮乃召邊士，得千騎赴焉。高祖大喜，誓以土地。及即位，授成德軍節度使，累加至使相。自梁、唐已來，藩侯郡牧，多以勳授，不明治道，例爲左右羣小惑亂，賣官鬻獄，割剥蒸民，率有貪猥之名，其實賄賂半歸於下。惟重榮自能鉤距，凡有爭訟，多廷辯之，至於倉庫耗利，百姓科徭，悉入於己，諸司不敢窺覬。嘗有夫婦共訟其子不孝者，重榮面加詰責，抽劍令自殺之，其父泣曰：「不忍也。」其母詬詈，仗劍逐之。重榮疑而問之，乃其繼母也，因叱出，自後射之，一箭而斃，聞者莫不快意。由此境内以爲强明，大得民情。

重榮起於軍伍，暴獲富貴，復覩累朝自節鎮遽升大位，每謂人曰：「天子，兵彊馬壯者當爲之，寧有種耶！」又以奏請過當，爲權臣所否，心常憤憤，遂畜聚亡命，收市戰馬，有飛揚跋扈之志。案通鑑云：帝之遣重榮代祕瓊也，戒之曰：「瓊不受代，當别除汝一鎮，勿以力取，恐爲患滋深。」重榮由是以帝爲怯，謂人曰：「祕瓊匹夫耳，天子尚畏之，況我以將相之重、士民之衆乎！」（舊五代史考異）嘗因暴怒殺部校賈章，以謀叛聞。章有女一人，時欲捨之，女曰：「我家三十口，繼經兵亂，死者二十八口，今父就刑，存此身何爲？」再三請死，亦殺之。鎮人由是惡重榮之酷，而嘉賈女之烈焉。

天福中，朝廷姑息契丹，務安邊塞，重榮每見蕃使，必以箕踞慢罵。會有梅里數十騎由其境内，交言不遜，因盡殺之，契丹主大怒，責讓朝廷。朝廷隱忍，未即加罪，重榮乃密搆吐渾等諸族，以爲援助，上表論之。其略曰：

臣昨據熟吐渾節度使白承福、赫連公德等，各領本族三萬餘帳，自應州地界奔歸王化。續準生吐渾并渾、葜苾兩突厥三部落，南北將沙陀、安慶、九府等，各領部族老小，并牛羊、車帳、甲馬，七八路慕化歸奔，俱至五臺及當府地界已來安泊。累據告勞，具說被契丹殘害，平取生口，率略羊馬，凌害至甚。又自今年二月後來，須令點檢强壯，置辦人馬衣甲，告報上秋向南行營，諸蕃部等實恐上天不祐，殺敗後隨例不存家族，所以預先歸順，兼隨府族，各量點檢强壯人馬約十萬衆。又準沿河党項及山前山後逸利、越利諸族部落等首領，并差人各將契丹所授官告、職牒、旗號來送納，例皆號泣告勞，稱被契丹凌虐，憤惋不已，情願點集甲馬，會合殺戮。續又朔州節度副使趙崇與本城將校殺僞節度使劉山，尋已安撫軍城，乞歸朝廷。臣相次具奏聞。昨奉宣頭及累傳聖旨，令臣凡有往復契丹，更須承奉，當候彼生頭角，不欲自起釁端，貴守初終，不愆信誓。仰認睿旨，深惟匿瑕，其如天道人心，至務勝殘去虐，須知機不可失，時不再來。竊以諸蕃不招呼而自至，朔郡不攻伐以自歸，蓋繫人情，盡由天意。更念諸陷蕃節度使等，本自勳勞，早居富貴，没身邊塞，遭酷虐以異常，企足朝廷，冀傾輸而不已，如聞傳檄，盡願倒戈。如臣者雖是愚蒙，粗知可否，不思忌諱，罄寫丹衷，細具敷陳，冀裨萬一。其表數千言，大抵指斥高祖稱臣奉表，罄中國珍異，貢獻契丹，淩虐漢人，竟無厭足。又以此意爲書，遺諸朝貴及藩鎮諸侯。

高祖憂其變也，遂幸鄴都以詔諭之，凡有十焉。其略曰：「爾身爲大臣，家有老母，忿不思難，棄君與親。吾因契丹而興基業，爾因吾而致富貴，吾不敢忘，爾可忘耶！且前代和親，只爲安邊，今吾以天下臣之，爾欲以一鎮抗之，大小不等，無自辱焉。」重榮愈恣縱不悛，雖有此奏，亦密令人與契丹幽州帥劉晞結託。蓋重榮有内顧之心，契丹幸我多事，復欲侵吞中國，契丹之怒重榮，亦非本志也。時重榮嘗與北來蕃使並轡而行，指飛鳥射之，應弦而落，觀者萬衆，無不快抃，蕃使因輟所乘馬以慶之，由是名振北方〔二〕，自謂天下可以一箭而定也。又重榮素與襄州安從進連結，及聞從進將議起兵，其奸謀乃決。

天福六年冬，大集境内饑民，衆至數萬，揚旌向闕，聲言入覲。朝廷遣杜重威帥師禦之，遇於宗城。軍纔成列，有賊將趙彦之臨陣卷旗來奔，重榮方戰，聞彦之背己，大恐，退於輜重中，王師因而擊之，一鼓而潰。重榮與十餘騎北走，其下部衆，屬嚴冬寒冽，殺戮及凍死者二萬餘人。重榮至鎮，取牛馬革旋爲甲，使郡人分守夾城以待王師。案宋史解暉傳：安重榮反鎮州，因舉兵向闕，至宗城，晉師逆戰，大破之。暉募軍中壯士百餘人，夜擣賊壘，殺獲甚衆。暉頻中流矢，而督戰自若，顏色不撓，以功遷列校。（舊五代史考異）杜重威至，有部將自西郭水門引官軍入焉〔三〕，殺守陴百姓萬餘人〔四〕，重威尋害導者，自收其功。重榮擁吐渾數百，匿於牙城，重威使人襲而得之，斬首以進。高祖御樓閱其俘馘，宣露布訖，遣漆其頭顱，函送契丹。永樂大典卷一萬八千一百三十二。五代史補：安重榮出鎮，常懷不軌之計久矣，但未發。居無何，廐中產朱鬃白馬，黑鴉生五色雛，以爲鳳，乃欣然謂天命在己，遂舉兵反。指揮令取宗嶺路以向闕。時父老聞之，往往竊議曰：「事不諧矣，且王姓安氏，曰鞍得背而穩，何不取路貝州？若由宗嶺，是鞍及於鬃〔五〕，得無危乎？」未幾，與王師先鋒遇，一戰而敗。

安從進，案歐陽史：從進，其先索葛部人也。初事莊宗爲護駕馬軍都指揮使，領貴州刺史，明宗時爲保義、彰武軍節度使。愍帝即位，徙領順化。清泰中，徙鎮山南東道。晉高祖即位，加同中書門下平章事。天福六年，高祖幸鄴，討安重榮。少帝以鄭王留守京師，時和凝請於高祖曰：「陛下北征，臣料安從進必反，何以制之？」高祖曰：「卿意將奈何？」凝曰：「臣聞之兵法，先人者奪人，願陛下爲空名宣敕十通授鄭王，有急則命將往。」從進聞高祖往北，遂反，少帝以空名授李建崇、郭金海討之。從進引兵攻鄧州，不克，進至湖陽，遇建崇等，大駭，以爲神速，復爲野火所燒，遂大敗，從進自焚。永樂大典卷二一萬四百七十〔六〕。案：薛史安從進傳殘闕，所存一條，與歐陽史大略相同〔七〕。

張彥澤，其先出於突厥，後爲太原人也。祖、父世爲陰山府裨將。彥澤少有勇力，目睛黄而夜有光色，顧視若鷙獸焉。以騎射事後唐莊宗、明宗，以從戰有功，繼領郡守。高祖即位，擢爲曹州刺史。從楊光遠圍范延光於鄴，以功授華州節度使，尋移鎮涇州，累官至檢校太保。

有從事張式者，以宗人之分，受其知遇。時彥澤有子爲内職，素不叶父意，數行笞撻，懼其楚毒，逃竄外地，齊州捕送到闕，敕旨釋罪，放歸父所。彥澤上章，請行朝典，式以有傷名教，屢諫止之。彥澤怒，引弓欲射之，式僅而獲免。尋令人逐式出衙。式自爲賓從，彥澤委以庶務，左右羣小惡之久矣，因此讒搆，互來迫脅，云：「書記若不便出，斷定必遭屠害。」式乃告病尋醫，攜其妻子將奔衍州。彥澤遣指揮使李興領二十騎追之，戒曰：「張式如不從命，即斬取頭來。」式懇告刺史，遂差人援送到邠州〔八〕。節度使李周驛騎以聞，朝廷以姑息彥澤之故，有敕流式於商州。彥澤遣行軍司馬鄭元昭詣闕論請，面奏云：「彥澤若不得張式，恐致不測。」高祖不得已而從之。既至，決口割心，斷手足而死之。式父鐸詣闕訴冤，朝廷命王周代之。周至任，奏彥澤在郡惡跡二十六條、逃散五千餘户。彥澤既赴闕，刑法官李濤等上章請理其罪，高祖下制，止令削奪一階一爵而已，時以爲失刑。

少帝即位，桑維翰復舉之，尋出鎮安陽。既至，折節於士大夫，境内稱理，旋命領軍北屯恒、定。時易州地孤，漕運不繼，制令邢、魏、相、衛飛輓以輸之，百姓荷擔纍纍於路，彥澤每援之以行，見羸困者，使其部衆代而助之。洎至北邊，不令百姓深入，即遣騎士以馬負糧而去，往來既速，且無邀奪之患，聞者嘉之。陽城之戰，彥澤之功出於諸將之右，其後與敵接戰，頻獻捷於闕下，咸謂其感高祖不殺之恩，補昔年之過也。

開運三年冬，契丹既南牧，杜重威兵次瀛州。彥澤爲契丹所啖，密已變矣，乃通款於戎王，請爲前導，因促騎説重威，引軍沿滹沱西援常山，既而與重威通謀。及王師降於中渡，契丹主遣彥澤統二千騎趨京師，以制少帝，且示公卿兆民以存撫之意。彥澤以是歲十二月十六日夜，自封丘門斬關而入，以兵圍宮城〔九〕。翌日，遷帝於開封府舍，凡内帑奇貨，悉輦歸私邸，仍縱軍大掠，兩日方止。案東都事略李處耘傳云：居京師，遇張彥澤之暴，處耘善射，獨當里門，殺數十人，里中賴之。（舊五代史考異）時桑維翰爲開封尹，彥澤召至麾下，待之不以禮。維翰責曰：「去年拔公於罪人之中，復領大鎮，授以兵權，何負恩一至此耶？」彥澤無以對。是夜殺維翰，盡取其家財。

彥澤自謂有功於契丹，晝夜以酒樂自娛。當在京巡檢之時，出入騎從常數百人，旗幟之上題曰「赤心爲主」，觀者無不竊笑。又所居第，財貨山積。楚國夫人丁氏，即少帝子曹州節度使延煦之母也〔一〇〕，有容色，彥澤使人取之，太后遲迴未與，彥澤立遣人載之而去，其負國欺君也如是。數日之內，恣行殺害，或軍士擒獲罪人至前，彥澤不問所犯，但瞋目出一手豎三指而已，軍士承其意，即出外斷其腰領焉。

彥澤與僞閤門使高勳不協，因乘醉至其門，害其仲父、季弟，暴屍於門外。及契丹帳泊於北郊，勳訴冤於戎王，時戎王已怒彥澤剽掠京城，遂令鎖之。仍以彥澤罪惡宣示百官及京城士庶，且云：「彥澤之罪，合誅與否？」百官連狀具言罪在不赦，市肆百姓亦爭投狀，疏彥澤之罪，戎王知其衆怒，遂令棄市，仍令高勳監決，斷腕出鎖，然後刑之。勳使人剖其心以祭死者，市人爭其肉而食之。永樂大典卷六千三百五十。

五代史補：李濤常忿張彥澤殺邠州幕吏張式而取其妻，濤率同列上疏，請誅彥澤以謝西土，高祖方姑息武夫，竟不從。未幾，契丹南侵，至中渡橋，彥澤首降。戎主喜，命以本軍統蕃部控弦之士，先入京師。彥澤自以功不世出，乃挾宿憾殺開封尹桑維翰。濤聞之，謂親知曰：「吾曾上疏請誅彥澤，今國家失守，彥澤所爲如此，吾之首領庸可保乎！然無可奈何，誰能伏藏溝瀆而取辱耶！」於是自寫門狀，求見彥澤。其狀云：「上疏請殺太尉人李濤，謹隨狀納命。」彥澤覽之，欣然降階迎之。然濤猶未安，復曰：「太尉果然相恕乎？」彥澤曰：「覽公門狀，見『納命』二字，使人怒氣頓息，又何憂哉！」濤素滑稽，知其必免，又戲爲伶人詞曰：「太尉既相恕，何不將壓驚絹來。」彥澤大笑，卒善待之。

趙德鈞，本名行實，幽州人也。少以騎射事滄州連帥劉守文，守文爲弟守光所害，遂事守光，署爲幽州軍校。及唐莊宗伐幽州，德鈞知其必敗，乃遁歸莊宗。莊宗善待之，賜姓，名曰紹斌，累歷郡守，從平梁，遷滄州節度使。同光三年，移鎮幽州。明宗即位，遂歸本姓，始改名德鈞。其子延壽尚明宗女興平公主，故德鈞尤承倚重。

天成中，定州王都反，契丹遣惕隱領精騎五千來援都，至唐河，爲招討使王晏球所敗。會霖雨相繼，所在泥淖，敗兵北走，人馬饑疲，德鈞於要路邀之，盡獲餘衆，擒惕隱已下首領數十人，獻於京師。明年，王都平，加兼侍中，頃之，加東北面招討使。

德鈞奏發河北數鎮丁夫，開王馬口至游口，以通水運，凡二百里。又於閻溝築壘，以戍兵守之，因名良鄉縣，以備鈔寇。又於幽州東築三河城，北接薊州，頗爲形勝之要，部民由是稍得樵牧。德鈞鎮幽州凡十餘年，案遼史：天贊六年，遣人以詔賜盧龍軍節度使趙德鈞。七年，趙德鈞遣人進時果。蓋德鈞久在邊境，嘗與契丹通好也。（舊五代史考異）甚有善政，累官至檢校太師、兼中書令，封北平王。清泰三年夏，晉高祖起義於晉陽。九月，契丹敗張敬達之軍於太原城下，唐末帝詔德鈞以本軍由飛狐路出賊後邀之。時德鈞子延壽爲樞密使，唐末帝命帥軍屯上黨，德鈞乃以所部銀鞍契丹直三千騎至鎮州，率節度使董温琪同赴征行[一]，自吴兒峪路趨昭義，與延壽會於西唐店。十一月，以德鈞爲諸道行營都統，以延壽爲太原南面招討使，遣端明殿學士呂琦齎賜官告，兼令犒軍。琦從容言天子委任之意，德鈞曰：「既以兵相委，焉敢惜死。」時范延光領兵二萬軍於遼州，德鈞欲併其軍，奏請與延光會合。唐末帝諭延光，疑其姦謀，不從。德鈞、延壽自潞州引軍至團柏谷，德鈞累奏乞授延壽鎮州節度，末帝不悦，謂左右曰：「趙德鈞父子堅要鎮州，苟能逐退蕃戎，要代予位，亦所甘心；若翫寇要君，但恐犬兔俱斃。」朝廷繼馳書詔，促令進軍。德鈞持疑不果，乃遣使於契丹，厚齎金幣，求立己爲帝[二]，仍許晉祖長鎮太原，契丹主不之許。

及楊光遠以晉安寨降於契丹，德鈞父子自團柏谷南走潞州，一行兵士，投戈棄甲，自相騰踐，死者萬計。時德鈞有愛將時賽，率輕騎東還漁陽，其部曲尚千餘人，與散亡之卒俱集於潞州。是日，潞州節度使高行周亦自北還，及至府門，見德鈞父子在城闉上，行周謂曰：「某與大王鄉人，宜以忠言相告，城中無斗粟可食，請大王速迎車駕，自圖安計，無取後悔焉。」德鈞遂與延壽出降契丹。高祖至，德鈞父子迎謁於馬前，高祖不禮之。時契丹主問德鈞曰：「汝在幽州日，所置銀鞍契丹直何在？」德鈞指示之，契丹盡殺於潞之西郊，遂鎖德鈞父子入蕃，及見國母述律氏〔一三〕，盡以一行財寶及幽州田宅籍而獻之，國母謂之曰：「汝父子自覓天子何耶？」德鈞俛首不能對。案通鑑云：太后問曰：「汝近者何爲往太原〔一四〕？」德鈞曰：「奉唐主之命。」太后曰：「汝從吾兒求爲天子，何妄語耶！」又自指其心曰：「此不可欺也。」又曰：「吾兒將行，吾戒之云：趙大王若引兵北向榆關〔一五〕，亟須引歸，太原不可救也。汝欲爲天子，何不先擊退吾兒，徐圖亦未晚。汝爲人臣，既負其主，不能擊敵，又欲乘亂邀利，所爲如此，何面目復求生乎〔一六〕？」德鈞俛首不能對。（舊五代史考異）又問：「田宅何在？」曰：「俱在幽州。」國母曰：「屬我矣，又何獻也？」至天福二年夏，德鈞卒於契丹。永樂大典卷一萬八千一百三十。案契丹國志云：德鈞鬱鬱不多食，踰年而死。德鈞既卒，國主釋延壽而用之。（舊五代史考異）

延壽，本姓劉氏。父曰邧〔一七〕，常山人也，常任蓨令。梁開平初，滄州節度使劉守文陷其邑，時德鈞爲偏將，獲延壽并其母种氏，遂養之爲子。延壽姿貌妍柔，稍涉書史，尤好賓客，亦能爲詩。案太平廣記引趙延壽傳云：延壽幼習武略，即戎之暇，時復以篇什爲意，嘗在北庭賦詩曰：「占得高原肥草地，夜深生火折林梢〔一八〕。」南人聞者傳之。（舊五代史考異）及長，尚明宗女興平公主。初爲汴州司馬，明宗即位，授汝州刺史，歷河陽、宋州節度使，入爲上將軍，充宣徽使，遷樞密使，兼鎮徐州〔一九〕。及高祖起義於晉陽，唐末帝幸懷州，委延壽北伐。後高祖至潞州，延壽與父德鈞俱陷北庭。未幾，契丹主以延壽爲幽州節度使，封燕王，案遼史云：德鈞卒，以延壽爲幽州節度使，封燕王。與薛史同。契丹國志：會同六年，以延壽爲盧龍節度使。八年，南征，以延壽爲魏博節度使，封燕王。與薛史異。（舊五代史考異）尋爲樞密使兼政事令。案遼史云：天顯末，以延壽妻在晉，詔取之以歸，自是益激昂圖報。會同初，帝幸其第，加政事令。不言延壽爲樞密使。考契丹國志云：會同改元，參用蕃漢，以延壽爲樞密使兼政事令。與薛史同。（舊五代史考異）

天福末，契丹既與少帝絕好，契丹主委延壽以圖南之事，許以中原帝之。延壽乃導誘蕃戎，蠶食河朔。晉軍既降於中渡，戎王命延壽就寨安撫諸軍，仍賜龍鳳赭袍，使衣之而往。謂之曰：「漢兒兵士，皆爾有之，爾宜親自慰撫。」延壽至營，杜重威、李守貞已下皆迎謁於馬前。

及戎王入汴，時南北降軍數萬，皆野次於陳橋，戎王慮其有變，欲盡殺之。延壽聞之，遽請見於戎王，曰：「臣伏見今日已前，皇帝百戰千征，始收得晉國，不知皇帝自要治之乎？爲他人取之乎？」戎王變色曰：「爾何言之過也，朕以晉人負義，舉國南征，五年相殺，方得中原，豈不自要爲主，而爲他人耶？卿有何說，速奏朕來！」延壽曰：「皇帝嘗知吴、蜀與晉朝相殺否？」曰：「知。」延壽曰：「今中原南自安、申，西及秦、鳳，沿邊數千里，並是兩界守戍之所。將來皇帝歸國時，又漸及炎蒸，若吴、蜀二寇交侵中國，未知如許大世界，教甚兵馬禦捍？苟失隄防，豈非爲他人取也。」戎王曰：「我弗知也，爲之奈何？」延壽曰：「臣知上國之兵，當炎暑之時，沿吴、蜀之境，難爲用也。未若以陳橋所聚降軍團併，别作軍額，以備邊防。」戎王曰：「我念在壺關、陽城時〔二〇〕，亦曾言議，未獲區分，致五年相殺，此時入手，如何更不翦除？」延壽曰：「晉軍見在之數，如今還似從前盡在河南，誠爲不可，臣請遷其軍，并其家口於鎮、定、雲、朔間以處之，每歲差伊分番，於河外沿邊防戍，斯上策也。」戎王忻然曰：「一取大王商量。」由是陳橋之衆獲免長平之禍焉。

延壽在汴久之，知戎王無踐言之意，乃遣李崧達語於戎王，求立己爲皇太子〔二一〕，崧不得已而言之。戎王曰：「我於燕王，無所愛惜，但我皮肉堪與燕王使用，亦可割也，何況他事！我聞皇太子，天子之子合作，燕王豈得爲之也！」因命與燕王加恩。時北來翰林學士承旨張礪擬延壽爲中京留守、大丞相、録尚書事、都督中外諸軍事，樞密使、燕王如故。

案遼史云：會同七年正月己丑，授延壽魏博等州節度使，封魏王。延壽本傳亦言其先封燕王，改封魏王，是延壽入汴時已爲魏王也。薛史始終稱爲燕王，與遼史異。（舊五代史考異）案：遼史載張礪擬狀，無「樞密使、燕王如故」七字。（孔本）戎王覽擬狀，索筆塗却「録尚書事、都督中外諸軍事」之字，乃付翰林院草制焉。又以其子匡贊爲河中節度使。

延壽在汴州，復娶明宗小女爲繼室。先是，延州節度使周密爲其子廣娶焉，已納財畢，親迎有日矣，至是延壽奪取之。契丹主自汴迴至邢州，命升延壽坐在契丹左右相之上。契丹主死，延壽下教於諸道，稱權知南朝軍國事。是歲六月一日，爲永康王兀欲所鎖〔三〕，籍其家財，分給諸部，尋以延壽入國，竟卒於契丹。案遼史世宗紀：天祿二年十月壬午，南京留守、魏王趙延壽薨。薛史漢高祖紀：天福十二年，起復其子贊，蓋傳聞之誤。案遼史云：世宗即位，以翌戴功，授樞密使。天祿二年薨。考延壽謀自主，爲永康王所鎖，遼史爲之諱言，紀、傳皆不載。（孔本）

匡贊歷漢、周兩朝，累授節鎮及統軍使，仕皇朝，歷廬、延、邠、鄜等四鎮焉。永樂大典卷一萬六千九百九十一。

張礪，字夢臣。張礪傳，原本殘闕，今引册府元龜以補其佚。（影庫本粘籤）案契丹國志云：礪，磁州滏陽人也。（孔本）幼嗜學，有文藻，唐同光初擢進士第，尋拜左拾遺、直史館。會郭崇韜伐蜀，奏請礪掌軍書。蜀平，崇韜爲魏王繼岌所誅，時崇韜左右親信皆懼禍奔逃，唯礪詣魏王府第，慟哭久之，時人服其高義。永樂大典卷一萬三千九百十三。天成初，明宗知其名，授翰林學士，再丁父母憂，服闋，皆復入爲學士，歷禮部兵部員外郎、知制誥充職。未幾，父之妾卒。初，妾在世，礪以久侍先人，頗亦敬奉，諸幼子亦以祖母呼之。及卒，礪疑其事，詢於同僚，未有以對，礪即托故歸於滏陽，閑居三年，不行其服，論情制宜，識者韙之。永樂大典卷一萬七百九十八。案：以下有闕文。礪爲戎王翰林學士。開運末，與契丹居南松門之内，軒轞交織，多繼燭接洽，無厭倦色。因密言曰：「此人用法如此，豈能久處京師〔三〕。」及北去，道路有觴酒豆肉，必遺故客屬僚。死之日，囊裝惟酒食器皿而已，識者無不高之。册府元龜卷七百九十六。

張礪，字夢臣，磁州滏陽人也。祖慶，父寶，世爲農。礪幼嗜學，有文藻，在布衣時，或覩民間爭競，必爲親詣公府，辨其曲直，其負氣也如此。唐同光初，擢進士第，尋拜左拾遺、直史館。會郭崇韜伐蜀，奏請礪掌軍書。蜀平，崇韜爲魏王繼岌所誅，時崇韜左右親信皆懼禍奔逃，惟礪詣魏王府第，慟哭久之，時人皆服其高義。

及魏王班師，礪從副招討使任圜東歸。至利州，會康延孝叛，迴據漢州，圜奉魏王命，迴軍西討延孝。時礪獻謀于圜，請伏精兵于後，先以羸師誘之，圜深以爲然。延孝本驍將也，任圜乃儒生也，延孝聞圜至，又覘其羸師，殊不介意，及戰酣，圜發精兵以擊之，延孝果敗，遂擒之以歸。是歲四月五日至鳳翔，内官向延嗣奉莊宗命，令誅延孝。監軍李延襲已聞洛中有變〔二四〕，故留延孝，且害任圜之功故也。圜未決，礪謂圜曰：「此賊構亂，遂致凱旋差晚，且明公血戰擒賊，安得違詔養禍，是破檻放虎，自貽其咎也。公若不決，余自殺此賊。」任圜不得已，遂誅延孝。

天成初，明宗知其名，召爲翰林學士，再丁父母憂，服闋，皆復入爲學士，歷禮部兵部員外郎、知制誥充職。未幾，父之妾卒。初，妾在世，礪以久侍先人，頗亦敬奉，諸幼子亦以祖母呼之。及卒，礪疑其事，詢于同僚，未有以對，礪即託故歸于滏陽，閒居三年，不行其服，論情制宜，識者韙之。清泰中，復授尚書比部郎中、知制誥，依前充學士。

高祖起于晉陽，唐末帝命趙延壽進討，又命翰林學士和凝與延壽偕行。礪素輕凝，慮不能集事，因自請行，唐末帝慰而許之。及唐軍敗于團柏谷，與延壽俱陷于契丹，契丹以舊職縻之，累官至吏部尚書。契丹入汴，授右僕射、平章事、集賢殿大學士，隨至鎮州。

會契丹主卒，永康王北去，蕭翰自東京過常山，乃引鐵騎圍其第。時礪有疾，方伏枕，翰見礪責之曰：「爾言于先帝，云不得任蕃人作節度使，如此則社稷不永矣；又先帝來時，令我于汴州大内安下，爾言不可；又我爲汴州節度使，爾在中書，何故行帖與我？」礪抗聲而對，辭氣不屈，翰遂鎖礪而去。案遼史云：礪抗聲曰：「此國家大體，安危所係，吾實言之，欲殺即殺，奚以鎖爲！」（舊五代史考異）鎮州節度使麻答尋解其鎖〔二五〕，是夜以疾卒，家人燼其骨，歸葬于滏陽。

礪素耿直，嗜酒無檢。始陷契丹時，曾背契丹南歸，爲追騎所獲，契丹主怒曰：「爾何捨我而去？」礪曰：「礪，漢人也，衣服飲食與此不同，生不如死，請速就刃。」契丹主顧通事高唐英曰：「我常戒爾輩善待此人，致其逃去，過在爾輩。」因笞唐英一百，其爲契丹主善待也如此。礪平生抱義憐才，急于奬拔，聞人之善，必攘袂以稱之，見人之貧，亦倒篋以濟之，故死之之日，中朝士大夫亦皆嘆惜焉〔二六〕。

蕭翰者，契丹諸部之酋長也。父曰阿鉢〔二七〕。劉仁恭鎮幽州，阿鉢曾引衆寇平州，仁恭遣驍將劉鴈郎與其子守光率五百騎先守其州，阿鉢不知，爲郡人所紿，因赴牛酒之會，爲守光所擒。契丹請贖之，仁恭許其請，尋歸。其妹爲阿保機妻，則德光之母也。翰有妹，亦嫁於德光，故國人謂翰爲國舅。契丹入東京，以翰爲宣武軍節度使。契丹比無姓氏，翰將有節度之命，乃以蕭爲姓，翰爲名，自是翰之一族皆稱姓蕭。契丹主北去，留翰以鎮河南。時漢高祖已建號於太原，翰懼，將北歸，慮京師無主，則衆皆爲亂，乃遣蕃騎至洛京迎唐明宗幼子許王從益知南朝軍國事。從益至，翰率蕃將拜於殿上。翌日，翰乃輦其寶貨鞍轡而北。漢人以許王既立，不復爲亂，果中其狡計。翰行至鎮州，遇張礪，翰以舊事致忿，就第數其失而鎖之。翰歸本國，爲永康王兀欲所鎖，尋卒於本土。永樂大典卷五千二百二十五。案遼史：翰後以謀反伏誅，與薛史異。（舊五代史考異）

劉晞者，涿州人也。父濟雍，累爲本郡諸邑令長。晞少以儒學稱於鄉里，嘗爲唐將周德威從事，後陷於契丹，契丹以漢職縻之。天福中，契丹命晞爲燕京留守，嘗於契丹三知貢舉，歷官至同平章事、兼侍中。隨契丹入汴，授洛京留守。會河陽軍亂，晞走許州，又奔東京，蕭翰遣兵送晞至洛下。契丹主死，晞自洛復至東京，隨蕭翰北歸，遂留鎮州。漢初，與麻答同奔定州，後卒於北蕃。永樂大典卷九千九十九。案契丹國志：劉珂，晞之子也，尚世宗妹燕國公主。（舊五代史考異）

崔廷勳，不知何許人也。案：通鑑注引宋白曰：廷勳本河内人。（舊五代史考異）形貌魁偉，美鬚髯。幼陷契丹，歷僞命雲州節度使，官至侍中。契丹入汴〔二八〕，遷少帝於封禪寺，遣廷勳以兵防守，尋授河陽節度使，甚得民情。契丹北行，武行德率軍趨河陽，廷勳爲行德所逐，乃與奚王拽剌保懷州，尋以兵反攻行德，行德出戰，爲廷勳所敗。及契丹主死，遂歸鎮州。漢初，與麻答同奔定州，後没於北蕃。永樂大典卷二千七百四十。

史臣曰：帝王之尊，必由天命，雖韓信、彭越之勇，吴濞、淮南之勢，猶不可以妄冀，而況二安之庸昧，相輔爲亂，固宜其自取滅亡也。後之擁强兵莅重鎮者，得不以爲鑒乎！彦澤狼子野心，盈貫而死，晚矣！德鈞諸人，與晉事相終始，故附見于兹焉〔二九〕。

校勘記

〔一〕張潁　原作「張穎」，據新五代史卷五一安重榮傳改。

〔二〕由是名振北方　「北方」，册府卷八四六作「北狄」。

〔三〕有部將自西郭水門引官軍入焉　「水門」，新五代史卷五一安重榮傳、通鑑卷二八三作「水碾門」。

〔四〕殺守陴百姓萬餘人　「萬」，新五代史卷五一安重榮傳、通鑑卷二八三作「二萬」。

〔五〕是鞍及於鬃　「鞍」，原作「安」，據五代史補（四庫本）卷三改。

〔六〕永樂大典卷二萬四百七十　檢永樂大典目録，卷二〇四七〇爲「尺」字韻「事韻一」，與本則内容不符，恐有誤記。疑出自卷二〇四七三「敕」字韻「事韻」。

〔七〕與歐陽史大略相同　永樂大典卷六八五〇引五代薛史：「王令謙、潘知麟者，皆從進帳下之牙校也。早事從進，凡歷數鎮。從進臨漢上，所爲多不法，令謙、知麟每諫之。及萌逆節，數形讜言，會從進子弘超自宫苑副使省父在郡，郡有山寺，因率令謙登賞。酒酣，臨峭壁，使人推落，誣云令謙因酒醉墮崖而死，皆從進之意也。知麟相次遇害。朝廷聞其事，詔贈令謙忠州刺史、知麟順州刺史，旌其忠也。時詔旨仍委高行周候收復城池，訪尋兩家骨肉，切加安撫，具以名聞，當與敍録。」按此則係舊五代史安從進傳附傳，清人失輯，姑附於此。

〔八〕遂差人援送到邠州　「邠州」，原作「汾州」，據册府卷四四八、卷四四九、新五代史卷五二張彦澤傳、通鑑卷二八二改。按時李周爲邠州節度使。

〔九〕以兵圍宫城　「圍」，原作「圜」，據邵本改。

〔一〇〕即少帝子曹州節度使延煦之母也　「子」，原作「弟」，據邵本校、新五代史卷五二張彦澤傳改。按新五代史卷一七晉家人傳記延煦爲少帝子。契丹國志卷三：「晉皇子延煦母楚國夫人丁氏有美色，彥澤使人劫取之。」

〔一二〕率節度使董温琪同赴征行　「董温琪」，原作「華温琪」，據殿本改。按本書卷四八唐末帝紀下：「（清泰三年十月）幽州趙德鈞以本軍二千騎與鎮州董温琪由吴兒谷趨潞州。」通鑑卷二八〇：「德鈞至鎮州，以董温琪領招討副使，邀與偕行。」胡注：「董温琪時鎮鎮州。」

〔一三〕求立己爲帝　「己」，原作「以」，據本書卷一三七契丹傳、通曆卷一五、通鑑卷二八〇、新五代史卷七二四夷附録改。

〔一四〕及見國母述律氏　「國母」，孔本校作「虜國母」。本卷下文「國母曰」同。

〔一五〕汝近者何爲往太原　「往」，原作「在」，據通鑑卷二八〇改。

〔一六〕趙大王若引兵北向榆關　「引」，原作「行」，據殿本、劉本、通鑑卷二八〇改。

〔一七〕何面目復求生乎　原作「復面目求生乎」，據通鑑卷二八〇改。

〔一八〕父曰邟　「邟」，新五代史卷七二四夷附録同，殿本、通鑑卷二七五、遼史卷七六趙延壽傳作「邟」，通曆卷一五作「邠」。

〔一九〕夜深生火折林梢　「折」，原作「拄」，據太平廣記卷二〇〇引趙延壽傳改。

〔二〇〕兼鎮徐州　「徐州」，本書卷四七唐末帝紀中、遼史卷七六趙延壽傳作「許州」，新五代史卷七唐本紀、通鑑卷二七九敍其事作「忠武」。按許州置忠武軍，朱玉龍方鎮表：「惟舊史本傳謂『兼徐州』，按『徐』、『許』諧音，或爲傳寫之誤。」

〔一〇〕我念在壺關陽城時　殿本、劉本作「我念在壺關失斷陽城時」。通鑑卷二八六敍其事作：「契丹主曰：『吾昔在上黨，失于斷割。』」

〔一一〕求立己爲皇太子　「己」，原作「以」，據通曆卷一五改。殿本無「以」字。

〔一二〕兀欲　原作「鄂約」，注云：「舊作『兀欲』，今改正。」按此係輯録舊五代史時所改，今恢復原文。

〔一三〕此人用法如此豈能久處京師　「人」，册府卷七九六作「胡」。「京師」，册府卷七九六作「漢地」。

〔一四〕李延襲　通鑑卷二七五考異引明宗實録作「李廷襲」。本書卷三三唐莊宗紀七、通鑑卷二七五考異引莊宗實録作「李從襲」，通鑑考異以爲當作「李從襲」。

〔一五〕麻荅　原作「滿達勒」，殿本考證：「『滿達勒』舊作『麻荅』，今改。」按此係輯録舊五代史時所改，今恢復原文。

〔一六〕張礪字夢臣磁州滏陽人也……皆嘆惜焉　以上八百三十八字原闕，據殿本補，現低一格排。影庫本批校：「張礪傳，永樂大典有全篇，校刊本補入。」

〔一七〕阿鉢　原作「阿巴」，注云：「舊作『阿鉢』，今改正。」按此係輯録舊五代史時所改，今恢復原文。

〔一八〕契丹入汴　永樂大典卷二一七四〇引五代史作「虜主犯闕」。

〔元〕史臣曰……故附見于茲焉　以上九十二字原闕，據殿本補。影庫本批校：「此後尚有史臣曰一段，校刊本補入。」